U0521787

孤独症谱系障碍儿童社会规则研究：

认知及促进策略

田金来 ■ 著

中国社会科学出版社

图书在版编目(CIP)数据

孤独症谱系障碍儿童社会规则研究：认知及促进策略／田金来著．—北京：中国社会科学出版社，2022.12
ISBN 978-7-5227-1314-4

Ⅰ.①孤⋯　Ⅱ.①田⋯　Ⅲ.①孤独症—儿童教育—特殊教育—研究　Ⅳ.①G766

中国国家版本馆 CIP 数据核字（2023）第 022311 号

出 版 人	赵剑英
责任编辑	许　琳
责任校对	李　硕
责任印制	郝美娜

出　　版	中国社会科学出版社
社　　址	北京鼓楼西大街甲 158 号
邮　　编	100720
网　　址	http://www.csspw.cn
发 行 部	010-84083685
门 市 部	010-84029450
经　　销	新华书店及其他书店

印　　刷	北京君升印刷有限公司
装　　订	廊坊市广阳区广增装订厂
版　　次	2022 年 12 月第 1 版
印　　次	2022 年 12 月第 1 次印刷

开　　本	710×1000　1/16
印　　张	16.25
插　　页	2
字　　数	240 千字
定　　价	98.00 元

凡购买中国社会科学出版社图书，如有质量问题请与本社营销中心联系调换
电话：010-84083683
版权所有　侵权必究

序　言

　　在我们身边有这样一群特殊的孩子，他们言语冷漠、举止笨拙、行为刻板，对他人不感兴趣，无法与同伴进行良好的社交互动；他们的情绪理解和表达存在困难，面部表情单一，笑容僵硬，很难准确识别他人的情绪；他们也会严格遵守自己制定的规则，不喜欢被别人打破……这些孩子可能会有一些特殊的才能，例如：喜欢翻阅字典，能准确地说出每一个字的页码；喜欢听音乐，听到某一首歌曲能马上安静下来；喜欢演奏，可能会立即说出钢琴弹奏的音符；喜欢数字，能够快速进行乘法心算；喜欢玩游戏，能把游戏通关秘籍倒背如流；喜欢绘画，可以用画笔勾勒出栩栩如生的建筑物……当独处时，人们通常会觉得：这些聪明的小孩正在想办法解决一些问题——他们好像在不断思考。但是，抚养者通常会这样评价他们："缩到自己的壳里，住在自己的世界里，对周边发生的一切都漠不关心。"

　　如果你曾经与这样的孩子接触过，当我们描述到这里时，相信你的脑海中一定会浮现出与此类儿童相关的种种异常行为和社交场景。在心理学、医学和其他相关学科的研究中，这些孩子奇怪的表现被称为"孤独症谱系障碍"，即不同水平的社交互动和沟通缺陷，伴随性重复或局限的兴趣、行为和活动。

　　由于对孤独症谱系障碍的关注和研究起步较晚，我国在这方面的诊断和评估体系还不够完善，一些症状较轻的孤独症谱系障碍儿童在进入小学后才会在入学适应、遵守社会规则及社会交往等方面表现出明显的困难。由于这些孩子的智力没有明显损伤，且可以基本完成学业任务，因此，他们遇到的这些"社交互惠性"问题经常被家长、教师和同伴忽视。在班级中，这类儿童也经常被误解，被排斥，甚至被边缘化……长此以往，这些孤独症谱系障碍儿童在学校里的行为表现会越来越怪异，越来越孤独；他们的成长环境、学习环境和生存质量也会陷入恶性循环，进而严重影响其身心健康和未来发展。

经过大量国内外文献梳理与实践调查，笔者作为主要成员参与申报并完成了 2014 年国家社会科学基金项目"我国孤独症谱系障碍筛查及融合教育研究"（课题批准号：14BSH088）。本书是对该课题部分研究成果的系统总结与梳理。

本研究在梳理以往有关孤独症谱系障碍的理论与实证研究的基础上，系统探索了孤独症谱系障碍儿童社会规则的认知及促进策略。研究 1 综合采用问卷法和教师提名法对孤独症谱系障碍儿童进行了大样本的筛查，以 6—11 岁儿童为研究对象，探讨了孤独症谱系障碍儿童的地区检出率、人口学特点及其影响因素。研究 2 以 Killen 和 Smetana 的"社会认知领域理论"为研究范式，考察了孤独症谱系障碍儿童在社会规则方面表现出的认知异常，从允许性、严重性、合理性、普遍性和权威依赖性这 5 个判断标准切入，系统探讨孤独症谱系障碍儿童社会规则的认知特点。研究 3 以 Crick 和 Dodge 提出的"内隐社会认知模型——社会信息加工 SIP 模型"为研究范式，系统探索孤独症谱系障碍儿童异常社会规则认知背后的内隐社会认知机制。研究 4 以"社会信息加工 SIP 模型"和"认知行为疗法"为理论依据，以相关干预研究为实践依据，结合先前研究结果，设计并实施综合性的干预方案，其目的在于提高孤独症谱系障碍儿童的社交能力，改善其同伴关系及孤独症谱系障碍症状，提高他们的内隐社会认知水平；为促进孤独症谱系障碍儿童的身心健康，推进"普通教育和特殊教育的融合"提供有效建议。

作为课题主要参与者和本研究负责人，笔者负责本书的大纲制定、框架设计、内容撰写和编辑、各章节修改及最终定稿。全书撰写阶段，得到了东北师范大学心理学院张向葵教授高屋建瓴的指导和细致耐心的修改。北华大学王丽英教授和林永柏教授在整个数据收集和整理过程中提供了专业支持和无私帮助。宋琴、戎瑶、原欣琪、乔欢、王彤文、於草草、张艳娇、孙成龙和车向通等人参与了实践调查、访谈和具体干预活动实施等工作，付出了辛勤的努力和汗水。

尽管本课题已经顺利结项，但对孤独症谱系障碍儿童这一特殊群体的关注仍然在路上，笔者希望继续为该群体儿童和其他特殊需要儿童的健康成长贡献自己的绵薄之力。

本书特别感谢：北华大学在学术专著出版方面的资助；中残联康复部二处韩纪斌处长、北京大学第六医院贾美香教授和哈尔滨医科大学姜志梅博士等前辈的解惑、支持和鼓励；长春师范大学的孙杨老师、左恩玲老师和吉林外国语大学的丁相玲老师在研究设计、研究方法、研究程序和数据处理过程中给予的帮助、支持和鼓励；烟台经济技术开发区第一小学迟晓军主任和沈阳师范大学祖静老师在论文撰写和修改过程中提供的贴心帮助；东北师范大学王元老师、赣南师范大学邓小平老师、长春师范大学冯晓航老师等众多师兄、师姐、师弟、师妹的关心和爱护；北华大学教育科学学院于胜刚院长、冯茹副院长、杨凤云主任和闻明晶主任的关切和支持。此外，还要感谢所有参与本研究的小学校长和教师，您们对小学教育的热忱、对儿童健康成长的期盼和付出深深打动了我；感谢每一个特殊需要儿童背后的家庭和大底下最平凡而又最伟大的父亲母亲们，是您们的永不言弃让孩子们能够生活在爱的海洋；感谢每一个特别的孩子，是你们为这五彩斑斓的世界增添了新的活力与生机！

由于本研究时间有限，对孤独症谱系障碍儿童社会规则认知的干预研究效果只进行了短期追踪，无法验证其长期效果，且干预方案应用于普通小学心理健康课堂的可推广性还有待进一步探索。另外，由于水平有限，本书中难免会出现疏漏和不足之处，敬请各位专家和读者批评指正。

田金来

2022 年 1 月 20 日

目　　录

导　论 ……………………………………………………………（1）

第一章　文献综述 …………………………………………………（5）
　第一节　儿童的孤独症谱系障碍 ………………………………（5）
　第二节　儿童的社会规则认知 …………………………………（55）
　第三节　孤独症谱系障碍儿童的社会规则认知 ………………（61）

第二章　问题提出 …………………………………………………（79）
　第一节　以往研究存在的问题与分析 …………………………（79）
　第二节　研究的总体思路 ………………………………………（82）
　第三节　研究问题与假设 ………………………………………（83）
　第四节　研究意义 ………………………………………………（88）

**第三章　研究1：孤独症谱系障碍儿童的患病率
　　　　　 及影响因素** ……………………………………………（90）
　第一节　研究目的 ………………………………………………（90）
　第二节　研究假设 ………………………………………………（90）
　第三节　研究方法 ………………………………………………（90）
　第四节　结果与分析 ……………………………………………（93）
　第五节　讨论 ……………………………………………………（100）
　第六节　结论 ……………………………………………………（106）

· 1 ·

第四章 研究2：孤独症谱系障碍儿童社会规则的认知特点 ……（107）
- 第一节 研究目的 ……（107）
- 第二节 研究假设 ……（107）
- 第三节 研究方法 ……（108）
- 第四节 结果与分析 ……（113）
- 第五节 讨论 ……（122）
- 第六节 结论 ……（128）

第五章 研究3：孤独症谱系障碍儿童社会规则的认知机制 ……（129）
- 第一节 研究目的 ……（129）
- 第二节 研究假设 ……（129）
- 第三节 研究方法 ……（130）
- 第四节 结果与分析 ……（134）
- 第五节 讨论 ……（146）
- 第六节 结论 ……（153）

第六章 研究4：孤独症谱系障碍儿童社会规则认知的干预 ……（155）
- 第一节 研究目的 ……（155）
- 第二节 研究假设 ……（155）
- 第三节 研究方法 ……（156）
- 第四节 结果与分析 ……（159）
- 第五节 讨论 ……（165）
- 第六节 结论 ……（168）

第七章 综合讨论 ……（169）
- 第一节 孤独症谱系障碍儿童的患病率及其影响因素 ……（171）
- 第二节 孤独症谱系障碍儿童社会规则的认知特点 ……（173）

第三节　孤独症谱系障碍儿童社会规则的认知机制……………（176）
第四节　孤独症谱系障碍儿童社会规则认知的干预……………（181）
第五节　本研究的创新点……………………………………………（182）
第六节　研究不足及展望……………………………………………（183）

第八章　总结论………………………………………………………（186）

第九章　教育建议与对策……………………………………………（188）

附　录…………………………………………………………………（191）
附录1　儿童人口学和发育史调查问卷……………………………（191）
附录2　中文版《儿童孤独症谱系障碍测验》……………………（192）
附录3　教师提名问卷………………………………………………（194）
附录4　社会规则任务………………………………………………（194）
附录5　失言识别任务………………………………………………（196）
附录6　情绪调节和社交能力问卷…………………………………（197）
附录7　同伴提名问卷………………………………………………（198）
附录8　社会信息加工SIP访谈任务………………………………（198）
附录9　团体干预活动方案…………………………………………（200）

参考文献………………………………………………………………（218）

后　记…………………………………………………………………（247）

导　　论

孤独症谱系障碍（Autism Spectrum Disorder，ASD）是一种广泛性发育障碍（Pervasive Developmental Disorder，PDD），一般在3岁前发病，① 其特征是不同水平的社交互动和沟通缺陷，伴随性重复/局限的兴趣、行为和活动②。可以按照智力水平的高低将孤独症谱系障碍分为轻度和重度，即高功能或者低功能，也可以根据社交互动及重复/局限的兴趣、行为和活动的严重性程度将孤独症谱系障碍分为一级、二级和三级。③

学界对孤独症谱系障碍的关注始于1943年，美国儿童精神科医生Kanner在自己的研究报告中描述了Donald等11例孩子的奇特症状，并首次使用了"孤独（autistic）"这个概念，他把这些症状称为"情感接触的孤独障碍（Autistic disorder of emotional contact）"或"早期婴儿孤独症（early infantile autism）"。④ 由此，人们开始关注这类奇怪的儿童，开始关注"孤独"障碍。从1943年至今，随着心理学、教育学及医学领域的研究者在概念、类型、成因和干预等方面进行了

---

① T. Charman, G. Baird, "Practitioner review: Diagnosis of autism spectrum disorder in 2-and 3-year-old children", *Journal of Child Psychology and Psychiatry*, Vol. 43, No. 3, 2002, pp. 289–305.
② American Psychiatric Association, *Diagnostic and statistical manual of mental disorders* (*Dsm-IV-TR*), Washington, D. C.: American Psychiatric Publishing, 2000.
③ 张娟、江瑞芬、刘文龙：《高功能孤独症儿童综合训练效果分析》，《中国特殊教育》2008年第6期；American Psychiatric Association, *Diagnostic and statistical manual of mental disorders* (*Dsm*-5), Washington, D. C.: American Psychiatric Publishing, 2013.
④ L. Kanner, "Autistic disturbances of affective contact", *Nervous Child*, Vol. 2, No. 43, 1943, pp. 217–250.

大量富有实践性的思考和探索，孤独症谱系障碍的概念界定越来越清晰，其核心特征越来越明确，诊断标准和评估工具越来越精细；影响因素和影响机制的研究越来越深入；干预研究也如雨后春笋一般灿若繁星，越来越实效化、多样化。由于很多影响因素只是相关因素，并不能直接确定其具有因果关系，大部分学者仍然沿用"遗传和环境的交互作用"来描述孤独症谱系障碍的成因。故而，该领域干预研究的效果也不甚理想。

社交互动缺陷是孤独症谱系障碍的核心症状，其表现是缺少共同注意，缺少社交主动性和社交—情感互动，会影响儿童发展过程中早期与父母的互动和晚期同伴关系的建立；与其他发育迟缓群体不同，这种持续终身的社交互动缺陷是孤独症谱系障碍儿童所独有的。[①] 理解社会规则并灵活使用这些规则的能力是个体在社交世界中成功与他人交往的关键。在社交互动过程中，孤独症谱系障碍儿童经常会表现出对社会规则的认知异常，他们不能像班级中大部分同学那样理解并恰当地遵守社会规则，经常会表现出打断别人的谈话、过于信任陌生人、固执谈话，且他们经常会陷入情绪调节、表达和理解的困境。[②] 孤独症谱系障碍儿童可以识别违规行为；但是，与正常发展儿童相比，他们在判断"此类违规行为是否合理"的解释上存在着明显的异常。Grant等研究者指出：孤独症谱系障碍个体对于社会规则的感知和认识可能更多基于他们的个人经历和个人

[①] A. C. Jerome, M. Fujiki, B. Brinton, S. L. James, "Self-esteem in children with specific language impairment", *Journal of Speech, Language, and Hearing Research*, Vol. 45, No. 4, 2002, pp. 700–714; American Psychiatric Association, *Diagnostic and statistical manual of mental disorders (Dsm-IV-TR)*, Washington, D. C.: American Psychiatric Publishing, 2000; D. K. Anderson, R. S. Oti, C. Lord, K. Welch, "Patterns of growth in adaptive social abilities among children with autism spectrum disorders", *Journal of Abnormal Child Psychology*, Vol. 37, No. 7, 2009, pp. 1019–1034.

[②] C. Shulman, A. Guberman, N. Shiling, N. Bauminger, "Moral and social reasoning in autism spectrum disorders", *Journal of Autism and Developmental Disorders*, Vol. 42, No. 7, 2012, pp. 1364–1376; J. Locke, C. Kasari, J. J. Wood, "Assessing social skills in early elementary-aged children with autism spectrum disorders: The Social Skills Q-Sort", *Journal of Psychoeducational Assessment*, Vol. 32, No. 1, 2014, pp. 62–76.

喜好。① Blair 等研究者则认为：孤独症谱系障碍儿童的道德规则认知可能是独立的、完整的，没有受到损伤的，这与我国冯源等人的研究结果相矛盾。② 为了进一步明确其社会规则认知异常的本质，有必要从 Killen 和 Smetana 的"社会认知领域理论"出发，整体把握孤独症谱系障碍儿童社会规则认知 3 个领域（道德规则、习俗规则、个人规则）之间的关系。③ 但是，到目前为止，该领域研究者还没有从此角度展开对孤独症谱系障碍儿童社会规则认知的深入探讨和分析。

Callenmark 等人认为孤独症谱系障碍儿童在"此类违规行为是否合理"上给出异常解释的原因在于：社会规则任务的判断标准一般是封闭式的选择题，更多反映的是外显的社会认知；而合理性的解释是开放式的质化编码分类问题，更倾向于反映内隐社会认知。因此，孤独症谱系障碍儿童社会认知缺陷的本质是内隐的。④ 大部分探讨孤独症谱系障碍儿童社会认知缺陷的研究主要关注的是心理理论、共同注意和执行功能缺陷，并对其异常的社会判断和社交行为表现进行了描述和解释，但是并没有解释清楚这些社会认知缺陷与孤独症谱系障碍儿童理解并参与真实社交互动和人际关系场景之间的关系。Crick 和 Dodge 提出的社会信息加工模型将心理理论、执行功能和共同注意整合在了一起；关注精确加工，涉及理解他人的意图、感觉和想法，选择合适的社交反应；更强调内隐的心理机制可以调节一个外显的（社会的）刺激和一个外显的（社会）反应；为研究引导社会行为的内

---

① C. M. Grant, J. Boucher, K. J. Riggs, A. Grayson, "Moral understanding in children with autism", *Autism*, Vol. 9, No. 3, 2005, pp. 317 – 331.

② R. J. R. Blair, "Brief report: morality in the autistic child", *Journal of Autism and Developmental Disorders*, Vol. 26, No. 5, 1996, pp. 571 – 79；冯源、苏彦捷：《孤独症儿童对道德和习俗规则的判断》，《中国特殊教育》2005 年第 6 期。

③ M. Killen, J. G. Smetana, "Social interactions in preschool classrooms and the development of young children's conceptions of the personal", *Child Development*, Vol. 70, No. 2, 1999, pp. 486 – 501.

④ B. Callenmark, L. Kjellin, L. Rönnqvist, S. Bölte, "Explicit versus implicit social cognition testing in autism spectrum disorder", *Autism*, Vol. 18, No. 6, 2014, pp. 684 – 693.

隐社会认知机制提供了一个强有力的理论框架。① Meyer，Embregts，Flood 和 Ziv 等研究者将探讨孤独症谱系障碍儿童异常的社会认知机制的关注点转移到了社会信息加工上，他们的研究结果显示：对孤独症谱系障碍儿童社会信息加工能力的检验可以拓宽对这些儿童社会认知缺陷特定类型的理解。②

由于对孤独症谱系障碍群体的关注和研究起步较晚，国内报告的孤独症谱系障碍儿童一般都为 2—6 岁的典型孤独症（classic autism），很少有研究者关注 6 岁以上、认知能力基本没有受到损伤、症状较轻的孤独症谱系障碍儿童，更无法深入了解该类儿童的社会规则认知特点及其内隐社会认知机制；而这些能够生活在普通人群中，能够在普通学校就读，但是存在明显社交沟通问题的孩子才是最需要获得专业支持的。

综上，本研究在梳理以往儿童的孤独症谱系障碍、社会规则认知和社会信息加工的理论与实证研究的基础上，以 6—11 岁儿童为研究对象，系统深入地探讨了孤独症谱系障碍儿童的地区检出率、人口学特点及其影响因素；从允许性、严重性、合理性、普遍性和权威依赖性这 5 个判断标准出发，考察了孤独症谱系障碍儿童社会规则的认知特点，进一步明确孤独症谱系障碍儿童与正常发展儿童在社会规则上的认知差异；探讨了孤独症谱系障碍儿童社会规则的内隐社会认知机制；并根据以往相关干预研究和本研究前期结果，探索改善孤独症谱系障碍儿童社会规则认知的有效干预方案。

---

① N. R. Crick, K. A. Dodge, "A review and reformulation of social information-processing mechanisms in children's social adjustment", *Psychological Bulletin*, Vol. 115, No. 1, pp. 74 – 101.

② J. A. Meyer, P. C. Mundy, A. V. Van Hecke, et al., "Social attribution processes and comorbid psychiatric symptoms in children with Asperger syndrome", *Autism*, Vol. 10, No. 4, 2006, pp. 383 – 402; P. J. C. M. Embregts, M. Van Nieuwenhuijzen, "Social information processing in boys with autistic spectrum disorder and mild to borderline intellectual disabilities", *Journal of Intellectual Disability Research*, 2009, pp. 922 – 931; A. M. Flood, D. Julian Hare, P. Wallis, "An investigation into social information processing in young people with Asperger syndrome", *Autism*, Vol. 15, No. 5, 2011, pp. 601 – 624; Y. Ziv, B. S. Hadad, Y. Khateeb, "Social information processing in preschool children diagnosed with autism spectrum disorder", *Journal of Autism and Developmental Disorders*, Vol. 44, No. 4, 2014, pp. 846 – 859.

第一章 文献综述

第一节 儿童的孤独症谱系障碍

一 孤独症谱系障碍的发展历史

孤独症谱系障碍的概念最早可以追溯到"孤独"一词,而"孤独"一词最早来自希腊语 autos 以及 ismos,分别代表着自我和状况。从18世纪末到21世纪初,从孤独、儿童孤独症、典型孤独症、阿斯伯格综合征、非典型孤独症、孤独症到孤独症谱系障碍,从早期与精神疾病相关概念的混淆到今天从轻度到重度的谱系障碍,孤独症谱系障碍这一概念经历了萌芽、演变、初显和确认四个阶段。

(一)孤独症谱系障碍的萌芽

1798年,法国发现了"野孩子"Victor,年轻医生 Itard 对其行为的记录被后来学者认为是世界上最早的类似孤独症的描述,他对 Victor 的语言训练也被认为是世界上最早的治疗孤独症的方法。Itard 为 Victor 制订了一个系统的教育训练计划,开始了长达5年驯化野孩子的特殊教育实验。虽然该实验并没有获得完全成功,但他在研究报告中详细记录了对野孩子的教育过程、收获及结果。该实验结果表明:智力落后者同样可以接受教育。Itard 尝试驯化野孩子的实验是历史上最早的特殊教育实验,不仅成为当时法国教育领域里最引人注目的事件，而且对世界上的许多国家都产生了重要影响。①

1911年，瑞士精神科医生Bleuler首次使用"孤独"一词来描述那些主动从社交互动中退缩到自己丰富离奇、幻想的生活中的精神分裂症（schizophrenia）患者，意为"转向内在的自我"。② 1943年，美国约翰·霍普金斯大学医学院的精神科医生Kanner首先使用"儿童孤独症（Infantile Autism）"描述自己收治的11名具有异常行为问题的孩子，他发现：这些儿童都失去了使用言语进行交流的能力，他们不能与他人发展出恰当的人际关系，会不断地重复简单的动作，且行为极其刻板；这些孩子外表漂亮且有才能，但他们有严重的注意问题和学习问题，与社会隔绝、行为僵化、有交流障碍。以上这些孩子的表现又可称为"典型孤独症"。③ 1944年，奥地利精神科和儿科医生Asperger使用"孤独症"这一术语首度记录了缺乏非语言沟通技巧、在同伴间表露低度同理心、肢体不灵活等问题的儿童，并总结出了五种临床特征，称为阿斯伯格综合征（Asperger Syndrome），也可称为非典型孤独症（Atypical Autism）。④

以上，从1798年"野孩子"的出现到1943年Kanner和1944年Asperger分别提出"儿童孤独症"和"阿斯伯格综合征"的概念这一阶段，可以看作孤独症谱系障碍的萌芽时期。这一时期，孤独症谱系障碍的概念还没有出现；对于该障碍的界定多以行为描述为主，且与儿童精神类疾病相混淆。

---

① R. M. Gargiulo, *Special education in contemporary society: an introduction to exceptionality*, Belmont: Wadsworth / Thomson Learning, 2006；杨汉麟、李贤志：《近代特殊教育的开路先锋——依塔德驯化野孩子教育实验的历史回顾》，《华中师范大学学报》（人文社会科学版）2007年第4期。

② S. E. Brock, S. R. Jimerson, R. L. Hansen, *Identifying, assessing, and treating autism at school*, New York: Springer, 2006.

③ L. Kanner, "Autistic disturbances of affective contact", *Nervous Child*, Vol. 2, No. 43, 1943, pp. 217–250；片成男、山本登志哉：《儿童自闭症的历史、现状及其相关研究》，《心理发展与教育》1999年第1期。

④ H. Asperger, "Die Autistischen psychopathen" im kindesalter, *Archiv für psychiatrie und nervenkrankheiten*, Vol. 117, No. 1, 1944, pp. 76–136；J. L. Matson, N. F. Minshawi, *Early intervention for autism spectrum disorders: A critical analysis*, Oxford: Elsevier, 2006.

（二）孤独症谱系障碍的演变

虽然 Kanner 和 Asperger 这两位研究者几乎同时对"孤独症"加以命名，但由于当时正处于第二次世界大战之时，人们的关注点都集中在战争上，以至于这两位学者的发现并没有引起社会的重视。直到二战结束之后，一些父母和研究者才开始了解这一问题。在当时的欧洲，由于信息传播方式有限，只有上层社会家庭中的孤独症儿童才会获得关注，而这些孩子的父母往往是高学历、高收入、对孩子要求较高的群体，很多人将"高傲"的家长与儿童奇怪的行为表现联系起来。由此，出现了"冰箱母亲"这一理论。

1950 年，Bettelheim 等人极力鼓吹"冰箱母亲"的观点。该观点认为儿童的孤独症是由于家长的冷漠造成的；"冰箱母亲"在普通人际（朋友、同事）上不会有太大问题；但在亲子关系上，"冰箱母亲"的情感冷漠，与自己的母亲感情疏离，虽然她们会用物质表达孝敬，但无法真正靠近自己的母亲；这种冷漠疏离的情感状态也会复制在她们与自己孩子的关系上，她们的孩子经常会说"妈妈根本不爱我"，并表现出各种行为问题；"冰箱母亲"无法感知自己的情绪和内心，也体会不到孩子的想法。[①] 当时，"冰箱母亲"这一理论的提出得到了多数人的认可，而这个"称呼"似乎给孤独症儿童的母亲贴上了致命的标签，来自社会和大众的批评与误解几乎击垮了这些可怜的妈妈。1964 年，Rimland 首先对"冰箱母亲"这一观点进行了挑战，他发表了《婴儿孤独症：其症状和对行为神经理论的影响》，开始寻求孤独症的生物学证据；Rimland 等研究者详细分析了孤独症儿童的认知能力，他们发现了孤独症的优势和弱点，并推翻了孤独症儿童是一群弱智的群体，且具有潜在的高智商的观点。[②] 20 世纪 60 年代，人们发现很多孤独症儿童有癫痫症状，从而开始把这一障碍看作是有神经病学基础的疾病，进一步驳斥了"冰箱母亲"的观点；直

---

① S. Cohmer, *Early infantile autism and the refrigerator mother theory* (1943 – 1970), Arizona: Embryo Project Encyclopedia, 2014.

② B. Rimland, *Infantile autism*, New York: Appleton-Century-Crofts, 1964.

到 1970 年以后，该观点才彻底被推翻。①

1956 年，Kanner 与其同事进一步完善了有关孤独症的界定并归纳了孤独症的基本特征，同时，他们还明确了孤独症的发病时间为 2 岁之前。② 从 1950 年直至 1970 年，虽然经历了"冰箱母亲"这种环境决定论的困扰，研究者描述的孤独症还是典型孤独症，没有提及谱系障碍的概念。但是，在此期间，孤独症的概念被人们广泛接受并沿袭了下来，越来越多的人开始关注并了解这个问题及其病因。

（三）孤独症谱系障碍的初显

1971 年，《孤独症》和《儿童精神分裂症》杂志首次出版。1977 年，Folstein 和 Rutter 对孤独症双胞胎进行研究后，开始把孤独症的成因与遗传学联系在一起。③ 1979 年，英国心理学家 Wing 等人发现：如果对社交互动行为的划分标准更宽泛一点，孤独症的检出率会由 4.9/10000 上升到 21.2/10000。她们认为：这是由于"典型孤独症"和"阿斯伯格综合征"存在一些以不同方式表达出来的相同特点，从而使得两者无法得到清晰的划分，孤独症是一种从轻度到重度的谱系障碍，并将"儿童孤独症"与"阿斯伯格综合征"一并归入谱系。由此，出现了"孤独症谱系障碍"这一概念。④ 1981 年，Wing 整合出了 8 点关于"阿斯伯格综合征"的特征。⑤ 至此，人们开始深入探讨"阿斯伯格综合征"和"儿童孤独症"或"典型孤独症"的区别。1982 年，我国儿童精神医学之父、南京儿童心理卫生研究所陶国泰教授首次报道了我国国内的 4 个典型孤独症儿童，开启了中国研究者

---

① R. Tuchman, I. Rapin, "Epilepsy in autism", *The Lancet Neurology*, Vol. 1, No. 6, 2002, pp. 352–358.

② S. E. Brock, S. R. Jimerson, R. L. Hansen, *Identifying, assessing, and treating autism at school*, New York: Springer, 2006, pp. 3–4.

③ S. Folstein, M. Rutter, "Infantile autism: a genetic study of 21 twin pairs", *Journal of Child Psychology and Psychiatry*, Vol. 18, No. 4, 1977, pp. 297–321.

④ L. Wing, J. Gould, "Severe impairments of social interaction and associated abnormalities in children: Epidemiology and classification", *Journal of Autism and Developmental Disorders*, Vol. 9, No. 1, 1979, pp. 11–29.

⑤ L. Wing, "Asperger's syndrome: a clinical account", *Psychological Medicine*, Vol. 11, No. 1, 1981, pp. 115–129.

对孤独症谱系障碍的探索。①

1990年以后，随着孤独症儿童在世界各地逐渐增多，各国学者相继投入到孤独症的研究中来，其诊断标准越来越清晰，诊断工具和手段也越来越多元化。从1971年到1990年间，孤独症的概念界定又发生了变化，人们已经意识到这可能是一种由轻到重的谱系障碍。

（四）孤独症谱系障碍的确认

2000年，美国精神疾病学会（American Psychiatric Association，APA）发布了《精神疾病诊断与统计手册》（第4版 修订版）（The Diagnostic and Statistical Manual of Mental Disorders-IV-TR，DSM-IV-TR），把儿童典型孤独症、阿斯伯格综合征、雷特氏症（Rett Syndrome，RS）、童年瓦解性障碍（Childhood Disintegrative Disorder，CDD）及待分类的广泛性发育障碍（Pervasive Developmental Disorder-not otherwise specified，PDD-NOS）合并在一起，称为广泛性发育障碍。② 2013年5月，美国精神疾病学会发布了《精神疾病诊断与统计手册》（第5版）（The Diagnostic and Statistical Manual of Mental Disorders-V，DSM-V），正式将许多专家已经在该领域使用过的术语——"孤独症谱系障碍"作为官方定义，并明确了孤独症谱系障碍包括典型孤独症、阿斯伯格综合征和待分类广泛性发育障碍。③

新手册发布后，大家对其修订内容众说纷纭。有些人强烈反对取消对"阿斯伯格综合征"的特别诊断，因为患有"阿斯伯格综合征"的人通常具有高智商，在某些狭窄的专业领域有广博的知识，但是他们缺乏社交技能。一些阿斯伯格综合征个体接受自己的奇特之处，并宣称要坚持使用这个诊断标准；一些阿斯伯格综合征儿童的家长反对任何诊断标准的改变，因为他们害怕去掉这个诊断标签之后，自己的

---

① 陶国泰：《婴儿孤独症的诊断与归属问题》，《中华神经精神科杂志》1982年第2期。
② American Psychiatric Association, *Diagnostic and statistical manual of mental disorders* (*Dsm-IV-TR*), Washington, D. C.: American Psychiatric Publishing, 2000.
③ American Psychiatric Association, *Diagnostic and statistical manual of mental disorders* (*Dsm*-5), Washington, D. C.: American Psychiatric Publishing, 2013.

孩子会失去获得特殊服务的资格。虽然专家认为这种修订不会影响到相关教育服务的实施，人们还是对新的诊断标准持观望态度。① 但是，随着《精神疾病诊断与统计手册》（第 5 版）的问世，孤独症谱系障碍这个概念却被研究者和相关领域的专家普遍接受。目前，该领域内研究者提到的"孤独症"即代表包含典型孤独症、阿斯伯格综合征和待分类广泛性发育障碍在内的一系列由轻到重的"孤独症谱系障碍"。

二 孤独症谱系障碍的基本概念及类型

（一）孤独症谱系障碍的基本概念

孤独症谱系障碍是一种广泛性发育障碍，一般在 3 岁前发病，其特征是不同水平的社交互动和沟通缺陷，伴随性重复/局限的兴趣、行为和活动。② 在这里，"谱系"是指孤独特质或者自闭特质（Autistic Traits）的连续性。③ 孤独特质是与孤独症相关的行为特征、人格和认知特点的集合；④ 其连续性是指该特质在孤独症和普通人群中广泛存在，只是在严重性上存在量化差异，但是这种量化差异并不是由多到少的简单的线性关系，而是一个从轻度到重度的连续光谱，存在无限多的可能的组合。⑤ 孤独症谱系障碍的不同亚类（主要包括典型孤独症、阿斯伯格综合征、待分类广泛性发育障碍）在谱系上的严重

---

① D. C. Giles, "DSM-V is taking away our identity: The reaction of the online community to the proposed changes in the diagnosis of Asperger's disorder", *Health*, Vol. 18, No. 2, 2014, pp. 179 – 195.

② American Psychiatric Association, *Diagnostic and statistical manual of mental disorders (Dsm-IV-TR)*, Washington, D. C.: American Psychiatric Publishing, 2000, pp. 9 – 50.

③ M. C. Lai, M. V. Lombardo, B. Chakrabarti, S. Baron-Cohen, "Subgrouping the Autism 'Spectrum': Reflections on DSM-5", *PLoS Biology*, Vol. 11, No. 4, 2013, pp. 1 – 7.

④ E. Sucksmith, I. Roth, R. A. Hoekstra, "Autistic traits below the clinical threshold: re-examining the broader autism phenotype in the 21st century", *Neuropsychology Review*, Vol. 21, No. 4, 2011, pp. 360 – 389.

⑤ 关荐、赵旭东：《基于正常人群的阈下自闭特质：概念、结构和影响因素》，《心理科学进展》2015 年第 9 期；柳杏娟：《高自闭特质儿童对不同强度的基本面部表情的识别》，硕士学位论文，天津师范大学，2019 年。

程度是不同的，其中典型孤独症处于最严重的一端。① Sun 等研究者一致认为孤独症谱系障碍代表了一个或更多数量的极端特征。②

孤独症谱系障碍在个体出生时就已经存在了，一般来说，最普遍、最早出现的症状就是婴儿期的异常社交行为——沉默，这可能与儿童不同程度的认知发育迟缓有关。③ Matson 等研究者指出：孤独症谱系障碍儿童会表现出伴随性的冲动、挑战行为和其他精神病理问题。LoVullo 等人的研究显示：患有上述问题的孤独症谱系障碍的人数要远远多于普通人。④ 另外，孤独症谱系障碍是一种持续终身的障碍，其相关症状会伴随个体整个发育过程。⑤

近年来，越来越多的人倾向于相信，孤独症谱系障碍是人类在这个世界上的另一种存在形式，它不完全是一种疾病。人们应当尊重孤独症谱系障碍个体的差异，尊重他们的不同，尊重他们的人格，而不是强迫他们改变自己来适应并加入所谓"正常人"的群体。不过，这种尊重，必须建立在大多数人对孤独症谱系障碍有足够的了解，并愿意为孤独症谱系障碍个体构建起一个适合他们生存的环境的基础之

---

① 陈顺森、白学军、张日昇：《自闭症谱系障碍的症状、诊断与干预》，《心理科学进展》2011 年第 1 期。

② X. Sun, C. Allison, B. Auyeung, et al., "The Mandarin Chinese version of the childhood autism spectrum test (CAST): Test-retest reliability", *Research in Developmental Disabilities*, Vol. 34, No. 10, 2013, pp. 3267 - 3275.

③ M. Berger, "A model of preverbal social development and its application to social dysfunctions in autism", *Journal of Child Psychology and Psychiatry*, Vol. 47, No. 3 - 4, 2006, pp. 338 - 371; I. Sotgiu, D. Galati, M. Manzano, et al., "Parental Attitudes, Attachment Styles, Social Networks, and Psychological Processes in Autism Spectrum Disorders: A Cross-Cultural Perspective", *The Journal of Genetic Psychology*, Vol. 172, No. 4, 2011, pp. 353 - 375.

④ J. L. Matson, S. Mahan, J. A. Hess, et al., "Progression of challenging behaviors in children and adolescents with autism spectrum disorders as measured by the Autism Spectrum Disorders-Problem Behaviors for Children (ASD-PBC)", *Research in Autism Spectrum Disorders*, Vol. 4, No. 3, 2010, pp. 400 - 404; S. V. LoVullo, J. L. Matson, "Comorbid psychopathology in adults with autism spectrum disorders and intellectual disabilities", *Research in Developmental Disabilities*, Vol. 30, No. 6, 2009, pp. 1288 - 1296.

⑤ M. M. Seltzer, P. Shattuck, L. Abbeduto, J. S. Greenberg, "Trajectory of development in adolescents and adults with autism", *Mental Retardation and Developmental Disabilities Research Reviews*, Vol. 10, No. 4, 2004, pp. 234 - 247.

上。对于孤独症谱系障碍儿童而言，首先是生存和接纳，然后才是生活和尊重。

（二）孤独症谱系障碍的亚类型

社交互动和沟通缺陷是孤独症谱系障碍的核心特征。但不同孤独症谱系障碍儿童的社交能力又有不同的特点和趋向，其个体之间的差异较为明显。例如，有些孤独症谱系障碍儿童是没有能力进行社交互动的，有些是有能力但不喜欢社交互动的，还有些是能够与他人进行社交互动的；从语言方面来说：有些孤独症谱系障碍儿童完全没有语言能力，有些有重复性语言能力或仿说能力（echolalia）；还有一些则具有几乎正常的语言能力。刻板以及局限性的兴趣、行为和活动是孤独症谱系障碍儿童的另一个特征，从这个角度来说：有些孤独症谱系障碍儿童是对自己有攻击性的，即有自伤行为（Self-injurious behavior）；有些是对别人有攻击性的，即有攻击行为（Aggressive behavior）。

鉴于以上原因，孤独症谱系障碍个体之间的差异很大，很难单独用某个词或某个术语去简单概括所有孤独症谱系障碍儿童的行为表现，这种现实状况与美国精神疾病学会于2013年颁布的《精神疾病诊断与统计手册》（第5版）中对"孤独症谱系障碍"概念的界定达成了一致。但是，由于人们对《精神疾病诊断与统计手册》（第5版）中对孤独症谱系障碍的界定和诊断标准还存在一些争议，在教育、心理和医学的临床实践中，很多人依然按照具体的症状类型、严重性程度或智力水平高低对这些儿童进行分类。

1. 按症状类型分类

（1）典型孤独症

典型孤独症又称Kanner症、儿童孤独症、早期婴儿孤独症、孤独症。它是孤独症谱系障碍中最为典型的一类。典型孤独症儿童在语言交往、想象活动及社会交往上有着明显的障碍，且伴有严重的刻板动作，对他人漠不关心；与正常发展儿童相比，这类儿童一般在3岁之前会表现出明显的异常；他们的认知水平一般较低，普遍存在智力缺陷；比较容易在人群中对其进行识别和诊断。[①]

---

① 雷秀雅：《自闭症儿童教育心理学的理论与技术》，清华大学出版社2012年版。

(2) 阿斯伯格综合征

阿斯伯格综合征又称阿斯伯格征候群、阿斯伯格障碍,是孤独症谱系障碍的一类。阿斯伯格综合征儿童的特征是固执、思考问题时不知变通、偏爱某些特定事物、有较强的语言能力;这类儿童通常行为古怪,但其智力水平一般较高,具有非凡的记忆力、较强的独立工作以及生活能力;另外,与典型孤独症儿童相比,阿斯伯格综合征儿童对他人有强烈的兴趣,经常会寻求他人作自己的听众,回答他人提出的问题,并给予反馈。①

(3) 待分类广泛性发育障碍

待分类广泛性发育障碍,也可称为非典型孤独症,泛指一般有孤独症倾向,但不能透过其特征而归类为更具体分类的孤独症个体;它既是孤独症谱系障碍的成员之一,也是广泛性发育障碍的一种;待分类广泛性发育障碍的人数占了孤独症谱系障碍总人数的90%,每104个美国男孩里就有一个待分类广泛性发育障碍儿童,且男孩是女孩的4倍。② 除此之外,待分类广泛性发育障碍儿童的症状与孤独症相似,但都比较轻微,而且他们并不一定会表现出所有孤独症的症状,与其他非孤独症的分界线一直都很模糊。③

2. 按严重性程度或智力水平分类

(1)《精神疾病诊断与统计手册》(第5版)颁布之前的分类

①低功能孤独症

低功能孤独症(Low-functioning Autism,LFA)又可以称为儿童孤独症、典型孤独症或者重度孤独症。低功能孤独症的儿童一般智商低

---

① S. Ehlers, C. Gillberg, "The epidemiology of Asperger syndrome: A total population study", *Journal of Child Psychology and Psychiatry*, Vol. 34, No. 8, 1993, pp. 1327 – 1350; M. R. Woodbury-Smith, F. R. Volkmar, "Asperger syndrome", *European Child & Adolescent Psychiatry*, Vol. 18, No. 1, 2009, pp. 2 – 11.

② K. E. Towbin, Pervasive Developmental Disorder Not Otherwise Specified. In F. R. Volkmar, R. Paul, A. Klin, & D. Cohen (Eds.), *Handbook of Autism and Pervasive Developmental Disorders: Diagnosis, development, neurobiology, and behavior* (pp. 165 – 200), New York: John Wiley & Sons Inc, 2005.

③ S. H. Willemsen-Swinkels, J. K. Buitelaar, "The autistic spectrum: subgroups, boundaries, and treatment", *Psychiatric Clinics*, Vol. 25, No. 4, 2002, pp. 811 – 836.

下（智商小于或等于 70），他们的语言能力差、缄默，认知水平较低。①

由于认知能力有明显损伤，低功能孤独症儿童是所有孤独症谱系障碍儿童中最严重的一类，他们一般不会注意身边的人，并且在个体所有发展领域都存在严重的缺损。例如，低功能孤独症儿童经常会表现出非常明显的奇怪行为、仪式和姿态，更容易出现自伤行为；会有严重的记忆力缺陷，无法记住其他人的名字或其他事物的名字，会表现出癫痫症状；有严重的接收语言和表达性语言障碍；因为症状过于严重，医生无法给这类儿童提供足够的治疗信息；②这部分孤独症谱系障碍儿童一般缺乏生活自理能力，需要较多的监督和帮助。③

②高功能孤独症

高功能孤独症（High-functioning Autism，HFA）又可以称为轻度孤独症或者孤独症边缘。该类儿童智力发展水平正常（智商大于 70 或 75），他们通常语言发展相对较好，认知水平较高，但其人际交往障碍明显；高功能孤独症儿童大约占孤独症儿童的 30% 左右。④ 他们一般没有认知能力的缺损，通常可以正常进入普通学校随班就读，但其同伴关系、人际交往方面的困难往往会随着年龄增大日益凸显，且这种异常的社交互惠缺损模式会直接影响他们的学习、工作和生活。

（2）《精神疾病诊断与统计手册》（第 5 版）颁布之后的分类

《精神疾病诊断与统计手册》（第 5 版）颁布之后，按照社会交

---

① P. Brambilla, A. Hardan, S. U. Di Nemi, et al., "Brain anatomy and development in autism: review of structural MRI studies", *Brain Research Bulletin*, Vol. 61, No. 6, 2003, pp. 557 - 569.

② B. Chakrabarti, "Commentary: Critical considerations for studying low-functioning autism", *Journal of Child Psychology and Psychiatry*, Vol. 58, No. 4, 2017, pp. 436 - 438.

③ J. Boucher, S. Bigham, A. Mayes, T. Muskett, "Recognition and language in low functioning autism", *Journal of Autism and Developmental Disorders*, Vol. 38, No. 7, 2008, pp. 1259 - 1269.

④ J. L. Sanders, "Qualitative or quantitative differences between Asperger's disorder and autism? Historical considerations", *Journal of Autism and Developmental Disorders*, Vol. 39, No. 11, 2009, pp. 1560 - 1567.

往和重复、局限、刻板的行为、兴趣及活动这两个标准对孤独症谱系障碍的不同严重性程度分为三个等级。其中，第三级最重，第一级最轻，具体划分标准见表1-1。① 我们可以看到，《精神疾病诊断与统计手册》（第5版）对孤独症谱系障碍的诊断包括基于损伤程度的"严重性"水平划分。例如，一级"需要支持"，二级"需要大量的支持"，三级"需要非常大量的支持"；"社会交流"和"局限、重复的行为"这两个具体诊断指标也按照"严重""明显"和"极大"等词语给予了程度的划分。与前几版相比，《精神疾病诊断与统计手册》（第5版）对孤独症谱系障碍诊断标准的界定更清晰、更具体了。但区分这些不同严重性水平的定量方法或实践建议尚不清楚，这可能会对后续的支持服务造成额外困扰。② 由于诊断标准的扩大会导致患病率的猛增，严重性水平的定量方法还没有实践支持。所以，在临床实践和相关学科的研究中，大部分研究者还是继续采用《精神疾病诊断与统计手册》（第4版 修订版）。

表1-1　　　　　　　孤独症谱系障碍严重性划分标准

严重程度	社会交流	局限的、重复的行为
三级："需要非常大量的支持"	言语和非言语社交沟通能力的严重缺损会造成功能的严重受损；很少主动发起社会交往，对他人的社交互动极少回应。例如，一个很少说话的人很少主动发起社交行为，并且即使有主动的社交行为，他/她也只是用不寻常的方式来满足自己的需求、只回应非常直接的社交方式	行为刻板、难以适应变化，或其他限制性/重复性行为明显干扰所有领域的功能。极大的痛苦/难以改变焦点或行动

---

① American Psychiatric Association, *Diagnostic and statistical manual of mental disorders* (*Dsm*-5), Washington, D. C.: American Psychiatric Publishing, 2013.
② A. S. Weitlauf, K. O. Gotham, A. C. Vehorn, Z. E. Warren, "Brief report: DSM-5 levels of support: A comment on discrepant conceptualizations of severity in ASD", *Journal of Autism and Developmental Disorders*, Vol. 44, No. 2, 2014, pp. 471-476.

续表

严重程度	社会交流	局限的、重复的行为
二级:"需要大量的支持"	言语和非言语社交沟通能力有明显缺损;即使有恰当的支持,社交障碍也很明显;主动发起社会交往和沟通的能力有限;对他人的社交互动回应不够或异常。例如,只会说简单句子,其社会交往只局限于狭窄的特殊兴趣,有着明显怪异的非言语交流	行为刻板、难以适应变化,或者其他的局限重复行为出现的频率高到能够让临时观察员注意到,干扰了多个不同场景下的功能。痛苦/或难以改变焦点或行动
一级:"需要支持"	如果没有恰当的支持,其社交沟通缺损会带来明显的问题。很难主动发起社交,对他人的主动社交曾有不寻常或不成功的回应。社会交往的兴趣降低。比如,可以说完整的句子,可以交流,但无法进行你来我往的对话,试图交朋友的方式怪异,通常不会成功	行为刻板,在一个或多个场景中会对功能造成损伤。在活动之间的切换有困难,组织和计划方面的障碍会影响其独立性

(三) 与孤独症谱系障碍相关的其他儿童发育障碍

在儿童发育障碍的众多类型中,还有一些神经系统疾病,其症状经常与孤独症谱系障碍的某些症状有交叉或重叠,且较难识别,包括雷特氏症、退化型孤独症、儿童瓦解性障碍、威廉姆斯综合征和高识字综合征。

1. 雷特氏症

1966 年,奥地利医生 Rett 报道了雷特氏症,它是一种神经障碍,并且只发生在女孩身上,其患病率为 1/10000 到 1/22000。[①] 雷特氏症的儿童通常在 6 个月到 18 个月之间发病,其主要特征是语言能力丧失、经常重复性挥手或摇摆身体、惧怕社交。这类儿童通常智力严

---

① A. Rett, "On an unusual brain atrophy syndrome in hyperammonemia in childhood", *Wien Med Wochenschr*, Vol. 116, No. 37, 1966, pp. 723 – 726; A. K. Percy, "Rett syndrome. Current status and new vistas", *Neurologic Clinics*, Vol. 20, No. 4, pp. 1125 – 1141.

重不足。①患有雷特氏症的女孩在其母亲正常妊娠和顺利分娩后出生，在出生后的前6个月内发育正常，她们出生时头部大小正常，但出生2—4个月后，头部生长会随之减速，最终导致获得性小头畸形；在出生6个月后，这些孩子会用刻板的动作代替有目的用手，其手的刻板动作包括扭手、拍手和用手说话。可以在雷特氏症儿童的行为表现上观察到孤独症的特征，如社交退缩和语言障碍。另外，这些孩子普遍会表现出一种典型的步态失用症，即他们通常在某些情况下会减少行走或根本无法行走。②

2. 退化型孤独症

退化型孤独症（Landau-Kleffner Syndrome），又称"获得性癫痫失语症"，这类儿童通常在3—7岁时才开始表现出特有的孤独症谱系障碍症状，尤其是典型孤独症的症状，其主要表现：惧怕社交（如退缩）、强烈要求同一性（例如，执着要求同样的行走路线、饮食和穿着等）、语言能力较差。这类儿童在早期往往语言能力发展较好，不易发现其异常表现。一般可以通过对这类儿童早期异常的睡眠脑电波进行检查并做出诊断。③发育退化是除核心症状之外最常见的重度孤独症的症状之一，有25%—40%的重度孤独症儿童同时伴有发育退化现象，即其早先已出现的语言或已掌握社会技能丧失，常始于孤独症儿童1.5—2岁时。退化型与非退化型孤独症儿童虽然均会表现出孤独症的核心症状，但退化组儿童的神经发育损伤情况可能更为严重。④

3. 童年瓦解性障碍

童年瓦解性障碍又称婴儿痴呆（Heller 综合征），是一种较少见

---

① 杜亚松：《儿童心理卫生保健》，上海科学技术文献出版社1999年版；肖凌燕：《儿童孤独症的类型以及家庭干预》，《社会心理科学》2011年第1期。
② J. L. Neul, H. Y. Zoghbi, "Rett syndrome: a prototypical neurodevelopmental disorder", *The Neuroscientist*, Vol. 10, No. 2, 2004, pp. 118 – 128.
③ P. L. Pearl, E. J. Carrazana, G. L. Holmes, "The landau-kleffner syndrome", *Epilepsy Currents*, Vol. 1, No. 2, 2001, pp. 39 – 45.
④ 沈屹东：《孕产期危险因素及PGR基因多态性与退化型孤独症关系的研究》，硕士学位论文，中南大学，2014年。

的疾病。① 该类儿童一般在3岁或4岁以前发育正常,随后即出现明显的发育倒退现象;在9个月之内,原来获得的能力(如言语能力)迅速消失;有些儿童在发病初期可能会表现出明显的焦虑和烦躁症状,然后即表现出能力消失,其智力也可能很快降至中重度精神发育迟缓者水平;许多儿童夭折,即使他们能长大,也需要被终身照顾和监管;② 这些孩子没有明显的神经功能障碍或明显的"器质性"症状;男女比例为4:1左右。③

4. 威廉姆斯综合征

威廉姆斯综合征(Williams Syndrome,WS)又称为威廉姆斯伯伦综合征(Williams-Beuren Syndrome,WBS),是一种遗传性综合征,由7号染色体基因的微缺失导致。这种类型的儿童主要表现为面相特殊,心脏有主动脉瓣下狭窄、生长发育缓慢、智力低下等症状;其生理和语言发展迟缓、听觉敏感、注意力不集中,有社交障碍、这类儿童的心智问题尤为严重。④ 威廉姆斯综合征是一种典型的身体和精神特征的基因罕见病。新西兰医生 William 和德国医生 Beuren 分别于1961年和1962年对该类疾病的一系列症状进行过描述,之后很多研究者开始关注这一新疾病。该疾病的病因主要是由于染色体 7qll.23 部位一系列基因的缺失导致,因为每个国家对该疾病的认识程度不一致,发病率从1/7500到1/2500不等。目前国内临床儿科医生对罕见病的认识度还不够,还没有威廉姆斯综合征的发病率报告。⑤

5. 高识字综合征

高识字综合征(Hyperlexia Syndrome)儿童在18—24个月内发育

---

① 沈渔邨:《精神病学》第4版,人民卫生出版社2006年版。
② 王晓琴:《1例童年瓦解性障碍的护理干预》,《中国民康医学》2014年第4期。
③ N. P. Rosman, B. M. Bergia, "Childhood Disintegrative Disorder: Distinction From Autistic Disorder and Predictors of Outcome", *Journal of Child Neurology*, Vol. 28, No. 12, 2013, pp. 1587 – 1598.
④ P. M. Rodier, *Neuroteratology of Autism*, InW. Slikker, L. W. Chang (Eds.), *Handbook of Developmental Neurotoxicology*, San Diego, CA: Academic Press, 1998.
⑤ P. Strømme, P. G. Bjømstad, K. Ramstad, "Prevalence estimation of Williams syndrome", *Journal of Child Neurology*, Vol. 17, No. 4, 2002, pp. 269 – 271;季钗:《威廉斯综合征儿童三维人脸识别和社会适应能力的研究》,博士学位论文,浙江大学,2017年。

正常，24个月以后发育异常；他们一般具有超常的认字能力，通常在很小的时候就能认识数字和字母；这类儿童对口头语言的理解能力极差，缺乏社交技巧、不善与人交往；另外，有些儿童可能通过记住或回应句型结构进行学习和语言表达，但其对句子的含义缺乏理解；他们很少主动与人交谈，执着于固定的行动路线和习惯，一般听觉、嗅觉、触觉敏感，但只选择性听取某些东西，具有自我刺激性行为、强烈的恐惧感、较强的听觉与视觉记忆能力，缺乏回答（关于干什么、哪里、为什么、谁）提问的能力；他们一般思维固定、只能从字面分析文字含义、缺乏总结提炼能力。一些高识字综合征儿童经常会痴迷于字母或数字；他们极端擅长解码语言，因此经常会变成早期阅读者。一些高识字综合征儿童在2岁之前就会学习拼写长长的单词（如大象），在3岁时会阅读整句话。功能磁共振成像（functional magnetic resonance imaging，FMRI）研究显示高识字综合征可能在神经科学上是失读症的对立面。[①]

三 孤独症谱系障碍的基本理论

很多研究者希望在认知领域内建构或发现新的理论来进一步探索并解释孤独症谱系障碍的奥秘，寻找这些奇特孩子的认知发展特点及规律。从1943年到今天，在孤独症谱系障碍的研究领域内，主要有5种被实证研究支持的基本理论，包括心理理论缺陷理论、执行功能障碍理论、弱中心统合理论、碎镜理论和极端男性脑理论。

（一）心理理论缺陷理论

1. 理论缘起

1978年，Premack及其同事在《行为与大脑科学》杂志上发表了《黑猩猩有心理理论吗？》一文，首次提出了心理理论（Theory of Mind，TOM）这一术语。他们指出：个体将心理状态归因于其自身以

[①] T. M. Newmar, D. Macomber, A. J. Naples, et al., "Hyper Lexia in Children With Autism Spectrum Dicorders", *Journal of Awrism and Developmental Disorders*, Vol. 37, No. 4, 2007; L. D. Shriberg, R. Paul, L. M. Black, J. P. Van Santen, "The hypothesis of apraxia of speech in children with autism spectrum disorder", *Journal of Autism and Developmental Disorders*, Vol. 41, No. 4, 2011, pp. 405–426.

及他人，这样一种推理系统应被视作一种理论，首先是由于这类状态并非直接可见，其次是因为该系统不仅能够被用来预测自我的行为，还能预测其他个体的行为。① 心理理论是儿童在成长的过程中，逐渐发展出的一种对自己和他人心理状态的理解能力。如果个体的心理理论能力发展较好，他就能够推断出导致行为的全部心理状态，包括信仰、欲望、意图、想象、情绪等。良好的心理理论不仅对儿童的语言和情绪理解的发展起着促进作用，而且对其游戏、同伴交往和社会适应等社会行为的发展也是至关重要的。② 心理理论在人与人之间的相互作用中发挥着重要功能。心理学家普遍认为，拥有良好的心理理论，就能使个体更好地操作与控制日常的社会环境，较为准确地预测他人和自己的认知及情感状态，并协调相互之间的关系。

为了探索正常发展过程的本质，病理心理学家通常会将同时正常发展的一些心理过程分离开来，以便有利于对复杂功能的分析，即使在有明显异常的发展情况下，也能够识别那些彼此相关联的心理过程。因此，在对孤独症谱系障碍个体的研究中，一些研究者把关注重点放在心理理论的特殊缺失上。③

2. 基本观点

Baron-Cohen 等人提出了孤独症谱系障碍的"心理理论的特殊受损理论"。他们认为孤独症谱系障碍儿童在社交、沟通及想象方面存在着严重问题，这些问题都与心理理论的特殊受损有关。④ 该理论聚焦于社会认知损伤层面，认为孤独症谱系障碍儿童的心理理论发展异

---

① D. Premack, G. Woodruff, "Does the chimpanzee have a theory of mind?", *Behavioral and Brain Sciences*, Vol. 1, No. 4, 1978, pp. 515-526.

② S. Baron-Cohen, "Theory of mind and autism: A review", *International Review of Research in Mental Retardation*, Vol. 23, 2000, pp. 169-184；顾学恒、郑普阳：《自闭症者心理理论缺陷原因探析：信息加工异常》，《中国特殊教育》2021 年第 6 期。

③ 卢天玲、李红：《国外自闭症儿童心理理论与规则使用研究》，《首都师范大学学报》（社会科学版）2004 年第 1 期。

④ S. Baron-Cohen, A. M. Leslie, U. Frith, "Mechanical, behavioural and intentional understanding of picture stories in autistic children", *British Journal of Developmental Psychology*, Vol. 4, No. 2, 1986, pp. 113-125.

常，致使其自身难以理解他人的观点或兴趣，无法有效识别他人的交际意图，最终导致社交缺陷。①

正常发展个体心理理论的发展遵循六个步骤：不同欲望（理解不同人想要的东西不同）、不同信念（不同的人可以对同一件事持有不同的态度）、知识获取（看不见导致不知道）、错误信念（是否把错误的信念归因于他人）、隐藏情感（用虚假的面部表情来掩饰真实的感情）和讽刺（信息的本意可能不同于其单词的字面意思）②。大量研究证实，孤独症谱系障碍儿童的社交缺陷与其心理理论在上述这些步骤上的缺损有关；③其心理理论的发展时间要晚于正常发展儿童，发展顺序也与正常发展儿童存在差异。④孤独症谱系障碍的核心特质就是社交沟通问题，心理理论能力的缺失可以解释孤独症谱系障碍儿童在社会交往、人际沟通中的种种表现，如被动交往、不会撒谎、固执、移情能力差等。

3. 研究范式

心理理论包含三个经典的实验范式：意外地点任务（unexpected-location task）、意外内容任务（unexpected-content task）和外表——真实区分任务（appearance-reality distinction task），统称错误信念任务（False belief task，FBT）。

（1）意外地点任务

在意外地点任务中，评估孤独症谱系障碍儿童心理理论发展水平的经典实验范式是 Baron-Cohen 等研究者设计的意外地点故事，又称"莎莉—安（Sally Anne test）"任务。其基本程序是让儿童掌握有关

---

① M. Andreou, V. Skrimpa, "Theory of mind deficits and neurophysiological operations in autism spectrum disorders: a review", *Brain Sciences*, Vol. 10, No. 6, 2020, pp. 1 – 12.

② C. C. Peterson, H. M. Wellman, V. Slaughter, "The mind behind the message: Advancing theory-of-mind scales for typically developing children, and those with deafness, autism, or Asperger syndrome", *Child Development*, Vol. 83, No. 2, 2012, pp. 469 – 485.

③ 陈友庆：《儿童心理理论》，安徽人民出版社 2008 年版。

④ D. M. Bowler, "Theory of Mind" in Asperger's Syndrome Dermot M. Bowler, *Journal of Child Psychology and Psychiatry*, Vol. 33, No. 5, 1992, pp. 877 – 893; C. C. Peterson, H. M. Wellman, "Longitudinal theory of mind (ToM) development from preschool to adolescence with and without ToM delay", *Child Development*, Vol. 90, No. 6, 2019, pp. 1917 – 1934.

某物地点改变的信息,但故事人物缺乏这种信息,然后再请儿童预测故事中的人物将会到哪个地点(改变前的地点还是改变后的地点)寻找该物。①

例如:研究者向儿童呈现两个洋娃娃,一个叫莎莉,她身边有一个篮子;另一个叫安,她身边有一个盒子。莎莉把一个小球放到篮子里,接着用一块布把篮子盖上,然后离开。之后,安把小球从篮子里拿出来放到了盒子里。最后,莎莉回来了。研究者让儿童回答"莎莉会到哪里去找她的小球"。

(2)意外内容任务

意外内容任务的基本程序是研究者向儿童展示一个从外表看起来很容易就能确定所装物体的容器,随后向儿童揭示容器内所装的真实物件(与表面物件不同)。然后,研究者让儿童回答下面问题:

揭示真实物件之前他/她认为里面装的是什么(儿童自己的表征转换),其他不清楚里面所装真实物件的人会认为里面装的是什么(关于他人的错误信念)。

(3)外表——真实区分任务

Perner 等人在研究中采用了外表——真实区分任务。其实验程序是研究者首先向儿童呈现一个普通的糖果盒,并问:"你认为盒子里面装的是什么?"儿童一般都回答:"糖果。"然后,研究者让他/她看一下盒子里面,让他/她知道里面实际上装的是铅笔。实验者接着问:"假如其他没有看过盒子里面所装东西的孩子看到这个盒子时,他会认为里面装有什么?"对于第 2 个问题,4 岁以上的正常发展儿童能正确地回答是糖果,但孤独症谱系障碍儿童不能正确回答,他们似乎不理解那些仅仅看到盒子外表的人会认为里面装的是糖果。②

由于外表——真实区分任务改编自"意外地点"和"意外内容"

---

① S. Baron-Cohen, A. M. Leslie, U. Frith, "Does the autistic child have a theory of mind", *Cognition*, Vol. 21, No. 1, 1985, pp. 37 – 46.

② J. Perner, U. Frith, A. M. Leslie, S. R. Leekam, "Exploration of the autistic child's theory of mind: Knowledge, belief, and communication", *Child Development*, 1989, Vol. 60, No. 3, pp. 689 – 700.

任务，因此，心理理论经典范式的"意外地点"和"意外内容"任务被认为是标准错误信念任务。标准错误信念任务主要有两大特点：在呈现方式上属于言语故事，在任务计分上采用"全或无"（对每个问题"通过"计1分，"未通过"计0分）的方式。①

4. 相关研究

20世纪80年代以来，随着发展心理学家开始涉足"儿童理解并推测自己和他人心理状态"领域，"心理理论"的研究积累了丰富的实证与理论论据，并彰显出极强的领域渗透与整合力，逐渐成为发展心理学、心灵哲学与认知科学的热门。②

Frith等研究者发现孤独症谱系障碍儿童在解读他人心理状态方面存在困难，在理解自身心理状态时也会伴随一种最基本的自我觉知（self-awareness）的匮乏。例如，在完成意外内容任务的过程中，他们回忆自我的错误信念（将错误归因于自我）与将错误归因于他人同样困难；③ 甚至在某些极端情况下，孤独症谱系障碍儿童在"外表——真实区分"任务中会认为作为实验道具的塑料巧克力不仅看起来像巧克力，而且事实上就是巧克力，即便在他们发现实情后很长时间内还会坚持想去吃这些巧克力。④ 这些研究均支持了孤独症谱系障碍儿童的心理理论缺陷理论，即他们无法理解自己和他人的心理状态。因此，Baron-Cohen形象地将孤独症谱系障碍儿童称为"心灵盲（mind blindness）"。

我国学者杨利芹等人对比了孤独症谱系障碍儿童和正常发展儿童父母的心理理论发展水平，试图为孤独症谱系障碍儿童的心理理论缺陷找到可能存在的遗传因素，她们发现：与对照组相比，孤独症谱系

---

① 邹瑾、王立新、项玉：《自闭症心理理论研究范式的新进展——"思想泡"技术的运用》，《中国特殊教育》2008年第2期。

② 周楠、方晓义：《自闭症儿童非言语错误信念任务的实验研究》，《心理科学》2011年第3期。

③ U. Frith, F. Happé, "Theory of mind and self-consciousness: What is it like to be autistic?", *Mind & Language*, Vol. 14, No. 1, 1999, pp. 82–89.

④ S. Baron-Cohen, "The autistic child's theory of mind: A case of specific developmental delay", *Journal of child Psychology and Psychiatry*, Vol. 30, No. 2, 1989, pp. 285–297.

障碍儿童父母的冷心理理论（认知成分）的得分无统计学意义，而其热心理理论（情感成分）差异显著。① 任真和桑标发现：孤独症谱系障碍儿童的心理理论发展水平远远落后于同等言语能力的正常发展儿童，其在两个经典错误信念任务上的通过率只落后于正常发展儿童，这可能表示孤独症谱系障碍儿童的心理理论发展具有领域特殊性，与 Happé 的研究结论相反。② 研究结果的不一致，可能与研究方法和样本量的差异有关，还需要进一步深入探讨。Bloom 等人对将标准错误信念任务作为心理理论测验提出了质疑，他们认为标准错误信念任务的成功或者失败不足以代表儿童的心理理论能力，应该放弃标准错误信念任务。③ 由此，很多研究者开始探索新的理论或研究任务来进一步了解儿童的认知发展。

（二）执行功能缺陷假说

1. 理论缘起

1978 年，Damasio 等人比较了孤独症谱系障碍儿童与那些额叶受损患者对任务的执行情况，随后提出了执行功能（Executive Function，EF）障碍假说。④ 20 世纪 80 年代以来，随着执行功能逐渐成为发展心理学的研究热点，对孤独症谱系障碍儿童执行功能的探讨也逐渐受到学者关注。执行功能是一种重要的高级认知加工过程，是为了实现一项特殊目标而将不同的认知加工过程灵活地整合起来、协同操作的功能；它是个体进行问题解决时所必备的一组神经心理技能，涉及很多目的指向性行为适应过程，因此是一种复杂的认知结构。⑤ 执行功能由大脑前庭

---

① 杨利芹、汪凯、朱春燕等：《自闭症儿童与正常儿童父母的心理理论能力比较》，《中华行为医学与脑科学杂志》2011 年第 9 期。

② 任真、桑标：《自闭症儿童的心理理论发展及其与言语能力的关系》，《中国特殊教育》2005 年第 7 期；F. G. Happé, "The role of age and verbal ability in the theory of mind task performance of subjects with autism", Child Development, Vol. 66, No. 3, 1995, pp. 843 – 855.

③ P. Bloom, T. P. German, "Two reasons to abandon the false belief task as a test of theory of mind", Cognition, Vol. 77, No. 1, 2000, pp. B25 – B31.

④ A. R. Damasio, R. G. Maurer, "A neurological model for childhood autism", Archives of Neurology, Vol. 35, No. 12, 1978, pp. 777 – 786.

⑤ E. E. Smith, J. Jonides, "Storage and executive processes in the frontal lobes", Science, Vol. 283, No. 5408, 1999, pp. 1657 – 1661.

中前额叶控制，包括计划（plan）、注意（attention）、工作记忆（work memory）、认知/心理灵活性（cognitive/mental flexibility）、抑制/抑制控制（inhibition/inhibition control）和自我监控（self-regulation）等多种成分，是可以应用于多种认知过程的涵盖性术语。[1]

研究执行功能就是要探讨不同的认知过程是如何参与并相互协调的，正常的执行功能可使人们在面对需要迅速做出决定的问题时，从众多的信息中选择必要的信息，实施计划行为、形成推理并解决问题。[2]

2. 基本观点

执行功能障碍假说认为：孤独症谱系障碍儿童最主要的认知功能障碍之一就是执行功能障碍，如抑制无关信息干扰的能力和行为的发动等；有执行功能障碍的儿童往往会表现出认知、情绪和社会功能等方面的异常，如在完成计划、做决定、分类转换任务时的成绩较低，且有易冲动、易激惹和社会责任感下降等行为表现。[3] 与其他发育性障碍相比，孤独症谱系障碍个体更容易出现执行功能损伤，且其损伤的范围更加广泛。执行功能缺陷可以解释孤独症谱系障碍的两大核心症状：社会交往问题和重复、刻板的行为与兴趣狭窄。[4]

3. 研究范式

一般认为，执行功能包括以下几种类型，并有相应的测定方法：抑制控制，即将注意力集中于相关的信息和加工过程，抑制无关信息，常用的测验有 Stroop 任务、Go/No Go 任务；工作记忆，即在短

---

[1] S. Goldstein, J. A. Naglieri, *Handbook of executive functioning*, Berlin: Springer Science & Business Media, 2014.

[2] L. J. Moses, "Executive accounts of theory-of-mind development", *Child Development*, Vol. 72, No. 3, 2001, pp. 688–690.

[3] P. D. Zelazo, S. M. Carlson, A. Kesek, *The development of executive function in childhood. In C. A. Nelson & M. Luciana (Eds.), Handbook of developmental cognitive neuroscience*, Cambridge: MIT Press, 2018.

[4] 侯婷婷、杨福义：《学龄前自闭症儿童的执行功能研究综述》，《中国特殊教育》2016 年第 3 期。

时间内贮存和保持信息的能力，常用的测验为行为双任务范式和交叠双任务范式；计划，常用伦敦塔任务测定；认知灵活性任务，常用维度卡片分类任务和连线任务测定。

（1）抑制控制任务

①Stroop 任务

使用 Stroop 任务可以有效考察儿童的认知抑制。在 Stroop 任务中，研究者要给儿童呈现用不同颜色写成的具有颜色意义的词，要求儿童对这些具有颜色意义的词进行颜色判断。在日常的学习和生活中，儿童已经形成了对汉字意义加工的优势，在做颜色判断时他们便会受到汉字意义的影响，表现出明显的认知抑制。除了注视点的呈现时长、颜色、时间间隔、试次及图片内容可根据具体研究目的更换或者调整之外，Stroop 任务的基本操作可参考以下流程：

实验分为练习和正式实验两部分；在练习中，被试首先要熟悉红、黄、蓝、绿四种颜色对应的反应键，正确率达到 95% 以上，则开始 Stroop 任务的练习；首先呈现一个 400—600 ms 的注视点，接着呈现 200 ms 的中性图片，900—1100 ms 的空屏后出现带有颜色的汉字 1500 ms，要求被试忽略汉字的意义，对汉字的颜色做出判断，1000 ms 之后开始下一试次；练习中共有 12 个试次，循环至被试的正确率达到 95%，则开始正式实验；在正式实验中，三类图片和汉字随机出现。共有 432 个试次，分为四个 Block。每个 Block 后休息 2 分钟，实验大约持续 30 分钟。[①]

②Go/No Go 任务

Go/No Go 任务并不是要求儿童抑制一种反应，进行另一种反应（如不读汉字，而说出汉字的颜色），而是要求儿童在某一条件下什么也不做，即不做反应。Go/No Go 任务中一般涉及两种刺激，一种刺激作为"按键"信号，即 go 信号，此时，被试需要进行按键反应，另一种刺激作为"不按键"信号，即 nogo 信号，此时，被试不做任

---

① 白学军、贾丽萍、王敬欣：《特质焦虑个体在高难度 Stroop 任务下的情绪启动效应》，《心理科学》2016 年第 1 期。

何反应。一般情况下，go-trial 和 nogo-trial 各占一半。①

（2）工作记忆任务

①行为双任务范式

行为双任务范式是指在同一时间内同时完成两项任务。② 例如，同时给被试呈现视觉刺激和听觉刺激，要求被试分别作相应的反应或者将工作记忆再认任务与单任务相结合。在此过程中，被试通常要先执行一个任务并且暂时延迟对另一个任务的执行，即将工作记忆和注意资源进行分配整合的过程。由于在该范式中两个任务是同时呈现的，需要竞争注意资源。因此，该范式通常被用来揭示双任务协调的神经机制。

②交叠双任务范式

交叠双任务范式通常用于研究一个任务对另一个任务的影响。在交叠双任务范式中，两个刺激（S1、S2）快速相继呈现，且两个任务呈现的时间间隔（SOA）不同步，要求被试对两个刺激分别作反应（R1、R2）。

研究者通常采用视—听交叠双任务范式。在该类范式中，首先呈现视觉刺激（或先呈现听觉刺激），然后呈现听觉刺激（或然后呈现视觉刺激），SOA 在几个时间值（如 50 ms、125 ms 和 200 ms）中随机变换，要求被试用左手对听觉刺激的频率高低进行判断，右手对视觉刺激的位置方向或者大小进行判断。结果发现 S2 反应时随着 SOA 的减小而增加，这也称为心理不应期效应。由于该范式基于反应选择的中枢瓶颈理论，因此通过操纵任务间 SOA 用以调查与双任务冲突解决相关的大脑区域。③

（3）计划任务

伦敦塔任务是计划任务中较为常用的一个任务，最早由 Shallice

---

① L. Cragg, & K. Nation, "Go or no-go? Developmental improvements in the efficiency of response inhibition in mid-childhood", *Developmental Science*, Vol. 11, No. 6, 2008, pp. 819 – 827.

② 谭金凤、伍姗姗、徐雷、王丽君、陈安涛：《前额叶皮层与双任务加工执行功能》，《心理科学进展》2013 年第 12 期。

③ 谭金凤、伍姗姗、徐雷、王丽君、陈安涛：《前额叶皮层与双任务加工执行功能》，《心理科学进展》2013 年第 12 期。

发展而来，之后有研究者对其进行修订和进一步结构分析。在伦敦塔任务中，给被试呈现的是三个高低不同的柱子，在柱子上面摆放不同颜色的圆盘，被试的任务是由目标状态移动为初始状态。被试在完成任务的过程中必须遵循以下规则：第一，每一次操作只能移动一个圆盘；第二，不能将圆盘放置于柱子以外的任何地方；第三，最高的柱子最多可以放三个圆盘，中间的柱子最多可以放两个圆盘，最低的柱子最多只能放一个圆盘。该任务要求被试在最短的时间内以最少的步骤完成任务。[1]

（4）认知灵活性任务

①维度卡片分类任务

维度卡片分类任务（Dimensional Change Card Sorting，DCCS）是一种典型的冷执行功能（认知成分）的研究范式。其基本程序如下：

研究者首先向儿童呈现有不同颜色和不同形状的图案（如一辆红色的车和一朵蓝色的花）的目标卡片；接着呈现给儿童一系列测试卡片（如几辆蓝色的车和几朵红色的花），并要求儿童在一种维度上（如颜色）进行分类；经过几次（如8次）实验后，又让他们在另一维度上（如形状）再进行相等次数的分类。其关键因变量为维度变化后儿童是否能正确分类，从而检验儿童运用合取规则的能力，即能否在两套不相容的规则之间进行灵活的转换。

研究者发现某些年龄段的儿童不能在几对规则之间转换，尽管在每次试验时告诉他们要转换规则并告知新规则，他们还是在规则变换后的实验中系统性地固着在转换前的规则上，即存在所谓的优势规则，必须抑制优势规则才能实现灵活转换。也就是说，儿童的认知灵活性存在与年龄相关的变化。[2]

②连线任务

连线任务（trial making test）包括A和B两部分。在A部分测验

---

[1] 吴虹艳：《伦敦塔任务的结构分析及其与执行功能的关系研究》，硕士学位论文，华东师范大学，2011年。

[2] P. D. Zelazo, "The Dimensional Change Card Sort (DCCS): A method of assessing executive function in children", *Nature Protocols*, Vol. 1, No. 1, 2006, pp. 297–301.

中，要求被试从数字 1 开始对 22 个数字按递升顺序连线，在准确连对的前提下尽可能地加快速度。在 B 部分测验中，要求被试从数字 1 和字母 A 开始对 22 个数字或字母按递升顺序连线，在准确连对的前提下，尽可能地加快速度，完成任务的时间被当作考察的对象；将 B 部分进行的时间减去 A 部分进行的时间，就可以得到被试在两个刺激维度上转换注意所用的时间。[1] 如果儿童年龄较小，还不能熟练排列英文字母的顺序，也可以用汉字的"一、二、三……"代替。[2]

4. 相关研究

孤独症谱系障碍具有遗传背景，Hughes 等人对孤独症谱系障碍儿童父母的执行功能进行了探索，他们采用了注意转换、计划和工作记忆等任务，结果表明：这些孤独症谱系障碍儿童的父母的执行功能也存在一定程度的问题，尤其是他们的父亲。[3] 李咏梅等人对高功能孤独症和阿斯伯格综合征儿童的执行功能进行了探索，结果显示：孤独症谱系障碍儿童存在不同程度的执行功能障碍。[4] 杨娟等人通过"工作记忆成套测验中的视空间工作记忆任务、Stroop 任务和威斯康星维度分类卡片任务"来考察我国孤独症谱系障碍儿童执行功能的发展状况，他们发现：孤独症谱系障碍儿童在空间后退、Stroop 任务和威斯康星任务上完成的分类组数得分明显低于正常发展儿童，这提示孤独症谱系障碍儿童存在执行功能缺陷，与国外的研究结果一致。[5]

综上所述，孤独症谱系障碍儿童的执行功能损伤已经被很多研究证实，但是其执行功能受损的具体情况还不明确，需要进一步探讨其执行功能是某一成分功能受损还是整体功能受损，以便深入了解孤独

---

[1] K. B. Kortte, M. D. Horner, & W. K. Windham, "The trail making test, part B: cognitive flexibility or ability to maintain set"? *Applied Neuropsychology*, Vol. 9, No. 2, 2002, pp. 106–109.

[2] 王素霞：《小学生执行功能的发展特点——来自眼动测量的证据》，博士学位论文，辽宁师范大学，2017 年。

[3] C. Hughes, M. Leboyer, M. Bouvard, "Executive function in parents of children with autism", *Psychological Medicine*, Vol. 27, No. 1, 1997, pp. 209–220.

[4] 李咏梅、邹小兵、李建英等：《高功能孤独症和 Asperger 综合症儿童的执行功能》，《中国心理卫生杂志》2005 年第 3 期。

[5] 杨娟、周世杰、张拉艳等：《自闭症儿童执行功能研究》，《中国临床心理学》2006 年第 5 期。

症谱系障碍儿童的认知发展本质。

(三) 弱中心统合理论

1. 理论缘起

孤独症谱系障碍儿童会表现出一定的优势能力,如孤岛能力(Islets of Ability)和优异的机械记忆力等。孤岛能力指孤独症谱系障碍个体在一般能力普遍落后的情况下在某一个或某几个领域表现出来的与其整体能力极不匹配的超常能力。[①] 由于孤岛能力、优异的机械记忆能力及对某些事物的高度敏锐感知突破了人类既定的认知模式,因此,对孤独症谱系障碍儿童优势能力的探索是该领域专家极为感兴趣的主题。Frith 和 Happé 试图从认知层面找到一个单一的原因,既能解释孤独症的优势能力又能解释其缺损,他们提出了弱中心统合(Weak Central Coherence,WCC)理论——"中心统合",是一种把各局部信息整合成一个有意义的整体、注意刺激整体而非各个部分的倾向,这种更高层意义的整合经常以对细节记忆的损失为代价,而孤独症谱系障碍儿童的"中心统合"能力较弱。[②]

2. 基本观点

弱中心统合理论认为:孤独症谱系障碍是一种以信息加工不完善为特征的认知障碍。因此,孤独症谱系障碍儿童表现出注意细节加工、无法依据上下文信息构建含义、对整体或情境的意义把握不足的"弱的中心信息统合"现象。弱中心统合理论可以解释心理理论和执行功能理论所无法解释的孤独症症状,进一步了解该群体的狭窄兴趣和特殊才能。[③] Happé 进一步认为:弱的中心统合是孤独症谱系障碍儿童以局部而非整体加工为特征的领域一般性的认知风格或认知倾向。[④] 由于孤独症谱系障碍儿童的注意力经常会被常人所忽视的客体表面或

[①] 曹漱芹:《孤独症群体的孤岛能力》,《心理科学进展》2013 年第 8 期。

[②] U. Frith, "Autism and theory of mind in everyday life", *Social Development*, Vol. 3, No. 2, 1994, pp. 108 – 124.

[③] 陈墨、韦小满:《自闭症弱中央统合理论综述》,《中国特殊教育》2008 年第 10 期。

[④] F. G. Happé, "Autism: cognitive deficit or cognitive style?", *Trends in Cognitive Sciences*, Vol. 3, No. 6, 1999, pp. 216 – 222.

个别特征所吸引，对客体语境缺乏注意，使信息加工发生在局部而非整体水平上。例如，较多的孤独症谱系障碍儿童认识大量的汉字，却不能理解由汉字组成的句子或故事，尽管这方面相关证据不多，但是由于该理论涉及孤独症谱系障碍的外显学习风格，因此受到很多关注。

3. 研究范式

（1）数点的方法

数点方法是知觉水平信息整合中的一种。Jarrold 等人要求儿童使用"数点的数量"的方法，力图验证"弱中心统合理论"。该实验有两种数点的条件，一种为点规则地分布（就像色子上点的分布），另一种为点分散地分布（点随机分布并带有一些其他的干扰）。结果显示：孤独症谱系障碍儿童不能从点的规则分布上受益，而正常发展儿童在规则分布上的受益更多。①

（2）同形异义词

同形异义词（homographs）是中心统合领域研究中较为常用的一种实验范式。Shah、Frith 和 Happé 用同形异义词（词的拼写相同，但有两种意思和两种发音）来探讨孤独症谱系障碍儿童是否用句子情景来决定同形异义词的发音（也就是消除同形异义词的歧义）。该实验程序如下：研究者给儿童呈现注入"He made a deep bow"这样句中含有同形异音字的句子，结果发现，与控制组相比，孤独症谱系障碍儿童较少使用句子语境来确定单词的意义及其发音，而倾向于使用常用的发音。②

4. 相关研究

已有研究通过各种实验任务探讨了孤独症谱系障碍个体在视觉、

---

① C. Jarrold, J. Russell, "Counting abilities in autism: Possible implications for central coherence theory", *Journal of Autism and Developmental Disorders*, Vol. 27, No. 1, 1997, pp. 25 – 37.

② A. Shah, U. Frith, "An islet of ability in autistic children: A research note", *Journal of child Psychology and Psychiatry*, Vol. 24, No. 4, 1983, pp. 613 – 620; F. G. Happé, "Central coherence and theory of mind in autism: Reading homographs in context", *British Journal of Developmental Psychology*, Vol. 15, No. 1, 1997, pp. 1 – 12; U. Frith, M. Snowling, "Reading for meaning and reading for sound in autistic and dyslexic children", *British Journal of Developmental Psychology*, Vol. 1, No. 4, 1983, pp. 329 – 342.

听觉以及语义上的加工方式，以验证弱中心统合理论的核心假设，即孤独症谱系障碍个体无法进行整体加工而采用局部加工。① 桑标等人从知觉注意水平角度来验证弱中心统合理论，他们采用韦克斯勒积木测验（BDT）和镶嵌图形测验（EFT）任务来探索孤独症谱系障碍儿童的弱中心统合，该研究结果倾向于支持心理理论和弱中心信息统合是不同的认知领域，且是相互独立的假设。另外，此研究还发现：正常组男女儿童在年龄和言语能力上的差异均不显著，且在心理理论任务和弱中心统合任务上的差异也均不显著，与 Jolliffe 和 Baron 等人的研究结论相反。② 由于研究方法、研究样本和概念界定上的不同，不同研究者对于心理理论和弱中心统合之间的关联存在很大分歧，有待进一步探索。

（四）镜像神经元功能障碍假说

1. 理论缘起

心理理论是个体关注对自己或他人心理状态的表征和行为的推断，这些能力的缺乏正是孤独症谱系障碍个体身上所表现的核心症状。可见，心理理论与孤独症谱系障碍之间的联系是无可否认的，而现代神经科学的新发现——镜像神经元——则为心理理论对于孤独症谱系障碍儿童发展的重要意义提供了更为科学、客观和基础的神经机制。心理理论的脑成像研究证实：其功能相关脑区主要包括颞上沟、扣带回、杏仁核眶前额叶、内侧额叶等区域，而这些区域又正是人脑镜像神经元的聚集区或与镜像神经元系统有投射性联系的区域。③ 基于心理理论与孤独症谱系障碍之间的联系以及心理理论与镜像神经元系统之间的联系，Williams 等研究者提出了孤独症谱系障碍的"碎镜

---

① 陈墨、韦小满：《自闭症弱中央统合理论综述》，《中国特殊教育》2008 年第 10 期。

② 桑标、任真、邓赐平：《自闭症儿童的中心信息整合及其与心理理论的关系》，《心理科学》2006 年第 1 期；T. Jolliffe, S. Baron-Cohen, "Are people with autism and Asperger syndrome faster than normal on the Embedded Figures Test", *Journal of Child Psychology and Psychiatry*, Vol. 38, No. 5, 1997, pp. 527 – 534.

③ S. Baron-Cohen, A. M. Leslie, U. Frith, "Does the autistic child have a theory of mind?", *Cognition*, Vol. 21, No. 1, 1985, pp. 37 – 46.

假说",即镜像神经元功能障碍假说。①

2. 基本观点

镜像神经元功能障碍假说认为：镜像神经元功能障碍可能是造成孤独症谱系障碍个体行为异常的主要原因。20世纪90年代，研究人员发现了"镜像神经元"（一种新的脑神经细胞），并开始探索它与孤独症谱系障碍之间的关系。在社交过程中，镜像神经元的作用不可忽视，因为该系统一旦出现功能障碍，就可能会导致个体表现出与社会隔离、不能与他人心灵相通等孤独症谱系障碍的症状。当我们想体会他人的情绪和想法、理解他人的立场和感受时，镜像神经元就会发挥作用。大脑某些区域的镜像神经元活性偏低，如果能够恢复镜像神经元的活性，孤独症谱系障碍的某些症状也许可能得到缓解。②

3. 相关实证研究

很多学者对镜像神经元给予了极大的关注，通过一系列实验对猴脑及人脑的镜像神经元相关特性进行研究，镜像神经元在个体的动作模仿、意图理解以及情感体验等多方面的重要作用已得到证实，并引发了更多研究人员在该领域的探索。③ 正是人脑镜像神经元区域与心理理论功能区域的高度重合性、心理理论与孤独症谱系障碍个体所缺乏能力的紧密联系性以及镜像神经元本身所具有的对于动作、意图等的镜像性，"镜像神经元功能障碍假说"才得以顺理成章。"镜像神经元功能障碍"可能是孤独症谱系障碍个体观察能力薄弱、模仿表现不佳、心理理论缺乏以及社会认知受损的根源。Hamilton等人认为可以从三个方面为"镜像神经元功能障碍"提供依据：（1）镜像神经

---

① J. H. Williams, A. Whiten, T. Suddendorf, D. I. Perrett, "Imitation, mirror neurons and autism", *Neuroscience & Biobehavioral Reviews*, Vol. 25, No. 4, 2001, pp. 287 – 295；张静、陈巍、丁峻：《自闭症谱系障碍的"碎镜假说"述评》，《中国特殊教育》2008年第11期。

② 维莱阿努尔·S. 拉马、钱德兰林赛·M. 奥伯曼：《自闭症：碎镜之困》，杜珍辉译，《环球科学》（科学美国人中译版）2006年第12期。

③ E. Kohler, C. Keysers, M. A. Umilta, et al., "Hearing sounds, understanding actions: action representation in mirror neurons", *Science*, Vol. 297, No. 582, 2002, pp. 846 – 848; B. Wicker, C. Keysers, J. Plailly, et al., "Both of us disgusted in My insula: the common neural basis of seeing and feeling disgust", *Neuron*, Vol. 40, No. 3, 2003, pp. 655 – 664.

元系统在模仿以及目的、意图推测中起作用；（2）孤独症谱系障碍儿童在完成模仿任务和意图推测任务过程中镜像神经元激活较弱；（3）孤独症谱系障碍儿童身上表现出低水平的模仿能力和意图推测能力正是其心理理论缺乏的原因。①

（五）极端男性脑理论

1. 理论缘起

20世纪40年代，美国精神病学家Kanner发现：在孤独症谱系障碍儿童中，男孩与女孩的比例是4∶1。② 1944年，奥地利儿科和儿童精神病学家Asperger描述了一种较为温和的孤独症，最初却只在男孩身上发现。因此，Asperger认为：阿斯伯格综合征是男性智力的特有表现。③ 现如今，被诊断为阿斯伯格综合征的男孩数量远远高于女孩，但过去的半个世纪里没有人对这一现象做出解释。当Asperger的著作被译成英文之时，剑桥大学著名心理学家Baron-Cohen的孤独症研究刚刚起步，他开始对孤独症的性别差异感兴趣。基于大量有关孤独症的心理理论和社会脑的研究成果，Baron-Cohen把孤独症谱系障碍患者的大脑称为"男性大脑的极端形式"，即"极端男性脑理论（Extreme Male Brain，EMB）"。④

2. 基本观点

Baron-Cohen指出：与女性相比，男性的共情能力较低，系统化水平较高；而孤独症谱系障碍个体的共情水平低于男性，其系统化水平却高于男性。所以，孤独症谱系障碍个体具有一种极端男性化的认知风格，这种风格主要体现在社会交往、语言沟通和对他人心理状态的理解三方面。其系统化水平的超常也包括三方面，分别是孤岛能

---

① A. F. Hamilton, "The mirror neuron system contributes to social responding", *Cortex*, Vol. 4, No. 10, 2013, pp. 2957 – 2959.

② L. Kanner, "Autistic disturbances of affective contact", *Nervous Child*, Vol. 2, No. 43, 1943, pp. 217 – 250.

③ H. Asperger, "Die Autistischen psychopathen im kindesalter", *Archiv für psychiatrie und nervenkrankheiten*, Vol. 117, No. 1, 1944, pp. 76 – 136.

④ S. Baron-Cohen, "The Extreme Male Brain Theory of Autism", *Trends in Cognitive Sciences*, Vol. 6, No. 6, 2002, pp. 248 – 254.

力、对系统的痴迷以及重复行为。① Baron-Cohen 用共情和系统化两个维度划分出了 5 种 "脑类型"（E 代表共情，S 代表系统化），大多数孤独症谱系障碍个体（65% 左右）表现为极端的 S 类型，这类个体的系统化强于一般人，但在需要共情时就会遇到困难。此外，孤独症谱系障碍个体的家庭中经常包含物理学家、工程师、数学家等，这些人似乎都拥有高度系统化的技能。②

3. 相关研究

功能性磁共振成像的研究证实：孤独症谱系障碍儿童的大脑皮层比正常发展儿童大，而且其扩张部分是由于灰质的面积增加，但不是灰质的数量增多。另外，他们的杏仁核也增长较快。这为极端男性脑理论提供了证据。③ Baron-Cohen 等人的研究结果显示：在刺激出现前，如果将研究对象置于雄激素的环境中，女性脑也会呈现出男性化的倾向，而男女在脑结构上的差异和出现前雄激素的多少有关。④

Auyeung 等人采用父母报告法对 256 名 4—11 岁的孤独症谱系障碍儿童和 1256 名正常发展儿童进行测查，结果显示：正常发展男孩的共情分低于女孩，而孤独症谱系障碍儿童的共情分比正常发展男孩的得分还要低，其系统化的得分情况则相反。同时，98.2% 的孤独症谱系障碍儿童为 S 或极端 S 的脑类型，表现出高度男性化的倾向。⑤ 2014 年，英国剑桥大学孤独症研究中心对 811 名成年孤独症谱系障碍患者及 3906

---

① S. Baron-Cohen, *The essential difference: Male and female brains and the truth about autism*, New York: Basic Books, 2004；曹漱芹、曹颜颜：《孤独症，大脑极端男性化的表现形态？》，《心理科学进展》2015 年第 10 期。

② S. Baron-Cohen, "Empathizing, systemizing, and the extreme male brain theory of autism", *Progress in Brain Research*, Vol. 186, 2010, pp. 167 – 175; N. Goldenfeld, S. Baron-Cohen, S. Wheelwright, "Empathizing and systemizing in males, females and autism", *Clinical Neuropsychiatry*, Vol. 2, No. 6, 2005, pp. 338 – 345.

③ 汪贝妮：《4—7 岁孤独症儿童的心理旋转能力研究》，硕士学位论文，安徽医科大学，2012 年。

④ S. Baron-Cohen, R. C. Knickmeyer, M. K. Belmonte, "Sex differences in the brain: implications for explaining autism", *Science*, Vol. 310, No. 5749, 2005, pp. 819 – 823.

⑤ B. Auyeung, S. Baron-Cohen, E. Ashwin, et al., "Fetal testosterone and autistic traits", *British Journal of Psychology*, Vol. 100, No. 1, 2009, pp. 1 – 22.

名正常发展的成人进行共情、系统化以及孤独特质的在线测试，结果显示：被试在共情商测验上的得分依次为正常发展女性＞正常发展男性＞孤独症谱系障碍患者，在系统化测验和孤独特质测验上的得分情况则恰好相反；另外，正常发展男女最常见的脑类型分别为 S 型和 E 型，而孤独症谱系障碍患者则为 S 型或极端 S 型。[1]

综上，大量实证研究结果表明：无论是男性还是女性，孤独症谱系障碍个体都表现出了极端典型的男性特质，为极端男性脑理论提供了强有力的心理学证据。

四 孤独症谱系障碍的诊断及评估

孤独症谱系障碍的诊断及评估问题一直是该领域研究者讨论的热点，从 1943 年 kanner 医生首次描述儿童早期孤独症一直到今天，其诊断标准一直在发展变化，评估工具也在不断完善。但是，因为缺少生物学标志，孤独症谱系障碍的诊断和评估大多依赖于对儿童的行为描述。[2] 一般来说，儿童在 1 岁时的社交行为视频可以帮助成人将孤独症谱系障碍儿童从正常发展儿童中区分出来；[3] 在儿童 2 岁时可以获得可信的、较为准确的诊断结果。[4] 2005 年，Werner 等人发现：在 3—4 岁时，孤独症谱系障碍儿童异常社交行为发生的频率迅速上升。[5] Charman 等研究者也注意到，与正常发展儿童相比，在发出第

---

[1] S. Baron-Cohen, S. Cassidy, B. Auyeung, et al., "Attenuation of typical sex differences in 800 adults withautism vs. 3,900 controls", *PLoS ONE*, Vol. 109, No. 7, 2014, e102251.

[2] C. I. Magyar, V. Pandolfi, "Factor structure evaluation of the childhood autism rating scale", *Journal of Autism and Developmental Disorders*, Vol. 37, No. 9, 2007, pp. 1787 – 1794.

[3] J. A. Osterling, G. Dawson, J. A. Munson, "Early recognition of 1-year-old infants with autism spectrum disorder versus mental retardation", *Development and Psychopathology*, Vol. 14, No. 2, 2002, pp. 239 – 251.

[4] E. Fombonne, "Epidemiological surveys of autism and other pervasive developmental disorders: an update", *Journal of Autism and Developmental Disorders*, Vol. 33, No. 4, 2003, pp. 365 – 382.

[5] E. Werner, G. Dawson, J. Munson, J. Osterling, "Variation in early developmental course in autism and its relation with behavioral outcome at 3 – 4 years of age", *Journal of Autism and Developmental Disorders*, Vol. 35, No. 3, 2005, pp. 337 – 350.

一个词之前，孤独症谱系障碍儿童就表现出了很多不同：首先，他们表现出社交功能的异常，其次是语言异常，最后是刻板行为和兴趣。其中，刻板的行为和兴趣在4岁或5岁时才较为明显。①

（一）孤独症谱系障碍的诊断标准

国际上通用的孤独症谱系障碍的诊断标准包括美国《精神疾病诊断与统计手册》（Diagnostic and Statistical Manual of Mental Disorders，DSM）和《国际疾病分类》（International Classification of Diseases，ICD）系列。

1. 精神疾病与诊断统计手册

就美国精神疾病学会出版的《精神疾病诊断与统计手册》来说，该手册是美国和全球其他国家最常用来诊断精神类疾病的指导手册。目前，国际上应用最广泛的《精神疾病诊断与统计手册》版本是2000年美国精神疾病学会发布的《精神疾病诊断与统计手册》（第4版 修订版），将广泛性发育障碍分为5种：孤独性障碍、雷特氏症、童年瓦解性障碍、阿斯伯格综合征和待分类广泛性发育障碍。② 由于2013年美国精神疾病学会发布的《精神疾病诊断与统计手册》（第5版）中修改的诊断内容尚存在较大争议，还未得到普及。所以，第4版（修订版）手册一直沿用至今。2013年美国精神疾病学会公布的《精神疾病诊断与统计手册》（第5版）将孤独症谱系障碍原来包含的雷特氏症和童年瓦解性障碍去掉，将剩下的3个障碍（典型孤独症，阿斯伯格综合征，待分类广泛性发育障碍）合并成一个谱系障碍——孤独症谱系障碍。其中，孤独症谱系障碍的核心障碍——社交沟通缺陷包括3个症状（社交互动中言语和非言语沟通缺陷、缺少社交互惠、不能发展并维持合适的同伴关系）。另外，孤独症谱系障碍个体需要表现出3个局限性、重复的行为及兴趣和活动标准中的两个：刻板声音、动作或者其他感知行为，固着于规则或者仪式性动作模式，局限

---

① T. Charman, G. Baird, "Practitioner review: Diagnosis of Autism Spectrum Disorder in 2- and 3-year-old children", *Journal of Child Psychology and Psychiatry*, Vol. 43, No. 3, 2002, pp. 289–305.

② American Psychiatric Association, *Diagnostic and statistical manual of mental disorders* (*Dsm-IV-TR*), Washington, D. C.: American Psychiatric Publishing, 2000, pp. 9–50.

的兴趣。最后,孤独症谱系障碍的诊断年龄范围扩大到儿童早期。① 随着美国《精神疾病诊断与统计手册》的不断修订,孤独症谱系障碍的诊断标准一直在发生变化,其变化的具体内容包括孤独症谱系障碍的症状表现、需要诊断的症状数量以及起病年龄等。Williams 等人指出:这些阶段性改变会导致一些学者在进行孤独症谱系障碍患病率的筛查研究时采用不同版本的《精神疾病诊断与统计手册》中的诊断标准,尤其是第 5 版的发布,会提高孤独症谱系障碍患病率上升的可能性。②

2. 国际疾病分类

就《国际疾病分类》系列来说,它是另一个较为常用的孤独症谱系障碍诊断分类标准,与美国《精神疾病诊断与统计手册》的诊断标准不同,《国际疾病分类》可以用来诊断并同时对心理疾病进行分类。美国《精神疾病诊断与统计手册》(第 5 版)与《国际疾病分类》(第 10 版)二者相互补充,在临床上是可以结合在一起使用的。③ 结合使用之后,对孤独症谱系障碍的诊断结果会更为准确。临床专家在诊断孤独症谱系障碍个体时,一般综合使用美国《精神疾病诊断与统计手册》和《国际疾病分类》,以鉴别个体的孤独症谱系障碍症状和严重性程度。④

(二)孤独症谱系障碍的评估工具

除了美国《精神疾病诊断与统计手册》和《国际疾病分类》这两个诊断标准之外,为了进一步了解孤独症谱系障碍儿童的发展、发育情况和症状严重性程度,临床诊断专家和机构相关专业服务人员还会使用一些辅助的评估工具对该群体进行深入的评估,以便更精确地了解孤独症谱系障碍儿童的症状及行为表现。目前,在孤独症谱系障碍的评估领域中,最常用的评估工具主要有以下几个:

---

① American Psychiatric Association, *Diagnostic and statistical manual of mental disorders* (*Dsm*-5), Washington, D. C.: American Psychiatric Publishing, 2013.
② K. Williams, C. Mellis, J. K. Peat, "Incidence and Prevalence of Autism", *Advances in Speech Language Pathology*, Vol. 7, No. 1, 2005, pp. 31 – 40.
③ 世界卫生组织疾病分类合作中心:《疾病和有关健康问题的国际统计分类(ICD-10)》第 1 卷,人民卫生出版社 1996 年版。
④ 曹荣桂、刘爱民:《医院管理学——病案管理分册》,人民卫生出版社 2003 年版。

1. 儿童孤独症评定量表

《儿童孤独症评定量表》(Childhood Autism Rating Scale, CARS)由 Schopler 等人研制开发,共 15 个项目,4 级评分。其中,"正常"1 分,"轻微不正常"2 分,"很不正常"3 分,"极度不正常"4 分,该量表适用对象为所有学龄前儿童。在临床操作中,评估人员应该综合使用直接观察、对家长进行访谈、分析已有的病历记录等多种方式搜集资料,并在此基础上做出评定。它的评分标准为:总分低于 30 分为无孤独症,得分介于 30—60 分之间有孤独症倾向,得分大于 36 分者可定义为孤独症。该量表对孤独症的诊断率为 97.7%,对疑似病例的诊断率为 84.6%。[1]

2. 克氏行为量表

《克氏行为量表》(Clancy Behavior Scale, CBS)由 Clancy 等人编制,用于 2—5 岁孤独症儿童的筛查。该量表由 14 项组成,其行为出现频率分为"从不""偶尔"和"经常"三级,分别评分为"0""1""2"分。[2] 其中,累分≥14 分且"从不"≤3 项,"经常"≥6 项者,可能为孤独症,分数越高,可能性越大。超过 2/3 得分,则确诊为孤独症。该量表灵敏度高,但特异度不高(易发现,但又不准确)。[3]

3. 孤独症儿童行为核查表

《孤独症儿童行为核查表》(Autism Behavior Checklist, ABC)由 Krug 等人编制,表中所列有关孤独症儿童的行为症状共 57 项,内容包括 5 个方面:感觉能力(S)、交往能力(R)、运动能力(B)、语言能力(L)以及自我照顾能力(S)。[4]《孤独症儿童行为核查表》要求孤

---

[1] E. Schopler, R. J. Reichler, R. F. DeVellis, K. Daly, "Toward objective classification of childhood autism: Childhood Autism Rating Scale (CARS)", *Journal of Autism and Developmental Disorders*, Vol. 10, No. 1, 1980, pp. 91–103;卢建平、杨志伟、舒明耀、苏林雁:《儿童孤独症量表评定的信度、效度分析》,《中国现代医学杂志》2004 年第 13 期。

[2] H. Clancy, A. Dugdalei, J. Rendle-Shortt, "The diagnosis of infantile autism", *Developmental Medicine & Child Neurology*, Vol. 11, No. 4, 1969, pp. 432–442.

[3] 刘建霞:《自闭症儿童综合干预个案研究》,硕士学位论文,南京师范大学,2007 年。

[4] D. A. Krug, J. Arick, P. Almond, "Behavior checklist for identifying severely handicapped individuals with high levels of autistic behavior", *Journal of Child Psychology and Psychiatry*, Vol. 21, No. 3, 1980, pp. 221–229.

独症儿童的父母或与他们共同生活至少半年以上的教师作为评分者，对每一项作"是"或"否"的判断，并在"是"的项目后画"√"；最后，由研究者将所有"是"的项目分数合计，得到孤独症儿童在该量表上的评定总分；每个项目最多4分，最少1分，总分157分，得53分为疑诊，得67分为确诊。① 殷青云等人的研究表明：该量表的信度系数 a 为 0.810，5 个维度的 a 系数分别介于 0.396—0.639 之间。②

4. 学步儿孤独症筛查量表（修订版）

Baron-Cohen 团队研发的《学步儿孤独症筛查量表（修订版）》(Modified Checklist for Autism in Toddler，M-CHAT) 由 23 项是非选择题组成，用于对 1076 名儿童进行筛查。其中，44 名被诊断或评估的儿童中，有 30 名患有孤独症。量表中 9 个与社交及沟通相关的项目对诊断有无孤独症或广泛性发育障碍有着良好的区分度。③ Robins 等人指出：并非所有未通过该量表的儿童都达到了孤独症的诊断标准，他们还需要获得临床医生进一步的诊断，或寻求专家进行更深入的发展评估。④

5. 心理教育量表

美国编制的《心理教育量表》（Psycho-educational Profile，PEP）适用于孤独症及相关发育障碍儿童的个别化评估和康复治疗，包括认知、语言表达、语言理解、小肌肉、大肌肉及模仿 6 个分测验；前 3 个分测验合并为沟通合成分数，用于评估儿童说话、聆听、阅读以及读写能力；后 3 个分测验合并成体能合成分数，用于评估儿童手眼协调和大肌肉运动。该量表能够提供儿童的发育水平及其偏离正常发展的特征和程度，可以为临床医生、特殊教育工作者及家长等相关人员

---

① 王辉：《国内孤独症儿童评估工具的研究现状》，《中国特殊教育》2009 年第 7 期。
② 殷青云、陈劲梅、罗学荣、李雪荣：《孤独症常用量表的信度和效度检验》，《国际医药卫生导报》2011 年第 12 期。
③ S. Baron-Cohen, J. Allen, C. Gillberg, "Can autism be detected at 18 months: The needle, the haystack, and the CHAT", *The British Journal of Psychiatry*, Vol. 161, No. 6, 1992, pp. 839 – 843.
④ D. L. Robins, D. Fein, M. L. Barton, J. A. Green, "The Modified Checklist for Autism in Toddlers: an initial study investigating the early detection of autism and pervasive developmental disorders", *Journal of Autism and Developmental Disorders*, Vol. 31, No. 2, pp. 131 – 144.

制定下一步的个别化教育方案提供科学依据。①

6. 通用孤独症诊断观察量表

Lord 等人编制的《通用孤独症诊断观察量表》(The Autism Diagnostic Observation Schedule-Generic，ADOS-G) 设置了大量关于社交互动、日常生活的游戏和访谈，包含了一系列标准化、层层递进的活动和材料。通过观察儿童在游戏中的表现和对材料的使用，重点对他们的沟通、社会交往及使用材料时的想象能力加以评估。该量表由四个模块组成，每个模块用时 35 到 40 分钟。它的一大特点是可以根据评估对象的语言能力（从无表达性语言到语言流畅）选择适合其发展水平的模块，进行每个模块时都详加记录，在活动结束后根据记录做出整体评估。②

7. 孤独症诊断访谈量表（修订版）

Lord 等人研制了《孤独症诊断访谈量表（修订版）》(Autism Diagnostic Interview-Revised，ADI-R)。该量表是根据《国际疾病分类》（第 10 版）发展出的针对父母或儿童主要抚养人的一种标准化访谈问卷，用时约需 90—120 分钟，包括社交互动质的缺陷，语言及交流方面的异常，刻板、局限、重复的兴趣与行为三个核心成分，还有涉及孤独症儿童一些特殊能力或天赋的项目（诸如记忆、音乐、绘画、阅读等）。量表评分标准与方法因各项目而异，一般按 0—3 的 4 级评分，其中评 2 分或 3 分表示该项目存在明显异常，但这种异常只是程度上的差异；评 1 分表示界于有或无该类症状之间，0 分为无异常。评测需由经过专门培训的医生主持，要求父母（或者儿童主要看护人）就每一个项目向医生提供儿童的具体行为细节，而非仅仅做出"有或无"的笼统判断。③ 在欧美一些国家，为尽可能保证使用《孤

---

① 曹纯琼：《自闭症儿童教育评估》，台湾心理出版社 2000 年版。

② C. Lord, S. Risi, L. Lambrecht, et al., "The Autism Diagnostic Observation Schedule-Generic: A standard measure of social and communication deficits associated with the spectrum of autism", *Journal of Autism and Developmental Disorders*, Vol. 30, No. 3, 2000, pp. 205 – 223.

③ C. Lord, M. Rutter, A. Le Couteur, "Autism Diagnostic Interview-Revised: a revised version of a diagnostic interview for caregivers of individuals with possible pervasive developmental disorders", *Journal of Autism and Developmental Disorders*, Vol. 24, No. 5, 1994, pp. 659 – 685.

独症诊断访谈量表（修订版）》对孤独症谱系障碍儿童评估结果的可靠性和有效性，一般要求至少有三名专业人员参与评估，这三名专业人员将会分别独立评定，然后再进行综合判断。

目前，《通用孤独症诊断观察量表》和《孤独症诊断访谈量表修订版》一起，已经被孤独症谱系障碍领域研究者和专家公认为孤独症诊断的金标准，广泛用于孤独症的流行病学研究、临床评估及其他与孤独症相关的研究，并在近期大样本流行病学研究中被频繁使用。[①]

8. 儿童孤独症谱系测验

《儿童孤独症谱系测验》（The Childhood Autism Spectrum Test，CAST）是英国剑桥大学发展的一个筛查工具，可以用来检测孤独症谱系障碍儿童中整体的潜在案例，评估普通小学中程度较轻的4—11岁孤独症谱系障碍儿童。《儿童孤独症谱系测验》是一个37项的父母完成问卷，其中31项可以计分；使用二分法对每个项目计分（是/否计分为0/1），总分为0—31分，项目涵盖了美国《精神疾病诊断与统计手册》（第4版 修订版）界定的孤独症谱系障碍的3个维度。[②] Scott等人指出：儿童在该量表上获得的分数越高，表明其有孤独症谱系障碍的特征越多，其患有孤独症谱系障碍的可能性就越大。作为评估工具，《儿童孤独症谱系测验》量表已经获得了较好的信度和效度。[③]

9. 孤独症谱系商数问卷

《孤独症谱系商数问卷》（Autism-spectrum Quotient，AQ）由Baron-Cohen等人编制，共有50个条目，包含社交技能、注意转换、细节注意、言语交流和想象力，共5个维度；[④] 采用0—1的2点计分，

[①] 汤宜朗、郭延庆、Catherine E. Rice，等人：《孤独症诊断的金标准之一：孤独症诊断观察量表介绍》，《国际精神病学杂志》2010年第1期。

[②] J. Williams, F. Scott, C. Stott, et al., "The CAST (childhood asperger syndrome test) test accuracy", *Autism*, Vol. 9, No. 1, 2005, pp. 45 – 68.

[③] F. J. Scott, S. Baron-Cohen, P. Bolton, C. Brayne, "Brief report prevalence of autism spectrum conditions in children aged 5 – 11 years in Cambridge shire, UK", *Autism*, Vol. 6, No. 3, 2002, pp. 231 – 237.

[④] S. Baron-Cohen, S. Wheelwright, R. Skinner, et al., "The autism-spectrum quotient (AQ): Evidence from asperger syndrome/high-functioning autism, malesand females, scientists and mathematicians", *Journal of Autism and Developmental Disorders*, Vol. 31, No. 1, 2001, pp. 5 – 17.

其中包括24个正向计分选择题,选"完全同意"或"部分同意"计1分,选"部分不同意"或"完全不同意"计0分,其余26个反向题的计分方式则相反,总分在0—50分之间;个体在该量表上的得分越高,表明其孤独特质水平越高。该问卷分为儿童版和成人版,既往研究表明该问卷具有良好的信效度。①

长期以来,由于许多研究者没有发现典型孤独症、阿斯伯格综合征和待分类广泛性发育障碍之间存在质的差异;因此,在2013年发布的《精神疾病诊断与统计手册》(第5版)中,孤独症谱系障碍的概念取代了原有的3个亚类型,从而正式被官方认可。在上述提到的评估工具中,前7个量表针对的是典型孤独症儿童,对轻度孤独症谱系障碍儿童的敏感性不高;而《孤独症谱系商数问卷》更多侧重于普通人群中的孤独特质评估;只有《儿童孤独症谱系测验》是明确针对轻度孤独症谱系障碍儿童进行诊断的评估工具,使用该量表可以从普通人群中识别出轻度孤独症谱系障碍儿童,有利于我们对这些群体提供更有效的帮助和支持。

五 孤独症谱系障碍的患病率研究

患病率一直是孤独症谱系障碍领域争议较多的主题之一。自从1966年英国的Lotter首次对孤独症的患病率进行流行病学研究以来,②在过去的40多年中,医学、公共卫生、教育、心理和社会工作领域的研究者对孤独症谱系障碍患病率的关注不断提高,他们做了大量研

---

① 张龙、汪凯:《中文版自闭谱系商数问卷的信度和效度研究》,《第七届全国心理卫生学术大会》2014年;陈方方、孙耀挺、张龙等:《大学生自闭特质与情绪感知的关系》,《中国学校卫生》2016年第10期;刘慧瀛、王婉:《自闭特质对自杀意念的影响:有调节的中介模型》,《中国临床心理学》2020年第6期;B. Auyeung, S. Baron-Cohen, S. Wheelwright, C. Allison, "The autism spectrum quotient: Children's version (AQ-Child)", Journal of Autism and Developmental Disorders, Vol. 38, No. 7, 2008, pp. 1230 – 1240;林力孜、张喆庆、戴美霞等:《高孤独症特质学龄儿童的智力结构及其特征的测试分析》,《中国儿童保健杂志》2008年第4期。

② V. Lotter, "Report of a survey of the prevalence of autistic conditions in childhood in the County of Middlesex", Unpublished report to the Greater London Council, 1966.

究，报告了不同的患病率结果。

（一）西方国家孤独症谱系障碍的患病率

就西方国家来说，美国、英国、澳大利亚、瑞典等国家都已经开展了孤独症谱系障碍的患病率研究。Lee 等研究者指出：从 20 世纪 80 年代的 5/10000 增加到最近美国疾病控制与预防中心（Centers for Disease Control and Prevention，CDC）估计的 1/68，孤独症谱系障碍的患病率一直呈现增长趋势。①

1. 美国孤独症谱系障碍的患病率

在美国 50 个州的公立学校中，6—21 岁儿童群体中的孤独症谱系障碍患病率较高，且每年平均提高 23%。② Yeargin-Allsopp 等人报告亚达兰大市 3—10 岁儿童样本中的典型孤独症的患病率为 34/10000。③ Nicholas 等人报告南加利福尼亚州 47726 名 8 岁儿童中的孤独症谱系障碍患病率为 62/10000。④ Kogan 等人对美国 78037 名 3—17 岁的儿童和青少年进行了健康测量，发现该群体中孤独症谱系障碍的患病率为 110/10000。⑤ Frith 在研究中报告了儿童的典型孤独症患病率为 16.8/10000，孤独症谱系障碍的整体患病率为 62.6/10000。⑥ 美国疾病控制和预防中心评估孤独症谱系障碍的患病率为 90/10000。⑦ 最新的研

---

① B. K. Lee, J. J. McGrath, "Advancing parental age and autism: multifactorial pathways", *Trends in Molecular Medicine*, Vol. 21, No. 2, 2015, pp. 118 – 125.

② R. M. Noland, R. L. Gabriels, "Screening and identifying children with autism spectrum disorders in the public school system: The development of a model process", *Journal of Autism and Developmental Disorders*, Vol. 34, No. 3, 2004, pp. 265 – 277.

③ M. Yeargin-Allsopp, C. Rice, T. Karapurkar, et al., "Prevalence of autism in a US metropolitan area", *Jama*, Vol. 289, No. 1, 2003, pp. 49 – 55.

④ J. S. Nicholas, J. M. Charles, L. A. Carpenter, et al., "Prevalence and characteristics of children with autism-spectrum disorders", *Annals of Epidemiology*, Vol. 18, No. 2, 2008, pp. 130 – 136.

⑤ M. D. Kogan, S. J. Blumberg, L. A. Schieve, et al., "Prevalence of parent-reported diagnosis of autism spectrum disorder among children in the US", *Pediatrics*, Vol. 124, No. 5, 2007, pp. 1395 – 1403.

⑥ U. Frith, *Autism: A very short introduction*, New York: Oxford University Press, 2008.

⑦ Centers for Disease Control and Prevention (CDC), "Prevalence of autism spectrum disorders-Autism developmental disabilities monitoring network, United States, 2006", *Morbidity and mortality weekly report. Surveillance summaries* (Washington, D. C.: 2002), Vol. 58, No. 10, 2009, pp. 1 – 20.

究结果显示：在美国，父母报告孤独症谱系障碍儿童的患病率目前为1/40，而其社会支持和特殊治疗的使用率因儿童的社会人口学及共病的发生情况而异。① 然而，我们不能将上述结果推论到美国全国人口，因为这些研究的样本量都来自疑似孤独症谱系障碍患病率较高的地区。

2. 英国的孤独症谱系障碍患病率

英国研究者报告的孤独症谱系障碍的患病率结果在各地区、各年龄段也有所不同，但其总体一直呈现上升趋势。Fombonne 等人报告：在12529名5—15岁的儿童中，孤独症谱系障碍的患病率为26.1/10000，高于30年前。② Webb 等人在对11692名英国儿童的筛查研究中也发现：这些儿童的孤独症谱系障碍患病率为20/10000。③ Baird 等人调查了英国南泰晤士地区56946名9—10岁儿童，发现该群体中典型孤独症患病率为38.9/10000，其他孤独症谱系障碍亚类型的患病率为77.2/10000，整体孤独症谱系障碍的患病率为116.1/10000。④ Baron-Cohen 等人调查了英国剑桥郡内162所普通学校和特殊教育学校的8824名5—9岁儿童，结果显示：孤独症谱系障碍患病率在普通中小学中已经超过了1%。⑤ 最近的一项纵向研究比较了2010年11月到2019年11月以来孤独症谱系障碍儿童患病率的增长情况，结果显示：北爱尔兰地区的患病率最高，达到3.20%，而威尔士地区为

---

① M. D. Kogan, C. J. Vladutiu, L. A. Schieve, et al., "The prevalence of parent-reported autism spectrum disorder among US children", *Pediatrics*, Vol. 142, No. 6, 2018, pp. 1 – 11.

② E. Fombonne, "Epidemiological surveys of autism and other pervasive developmental disorders: an update", *Journal of Autism and Developmental Disorders*, Vol. 33, No. 4, 2003, pp. 365 – 382.

③ E. Webb, J. Morey, W. Thompsen, et al., "Prevalence of autistic spectrum disorder in children attending mainstream schools in a Welsh education authority", *Developmental Medicine and Child Neurology*, Vol. 45, No. 6, 2003, pp. 377 – 384.

④ G. Baird, E. Simonoff, A. Pickles, et al., "Prevalence of disorders of the autism spectrum in a population cohort of children in South Thames: the Special Needs and Autism Project (SNAP)", *The Lancet*, Vol. 368, No. 9531, 2006, pp. 210 – 215.

⑤ S. Baron-Cohen, F. J. Scott, C. Allison, et al., "Prevalence of autism-spectrum conditions: UK school-based population study", *The British Journal of Psychiatry*, Vol. 194, No. 6, 2009, pp. 500 – 509.

1.92%；中学的患病率高于小学；这种患病率的增加可能是由于人们提高了对孤独症谱系障碍的认识，即这种障碍与其他发育障碍可以在一个人身上同时发生。①

3. 其他国家的孤独症谱系障碍患病率

除了美国和英国之外，西方其他国家，如芬兰、澳大利亚等国家也开展了针对孤独症谱系障碍患病率的筛查研究，得到了相对有价值的结果。Fombonne 等人评估了 325347 名在 1976 年到 1985 年间出生的芬兰儿童，他们发现：在该群体中，典型孤独症的患病率为 5.37/10000，广泛性发育障碍的患病率为 16.3/10000；Kielinen 等人发现：大龄儿童中孤独症谱系障碍的患病率最低（15—18 岁为 6.1/10000），年幼儿童中孤独症谱系障碍的患病率最高（5—7 岁为 20.7/10000）；此外，他们还认为孤独症谱系障碍的患病率会随时间的推移而逐步增加。② Williams 等人报告：2003—2004 年间，6—12 岁澳大利亚儿童中的典型孤独症患病率为 9.6/10000—40.8/10000。③最近的研究结果显示：10—11 岁时，父母报告的孤独症谱系障碍的患病率分别为 3.9% 和 2.4%；教师报告的孤独症谱系障碍患病率为 1.7% 和 0.9%。④

（二）东方国家孤独症谱系障碍的患病率

大部分孤独症谱系障碍的患病率研究发生在西方国家，东方国家孤独症谱系障碍的患病率研究相对较少。Sun 等研究者指出：亚洲孤

---

① R. McConkey, "The rise in the numbers of pupils identified by schools with autism spectrum disorder (ASD): a comparison of the four countries in the United Kingdom", *Support for Learning*, Vol. 35, No. 2, 2020, pp. 132 - 143.

② E. Fombonne, C. Du Mazaubrun, C. Cans, H. Grandjean, "Autism and associated medical disorders in a French epidemiological survey", *Journal of the American Academy of Child & Adolescent Psychiatry*, Vol. 36, No. 11, 1997, pp. 1561 - 1569; M. Kielinen, S. L. Linna, I. Moilanen, "Autism in northern Finland", *European Child & Adolescent Psychiatry*, Vol. 9, No. 3, 2000, pp. 162 - 167.

③ K. Williams, S. MacDermott, G. Ridley, et al., "The prevalence of autism in Australia. Can it be established from existing data?", *Journal of Paediatrics and Child Health*, Vol. 44, No. 9, 2008, pp. 504 - 510.

④ T. May, E. Sciberras, A. Brignell, K. Williams, "Autism spectrum disorder updated prevalence and comparison of two birth cohorts in a nationally representative Australian sample", *BMJ Open*, Vol. 7, No. 5, pp. 1 - 9.

独症谱系障碍患病率筛查研究的样本年龄主要为 0—18 岁，孤独症谱系障碍的患病率为 0.32/10000 到 250/10000。[1]

1. 中国孤独症谱系障碍的患病率

李洪华等人指出：我国孤独症谱系障碍的患病率明显较低，但仍然呈现逐年升高趋势。[2] 罗维武抽取福建省不同地区 14 岁以下儿童共 10802 人，采用《孤独症儿童行为核查表》《国际疾病分类》（第 2 版 修订版）及《精神疾病诊断与统计手册》（第 3 版 修订版）确定诊断的标准，结果发现：儿童孤独症的患病率为 0.28‰；[3] 吴锦荣抽取宁夏 0—14 岁儿童 698 人，结果发现典型孤独症的患病率为 5.178/10000。[4] 除了罗维武和吴锦荣的研究之外，我国其他针对孤独症谱系障碍的筛查研究的关注点多为 2—6 岁的典型孤独症儿童，且大多数研究都忽视了 6 岁以上和症状较轻的孤独症谱系障碍儿童群体。需要注意的是，国内孤独症谱系障碍患病率研究报告中的孤独症儿童一般都属于国外诊断中的典型孤独症，其他程度较轻的孤独症谱系障碍儿童很少会被纳入筛查，这也是国内孤独症谱系障碍患病率较低的主要原因之一。

2. 其他国家孤独症谱系障碍的患病率

Honda 及其同事对日本、美国、加拿大、英国、德国、法国、瑞典、挪威、芬兰和以色列的孤独症谱系障碍患病率研究进行了系统梳理，他们报告典型孤独症的累计患病率为 27.2/10000。[5] Eapen 等人调查了阿联酋 694 名 3 岁儿童，报告有典型孤独症特征的儿童比率为

---

[1] X. Sun, C. Allison, "A review of the prevalence of autism spectrum disorder in Asia", *Research in Autism Spectrum Disorders*, Vol. 4, No. 2, 2010, pp. 156 – 167.

[2] 李洪华、杜琳、单玲、冯俊燕、贾飞勇：《孤独症谱系障碍流行病学研究现状》，《中华临床医师杂志》2014 年第 24 期。

[3] 罗维武、林力、陈榕等：《福建省儿童孤独症流行病学调查》，《上海精神医学》2000 年第 1 期。

[4] 吴锦荣：《宁夏儿童孤独症患病率调查及影响因素研究》，硕士学位论文，宁夏医科大学，2013 年。

[5] H. Honda, Y. Shimizu, M. Imai, Y. Nitto, "Cumulative incidence of childhood autism: a total population study of better accuracy and precision", *Developmental Medicine and Child Neurology*, Vol. 47, No. 1, 2005, pp. 10 – 18.

58/10000。① Ghanizadeh 在调查伊朗一个 2000 名儿童的样本时，发现典型孤独症和阿斯伯格综合征的患病率为 250/10000。② Kim 等人对韩国 55266 名小学生进行了调查，结果发现：孤独症谱系障碍的整体患病率为 2.64%；在普通小学中，孤独症谱系障碍患病率为 1.89%。③

孤独症谱系障碍的患病率一直在稳步上升，且没有研究表明这种上升会终止。Hertz-Picciotto 等研究者将这种变化归因于诊断标准的改变和对孤独症谱系障碍个体提供特殊帮助、支持和服务的差异。④ King 等研究者则认为诊断标准的扩大、诊断年龄的提前、提高案例确诊的效率等因素都是导致孤独症谱系障碍患病率上升的基本原因。⑤ 综上所述，目前孤独症谱系障碍的患病率显著高于先前研究，这是毋庸置疑的。诊断标准的相对频繁变化是孤独症谱系障碍患病率增加的关键因素。因为没有控制诊断标准的一致性，目前的研究结果不能与先前发现的孤独症谱系障碍的低患病率结果相比较。不同的研究方法、社会文化和环境因素是孤独症谱系障碍患病率上升的重要原因，对孤独症谱系障碍关注的提高也会影响该领域的研究结果。

六　孤独症谱系障碍的病因

孤独症谱系障碍的病因学问题一直是很多人关注的焦点，虽然该领域研究者已经进行了大量的探索，但还没有得出具有因果关系的结

---

① V. Eapen, A. A. Mabrouk, T. Zoubeidi, F. Yunis, "Prevalence of pervasive developmental disorders in preschool children in the UAE", *Journal of Tropical Pediatrics*, Vol. 53, No. 3, 2007, pp. 202 – 205.

② A. Ghanizadeh, "A preliminary study on screening prevalence of pervasive developmental disorder in schoolchildren in Iran", *Journal of Autism and Developmental Disorders*, Vol. 38, No. 4, 2008, pp. 759 – 763.

③ Y. S. Kim, B. L. Leventhal, Y. J. Koh, et al., "Prevalence of autism spectrum disorders in a total population sample", *American Journal of Psychiatry*, Vol. 168, No. 9, 2011, pp. 904 – 912.

④ I. Hertz-Picciotto, L. Delwiche, "The rise in autism and the role of age at diagnosis", *Epidemiology (Cambridge, Mass.)*, Vol. 20, No. 1, 2009, pp. 84 – 90.

⑤ M. King, P. Bearman, "Diagnostic change and the increased prevalence of autism", *International Journal of Epidemiology*, Vol. 38, No. 5, 2009, pp. 1224 – 1234.

论。从1990年至今，研究者们力图从遗传学、环境论、心理学、神经学等方面找出孤独症谱系障碍的病因，虽然取得了一定成果，但其本质原因还没有得以揭露。Kogan 和 Tchaconas 等研究者普遍认为孤独症谱系障碍是遗传和环境等因素交互作用的结果①，受诸多因素影响，包括父母的基因、家族史、围产期高危因素、感染、家庭环境和教养方式等。② 概括起来，孤独症谱系障碍的影响因素大概可以具体分为遗传、神经生物学、心理、围产期及社会文化环境五个方面。

（一）遗传因素

Volkmar 等研究者指出：病因学研究发现遗传是孤独症谱系障碍个体的早期普遍性病因。③ Bolton 等人的研究表明：孤独症谱系障碍是有遗传倾向的，即其亲属也会表现出非病理性、轻微的孤独症谱系障碍特征；孤独症谱系障碍儿童的兄弟姐妹患有孤独症谱系障碍的风险也高于正常发展儿童的兄弟姐妹。④ 另外，Freitag 发现：与同性别的异卵双生子相比，同卵双生子同时患孤独症谱系障碍的风险更大。⑤

此外，越来越多的研究显示：遗传因素，如父母的性格特征及儿童家族的精神病史都与儿童孤独症谱系障碍的发生有着密切的联系。⑥ 孤独症谱系障碍儿童父母的人格特征多为冷淡、刻板、敏感、焦虑、缺乏言语交流；在孤独症谱系障碍的高发家族中，社交、沟通缺陷和

---

① M. D. Kogan, S. J. Blumberg, L. A. Schieve, et al., "Prevalence of parent-reported diagnosis of autism spectrum disorder among children in the US", *Pediatrics*, Vol. 124, No. 5, 2007, pp. 1395 – 1403; A. Tchaconas, A. Adesman, "Autism spectrum disorders: a pediatric overview and update", *Current Opinion in Pediatrics*, Vol. 25, No. 1, 2013, pp. 130 – 143.

② 赵夏微、毛萌：《孤独症临床危险因素相关研究与进展》，《中国儿童保健杂志》2008 年第 1 期。

③ F. R. Volkmar, C. Lord, A. Bailey, R. T. Schultz, A. Klin, "Autism and pervasive developmental disorders", *Journal of Child Psychology and Psychiatry*, Vol. 45, No. 1, 2004, pp. 135 – 170.

④ P. Bolton, H. Macdonald, A. Pickles, et al., "A case-control family history study of autism", *Journal of child Psychology and Psychiatry*, Vol. 135, No. 5, 1994, pp. 877 – 900.

⑤ C. M. Freitag, "The genetics of autistic disorders and its clinical relevance: a review of the literature", *Molecular Psychiatry*, Vol. 12, No. 1, 2007, pp. 2 – 22.

⑥ 魏春艳、周艳、李月华：《儿童孤独症临床高危因素相关研究与进展》，《中国妇幼保健》2012 年第 7 期。

刻板行为发生率较高。① 孤独症谱系障碍儿童家族史的发生率为22.82%，包括直系家属中存在孤僻、不合群、精神分裂、精神抑郁或言语障碍等表现。②

（二）神经生物学因素

孤独症谱系障碍儿童存在神经递质的异常，主要涉及血小板中5羟色胺（Serotonin 5-ht）水平增高、血浆中肾上腺素（adrenaline epinephrine，AD）和去甲肾上腺素（Norepinephrine，NE/NA）增高等异常。③ Bailey等人研究了6例典型孤独症儿童的脑组织，他们发现：这些儿童的小脑部位有神经细胞迁移的异常，其小脑部位浦肯野氏细胞数量有所减少。④ 日本研究者Hashimoto等人对102例典型孤独症儿童进行了检查，结果发现：这些儿童的小脑蚓部第6、7叶比正常发展儿童小，其脑干、海马、胼胝体等部位也有异常。⑤ 神经影像学者对孤独症谱系障碍个体进行了尸检及脑影像的研究，其研究结果提示：孤独症谱系障碍个体的杏仁核、小脑、海马大多数细胞结构会发生改变，其小脑部位浦肯野氏细胞会消失。⑥ 另外，Persico等人的研究报告显示：孤独症谱系障碍个体中枢神经系统的功能和发展有明显的改变。⑦

---

① J. Piven, P. Palmer, D. Jacobi, et al., "Broader autism phenotype: evidence from a family history study of multiple-incidence autism families", American Journal of Psychiatry, Vol. 154, No. 2, 1997, pp. 185–190.

② 徐翠青、张建端、张静：《儿童孤独症危险因素分析》，《中国妇幼保健》2005年第8期。

③ C. Rougeulle, M. Lalande, "Angelman syndrome: how many genes to remain silent？", Neurogenetics, Vol. 1, No. 4, 1998, pp. 229–237.

④ A. Bailey, P. Luthert P., A. Dean, et al., "A clinicopathological study of autism", Brain: a Journal of Neurology, 1998, Vol. 121, No. 5, pp. 889–905.

⑤ T. Hashimoto, M. Tayama, K. Murakawa, et al., "Development of the brainstem and cerebellum in autistic patients", Journal of Autism and Developmental Disorders, Vol. 25, No. 1, 1995, pp. 1–18.

⑥ 肖瑾、徐光兴：《自闭症及有关儿童发展障碍》，《健康心理学杂志》2000年第5期。

⑦ A. M. Persico, T. Bourgeron, "Searching for ways out of the autism maze: genetic, epigenetic and environmental clues", Trends in Neurosciences, Vol. 29, No. 7, 2006, pp. 349–358.

（三）心理因素

在孤独症谱系障碍的研究领域内，心理因素主要涉及心理理论、执行功能和共同注意，我们在前文中已经探讨过前两个主题，这里仅介绍共同注意的相关研究。共同注意（Joint Attention，JA）是指个体借助手势、眼睛朝向、语言等与他人共同关注某一事件或物体，主要分为自发性共同注意（Initiating Joint Attention，IJA）和应答性共同注意（Responding to Joint Attention，RJA）。[①] 近年来，随着孤独症谱系障碍儿童数量的增多，很多研究者发现：孤独症谱系障碍儿童普遍缺少对第三方的注意；他们会将注意投入到感兴趣的事物上，故而降低了对他人的注意，表现出较低的共同注意水平。[②] 存在注意力缺陷的孤独症谱系障碍儿童占30%—60%，他们的注意力短暂，缺乏指向性，主要表现为有意注意的缺陷以及共同注意能力的缺乏，在一定时间内，无法将注意力集中在某种特定对象上。[③] 孤独症谱系障碍个体的早期共同注意能够预测其未来社会性和语言等能力的发展，是其社会性发展的基础。[④]

陈璐等研究者对孤独症谱系障碍儿童共同注意的发展进行了系统的梳理，他们指出：孤独症谱系障碍儿童的共同注意主要体现在注视转换、主动展示、分享等能力发展滞后或缺陷；其共同注意的神经基础"应答性共同注意"主要涉及后部皮层注意网络（如颞上沟后部、顶内沟等），自发性共同注意涉及前部皮层注意网络（如前扣带皮

[①] Y. Bruinsma, R. L. Koegel, L. K. Koegel, "Joint attention and children with autism: A review of the literature", *Mental Retardation and Developmental Disabilities Research Reviews*, Vol. 10, No. 3, 2004, pp. 169–175.

[②] 任婷婷：《自闭症儿童共同注意的干预研究：关键反应训练和人际发展介入的比较》，硕士学位论文，淮北师范大学，2021年。

[③] 李琳：《不同情绪刺激下自闭症儿童视觉注意特点研究》，硕士学位论文，华中师范大学，2020年。

[④] E. A. Jones, E. G. Carr, K. M. Feeley, "Multiple effects of joint attention intervention for children with autism", *Behavior Modification*, Vol. 30, No. 6, 2006, pp. 782–834; J. Isaksen, P. Holth, "An operant approach to teaching joint attention skills to children with autism", *Behavioral Interventions: Theory & Practice in Residential & Community-Based Clinical Programs*, Vol. 24, No. 4, 2009, pp. 215–236.

层、背内侧额叶等);回合式教学和关键反应训练可以成为共同注意干预的新近模式,表 1-2 为正常发展儿童与孤独症谱系障碍儿童在共同注意发展方面的比较。①

表 1-2   **正常发展儿童与孤独症谱系障碍儿童共同注意发展的年龄特征**

儿童类型	4—6 个月	9 个月左右	12 个月之前(1 岁末)	12—14 个月	18 个月	2 岁以后
正常	生物神经基础准备就绪,开始发展共同注意信息加工系统	开始参与共同注意,行为指向周围环境的事或物	多以 RJA 形式互动,开始发展 IJA,逐渐产生言语性共同注意	能够灵活地进行注视跟随或转换,能够利用手指指示、展示等进行 IJA 行为	能够很好地进行协调性共同注意	分享兴趣,在此基础上发展、学习其他更为复杂的技能
孤独症	神经发育障碍	RJA 显著低于正常水平,更多是不回应,要接触或轻拍唤起注意	可发起祈使行为,但 RJA 仍显著落后,手指指示相对更容易唤起其 JA	IJA 行为几乎为零,RJA 行为很少,维持时间仅 12 秒,视物多于视人	IJA 缺陷愈发显著,可被动响应成人发起的 JA,却没有任何参照注视行为	RJA 在认知水平达到 30—36 个月后,RJA 表现趋于正常,IJA 缺陷始终存在

注:表中 JA 为共同注意,IJA 为自发性共同注意,RJA 为应答性共同注意。

当前,很多研究者把焦点转移到了对孤独症谱系障碍儿童共同注意的干预研究方面。贺荟中等人对国内外 50 篇孤独症谱系障碍个体共同注意干预的单一被试研究进行了系统元分析,探究干预的总体成效和潜在调节变量的影响。结果显示:整体上,干预能有效提升孤独症谱系障碍个体的共同注意水平,干预效果可以达到中等水平,但其

---

① 陈璐、张婷、李泉、冯廷勇:《孤独症儿童共同注意的神经基础及早期干预》,《心理科学进展》2015 年第 7 期。

维持及泛化效果较差。①

(四) 围产期因素

围产期一般是指妊娠 28 周至产后 1 周这一段时间，涉及产前、出生和婴儿早期，个体在这一段时期极易感染疾病。② 在此阶段，有许多因素会影响并刺激个体早期发展过程。在孤独症谱系障碍方面，一些围产期因素会导致大脑损伤，从而会影响这些儿童，但不会影响其兄弟姐妹。③ Steffenburg 等人在丹麦、芬兰、冰岛、挪威和瑞典进行了双生子研究，他们报告：10 对同性异卵孤独症谱系障碍双生子中有 7 对会受到更多围产期压力的影响。④ 赵夏薇等采用自制的孤独症谱系障碍影响因素调查表对 80 例孤独症谱系障碍儿童和 80 例正常发展儿童进行病例对照研究，结果显示：在有统计学意义的各个危险因素中，对孤独症谱系障碍发病的影响值从大到小依次为过期产、人工喂养、新生儿黄疸、宫内或新生儿缺氧、孕期接触不良因素、塑料玩具、母亲性格内向，而家庭教育为其保护因素。⑤

还有一些研究报告了与孤独症谱系障碍相关的产前和围产期风险因素，涉及怀孕早期母亲经常接触沙利度胺、患有风疹、每天吸烟、出现一个或多个不良产科事件、父亲年龄过高、母亲年龄过高或过低；母亲在怀孕过程中出血发病率较高、臀位较低、先兆流产、剖宫产、儿童出生时的胎龄小于 35 周或大于 37 周等。⑥ 围产期及新生儿

---

① 贺荟中、范晓壮、于露等：《自闭症谱系障碍个体共同注意干预成效的元分析——来自单一被试研究的证据》，《中国特殊教育》2021 年第 11 期。

② G. Dawson, S. B. Ashman, L. J. Carver, "The role of early experience in shaping behavioral and brain development and its implications for social policy", *Development and Psychopathology*, Vol. 12, No. 4, 2000, pp. 695 – 712.

③ S. Folstein, M. Rutter, "Genetic influences and infantile autism", *Nature*, Vol. 265, No. 5596, 1977, pp. 726 – 728.

④ S. Steffenburg, "Neuropsychiatric Assessment of Children with Autism: A Population-Based Study", *Developmental Medicine & Child Neurology*, Vol. 33, No. 6, 1991, pp. 495 – 511.

⑤ 赵夏薇、毛萌：《孤独症临床危险因素相关研究与进展》，《中国儿童保健杂志》2008 年第 1 期。

⑥ X. Zhang, C. C. Lv, J. Tian, et al., "Prenatal and perinatal risk factors for autism in China", *Journal of Autism and Developmental Disorders*, Vol. 40, No. 11, 2010, pp. 1311 – 1321.

期各个危险因素的影响从大到小依次为新生儿黄疸、新生儿缺氧或窒息、母孕期阴道出血、低出生体重、早产、母孕期疾病史、剖宫产、母孕期服药史、过期产。①

（五）社会文化环境因素

虽然很多研究已经证实了孤独症谱系障碍的遗传和围产期因素等方面的病因学假设，并形成了一系列有实证研究支持的理论。② 但是，我们还不能确定孤独症谱系障碍的准确病因。③ 这是因为，孤独症谱系障碍发生在不同社会经济和文化背景中，一些研究者观察到的遗传因素不能单独解释孤独症谱系障碍涵盖的多种类型；同卵双生子的患病率低于100%，暗示着非遗传因素也是孤独症谱系障碍的重要病因之一。④ 遗传倾向与我们的生活（我们生活的国家，我们组成的家庭，我们对待自己身体的方式）环境相互影响，这些相互作用会影响疾病的表现形式，会涉及孤独症谱系障碍个体生活的外部社会文化环境。Rai、肖晓和Dickerson等人的研究结果已经证实了较低的家庭月收入和父母从事医疗保健、金融、技术类职业是孤独症谱系障碍发生的危险因素；母亲文化程度较高、家庭教育等因素是孤独症谱系障碍发生的预防和保护性因素。⑤

---

① 熊超、金迪、刘娜等：《孕产期及新生儿期危险因素与儿童孤独症关系的 meta 分析》，《中国妇幼卫生杂志》2011 年第 5 期。

② N. J. Minshew, G. Goldstein, "Autism as a disorder of complex information processing", *Mental Retardation and Developmental Disabilities Research Reviews*, Vol. 4, No. 2, 1998, pp. 129 – 136.

③ F. R. Volkmar, C. Lord, A. Bailey, R. T. Schultz, A. Klin, "Autism and pervasive developmental disorders", *Journal of Child Psychology and Psychiatry*, Vol. 45, No. 1, 2004, pp. 135 – 170.

④ R. R. Grinker, *Unstrange minds: Remapping the world of autism*, Philadelphia, PA: Basic Books, 2008.

⑤ D. Rai, G. Lewis, M. Lundberg, et al., "Parental socioeconomic status and risk of offspring autism spectrum disorders in a Swedish population-based study", *Journal of the American Academy of Child & Adolescent Psychiatry*, Vol. 51, No. 5, 2012, pp. 467 – 476；肖晓、杨娜、钱乐琼等：《自闭症儿童父母人格与共情及泛自闭症表型的关系》，《中国临床心理学杂志》2014 年第 1 期；A. S. Dickerson, D. A. Pearson, K. A. Loveland, et al., "Role of parental occupation in autism spectrum disorder diagnosis and severity", *Research in Autism Spectrum Disorders*, Vol. 8, No. 9, 2014, pp. 997 – 1007.

目前为止,在孤独症谱系障碍研究领域内,学者们对可能影响孤独症谱系障碍形成轨迹和症状的社会文化环境因素所占角色关注过少。Daley认为:对孤独症谱系障碍个体社会文化等环境因素探索的缺失会影响对其诊断过程、病因解释和干预方式的有效性。① 进一步,从跨文化的视角对比不同国家和不同结构经济特征中的孤独症谱系障碍儿童或者检验孤独症谱系障碍儿童心理和社会文化因素关系的相关研究也是很重要的,可以给研究者提供更多关于基因和社会文化等环境因素相互作用并确定孤独症谱系障碍个体发展轨迹的信息。

第二节 儿童的社会规则认知

一 社会规则的基本概念

社会规则(social rules)是社会成员在长期的相互作用过程中形成的群体规则。它既是人们在生活、学习和工作中必须遵守的科学的、合理的、合法的行为规范和准则,也是人与人之间、组织与人之间、组织与组织之间彼此的约定。② 社会规则有多种存在形式,例如:禁止性规则,包括不能欺负他人、不能打架、不能玩火……;约定俗成的规则,包括男孩不能穿裙子、在图书馆里不能大声讲话……;还有一些明文规定的交通规则、法律法规、以及学校校规……

Flack等人将社会规则划分为现象描述性(descriptive)的社会规则和约定俗成(prescriptive)的社会规则两大类。现象描述性社会规则指个体在特定社会情境下的典型反应,例如,雌性动物会保护自己的后代免受同类的攻击,这种规则反映的是个体之间交往模式的统计学规律;当个体觉察到、遵从并执行这些规律时,就产生了约定俗成的社会规则。研究表明:动物已经可以认识到个体之间的互动模式及

---

① T. C. Daley, "The need for cross-cultural research on the pervasive developmental disorders", *Transcultural Psychiatry*, Vol. 39, No. 4, 2002, pp. 531 – 550.
② 李正华:《社会规则论》,《政治与法律》2002年第3期;刘国雄、李红:《儿童对社会规则的认知发展研究述评》,《华东师范大学学报》(教育科学版)2013年第9期。

其规律，而且可以预见可能产生的后果。①

社会认知领域理论（Social-cognitive Domain Theory，SDT）研究者根据社会事件的不同特点将社会规则分为3个领域：道德领域、社会习俗领域和个人领域。② 其中，道德领域规则关注的是行为的社会性结果，如行为的伤害性、公平性等，其核心概念为公平、权利、利益。而社会习俗领域规则关注的是行为的社会形式，如行为的适宜性、规范性等，其核心概念为具体的社会管理规则本身。个人领域规则包括个人事件和安全规则两类，个人事件关注的是个人的喜好和隐私，例如：选择什么样的发型和服饰；③ 安全规则包括那些影响个体自身安全、舒适和健康的事件，例如：站到阳台边上去玩。④ 需要注意的是，个人事件规则和安全规则都是关于个体自身的，二者之间的区别在于安全规则会对个体的安全和健康有潜在的影响，而个人事件规则不会。⑤

二 社会规则的功能

在人类的社会生活中，社会规则起着非常重要的作用，它可以从不同角度调节并制约人类个体的行为，从而使人类社会能够有秩序、有组织地协调发展。⑥ 遵守社会规则是一个人立足于社会必须具备的

---

① J. C. Flack, L. A. Jeannotte, F. de Waal, "Play signaling and the perception of social rules by juvenile chimpanzees (Pan troglodytes)", *Journal of Comparative Psychology*, Vol. 118, No. 2, 2004, pp. 149–159.

② J. G. Smetana, *Social-cognitive domain theory: Consistencies and variations in children's moral and social judgments*, In M. Killen & J. G. Smetana (Eds.), *Handbook of moral development*, New Jersey: Lawrence Erlbaum Associates Publishers, 2006, pp. 119–153

③ L. P. Nucci, M. Gingo, *The development of moral reasoning*, The Wiley-Blackwell handbook of childhood cognitive development, 2nd ed, Oxford: Blackwell, 2011, pp. 420–445.

④ M. S. Tisak, L. P. Nucci, A. M. Jankowski, "Preschool children's social interactions involving moral and prudential transgressions: An observational study", *Early Education and Development*, Vol. 7, No. 2, 1996, pp. 137–148.

⑤ M. W. Berkowitz, J. P. Kahn, G. Mulry, J. Piette, "Psychological and philosophical considerations of prudence and morality", *Morality in Everyday Life: Developmental Perspectives*, 1995, pp. 201–224.

⑥ 周双珠、陈英和：《规则的不同特点对儿童判断的影响》，《心理发展与教育》2013年第5期。

基本素质。社会规则的认识和理解是社会认知的一个重要方面，它对于人们形成社会预期、发展协作精神和建立良好的社会互动模式具有重要意义，也是人类道德系统形成和发展的重要支柱。

儿童社会化是儿童融入所在社会环境，习得该社会环境的价值观和行为规范的过程。① 学习对不同的社会事件做出不同的判断和反应是儿童社会化的重要组成部分。在不同的社会环境中会遇到各种各样的社会规则，要成为未来社会的合格成员，儿童就必须要认识并理解这些规则，做出恰当的行为反应。② 因此，对儿童社会规则认知的发展趋势和发展规律的研究是十分必要的，它是儿童社会认知发展的重要内容。

三 社会规则的相关研究

早期心理学研究主要集中于探索社会规则的道德领域。20世纪初期美国主流心理学派（行为主义和精神分析）针对道德的心理学研究主要局限于对行为的获得机制和精神动力学过程的分析。其后，皮亚杰和科尔伯格进一步探讨了道德认知的发展，开启了早期对儿童社会规则的研究；Turiel E. 等人在皮亚杰和科尔伯格研究的基础上从领域特殊性的角度探讨了道德、习俗等社会规则，获得了一些颇有价值的研究成果，丰富了社会规则的研究内容。

（一）皮亚杰早期对社会规则的研究

20世纪20—30年代，皮亚杰探讨了儿童对游戏规则的实践和认知，并通过"对偶故事"研究了儿童的道德判断。他发现：年幼儿童认为游戏规则是由成人或上帝发明的，试图改变游戏规则是错误的。据此，皮亚杰认为年幼儿童的规则是他律的，即他们相信所有的规则都是神圣的、不可改变的；年幼儿童有道德的约束，他们片面地

---

① D. Mullins, M. S. Tisak, "Moral, conventional, and personal rules: The perspective of foster youth", *Journal of Applied Developmental Psychology*, Vol. 27, No. 4, 2006, pp. 310–325.

② 周杰：《4—5岁幼儿社会规则认知与同伴关系的相关研究》，硕士学位论文，辽宁师范大学，2013年。

尊重比自己年龄大的人，会毫无疑问地接受成人的规则。①

除此之外，皮亚杰还提到了儿童对道德规则和社会习俗规则的区分。社会习俗规则是大家一致认可的，是可以变化的，每个地方的社会习俗规则都有可能不同。根据皮亚杰的道德认知观点，年幼儿童不能理解社会习俗规则（例如禁止在上课时说话、穿不合适的衣服）。他认为年幼儿童不会注意到可以导致社会习俗发展或变化的社会加工过程，不能参与这些规则的协商。只有当儿童自我中心程度降低时，他们才能够与其他同伴协商规则。通过这种协商，儿童开始认识到社会习俗规则的本质并可以区分道德和社会习俗规则，直到儿童的自主性出现。皮亚杰相信：在游戏规则中，儿童自主性地第一次出现在大约12岁。这里的自主性即自律，意味着由自己管理自己，自主性与他律相反，他律意味着由他人管理自己。②

皮亚杰最初对游戏规则的探索，揭开了儿童社会规则研究的序幕。他认为儿童的道德发展是从他律到自律的过程，他对道德规则和社会习俗规则认知特点的描述初步区分了道德规则和社会习俗规则，是儿童社会规则认知研究的基础。

（二）科尔伯格对社会规则的研究

在皮亚杰之后，科尔伯格根据个体在道德两难故事中的不同反应模式，提出了道德认知发展的阶段理论。他认为人类个体的道德发展遵循着一个一般化的、统一的发展模式。科尔伯格深受皮亚杰关于社会规则的理论的影响，并在20世纪60年代末提出了道德认知发展的6阶段理论。

科尔伯格认为不同认知发展阶段的儿童在判断推理中所陈述的理由存在差异，他们一般能够正确给出低于或位于该水平的所有理由，也能够正确陈述一部分高于该阶段的理由（不是全部）；处于不同认知发展阶段的儿童区分不同社会规则的能力也存在差异。例如，第一

---

① L. John, J. Phillips 著，王文科编译：《皮亚杰式儿童心理学与应用》，台湾心理出版社1996年版。
② G. Nobes, C. Pawson, "Children's understanding of social rules and social status", *Merrill-Palmer Quarterly*, Vol. 49, No. 1, 2003, pp. 77–99.

阶段以惩罚和服从为定向，儿童不能对自己与他人的观点进行区分，也不能对集体价值与个人价值进行区分，因而他们关注的只是行为的直接结果，而不是规则本身；第二个阶段以行为功用和相互满足为准则，儿童能够对自己与他人的观点进行区分，但是他们关注的焦点并没有从行为的利益中走出来，因而并不能意识到规则的束缚；第三、第四阶段以人际和谐、法律和秩序为准则，儿童能够意识到规则的存在以及它们所产生的束缚作用，但是他们不能对不同类型的规则做出区分，他们以相同的态度对待所有的规则；第五、第六阶段以法定的社会契约和普通的伦理原则为准则，儿童能够对不同类型的规则做出区分，同时他们会意识到人类的利益、公平及人的权利是比具体规则更为重要的东西，而这才是道德规则最为核心的特征。①

皮亚杰和科尔伯格对儿童社会规则认知观点的一个重要基本假设都是认知领域的一般性，即单一的数理逻辑结构能够适用到各种规则，无论规则的具体类型是什么。② 但是，从另一个角度来说，科尔伯格的道德发展阶段理论是对皮亚杰道德认知观点的延伸和发展，从发展阶段的角度进一步明确了儿童社会规则的发展方向和研究方向。

（三）领域特殊论研究者对社会规则的研究

20 世纪 80 年代以来，发展心理学家对认知发展的领域一般性（普遍性）观点不断提出挑战，并逐渐形成了认知发展的领域特殊论，其代表人物是 Turiel、Nucci、Tisak 以及 Smetana 等人，他们认为：儿童理解的规则和权威比皮亚杰想象的更为复杂。

Smetana 等人的研究表明：跟青少年一样，学前儿童也可以区分道德规则和习俗规则。他们认为：由于儿童有着不同的社会经验，自身经历过各种不同类型的社会规则，其社会规则认知也是分化发展的；儿童对社会规则的认知具有确定的、彼此区分清晰的不同领域，在不同的领域中表现出不同的认知发展规律，而并非表现出普遍的、

---

① L. 科尔伯格：《道德发展心理学：道德阶段的本质与确证》，郭本禹译，华东师范大学出版社 2004 年版。
② 肖丽华：《8—17 岁儿童道德、习俗和个人领域认知的发展研究》，硕士学位论文，南京师范大学，2013 年。

一致的发展模式。①

以认知发展的领域特殊论为基础，Killen 和 Smetana 提出了社会认知领域理论，该理论的基本观点：社会规则的知识体系可以分为道德领域和习俗领域，这两个领域的行为产生的社会作用存在差异。② 具体来说：道德规则（如不许打人、不许骂人）指基于他人福祉、公平和权利的社会规则，是儿童正在获得并发展的社会知识的一部分，它是人际交往中带有义务性的成分，具有强制性（每个人必须遵守）、普遍性（适用于所有人）、不可变性（不能随时间、地点、环境的不同而改变），对道德规则的违背源自其本质特征。社会习俗规则是一种较为任意性的社会规则，人们对这种规则彼此认同、并达成对特定社会情境下适宜行为的一致性，它对社会交往和人际互动起着重要的调节作用，并不具有道德强制性，而是具有情境相对性、权威依赖性、规则依赖性和可变性，可以随着社会舆论、具体的规则场景或权威要求而改变。

另外，Nucci 指出：在道德领域和习俗领域之外，还存在一个独立的个人领域，个人领域涉及个体的自主性和自我选择，儿童认为个人领域属于行为者自身管辖的范围，在该领域内可以不受父母和教师的控制。③ 个人领域包括个人事件规则和安全规则。个人事件规则主要包括个体生活中与自身有关的各种偏好和选择，如出门穿什么颜色的衣服、喜欢和什么样的朋友来往等；安全规则也属于个人领域范围，它和个人事件规则的不同之处在于是否涉及了安全意识。总体来说，社会规则三个领域的起源不同，分别构建于不同的社会互动系统。④

Avolio 等人的研究结果表明：道德规则来源于个体早期的社会交

---

① J. G. Smetana, "Preschool children's conceptions of moral and social rules", *Child Development*, Vol. 52, No. 4, 1981, pp. 1333 – 1336.

② M. Killen, J. G. Smetana, "Social interactions in preschool classrooms and the development of young children's conceptions of the personal", *Child Development*, Vol. 70, No. 2, 1999, pp. 486 – 501.

③ L. P. Nucci, M. Gingo, *The development of moral reasoning. In U. Goswami (Ed.)*, The Wiley-Blackwell handbook of childhood cognitive development, New Jersey: Wiley-Blackwell, 2011.

④ J. G. Smetana, N. Schlagman, P. W. Adams, "Preschool children's judgments about hypothetical and actual transgressions", *Child Development*, Vol. 64, No. 1, 1993, pp. 202 – 214.

往，包括伤害他人、与他人分享的社会经验等；社会习俗规则来源于个体早期的游戏和与照看者的相处，如父母的照料行为、与同伴玩耍的游戏互动等；而个人领域则通过个体在所处文化背景下的各种社会交往和互动得到不断的发展，尤其在生命的第二个十年中发展显著。① 另外，对儿童社交互动的观察及判断合理性的解释等研究也进一步支持了社会认知领域理论对儿童社会规则的划分。②

第三节 孤独症谱系障碍儿童的社会规则认知

社交和沟通缺陷是孤独症谱系障碍的核心症状，其表现是缺少共同注意，缺少社交主动性和社交—情感互动，会影响孤独症谱系障碍儿童发展过程中早期与父母的互动和晚期同伴关系的建立。③ 与其他发育迟缓群体不同，这种持续终身的社交互动缺陷是孤独症谱系障碍儿童所独有的。④

理解社会规则并灵活使用这些规则的能力是个体在社交世界中成功与他人交往的关键。⑤ 由于社交互动的异常在早期比较轻微，所以

---

① B. J. Avolio, M. Rotundo, F. O. Walumbwa, "RETRACTED: Early life experiences as determinants of leadership role occupancy: The importance of parental influence and rule breaking behavior", *The Leadership Quarterly*, Vol. 20, No. 3, 2009, pp. 329 – 342.

② L. P. Nucci, E. Turiel, "Social interactions and the development of social concepts in preschool children", *Child Development*, Vol. 49, No. 2, 1978, pp. 400 – 407; M. S. Tisak, E. Turiel, "Variation in seriousness of transgressions and children's moral and conventional concepts", *Developmental Psychology*, Vol. 24, No. 3, 1988, pp. 352 – 357.

③ American Psychiatric Association, *Diagnostic and statistical manual of mental disorders* (*Dsm-IV-TR*), Washington, D. C.: American Psychiatric Publishing, 2000, pp. 9 – 50; A. C. Jerome, M. Fujiki, B. Brinton, S. L. James, "Self-esteem in children with specific language impairment", *Journal of Speech, Language, and Hearing Research*, Vol. 45, No. 4, 2002, pp. 700 – 714.

④ D. K. Anderson, R. S. Oti, C. Lord, K. Welch, "Patterns of growth in adaptive social abilities among children with autism spectrum disorders", *Journal of Abnormal Child Psychology*, Vol. 37, No. 7, 2009, pp. 1019 – 1034.

⑤ C. Shulman, A. Guberman, N. Shiling, N. Bauminger, "Moral and social reasoning in autism spectrum disorders", *Journal of Autism and Developmental Disorders*, Vol. 42, No. 7, 2012, pp. 1364 – 1376.

认知能力没有严重损伤的孤独症谱系障碍儿童一般能够正常进入普通学校就读。但是在社交互动中,他们会表现出对社会规则的认知异常,不能像正常发展儿童那样理解并遵守社会规则,经常会表现出打断别人的谈话、过于信任陌生人、固执谈话,且经常陷入情绪调节、表达和理解的困境。① 因此,社会规则这一主题近年来不断出现,是目前孤独症谱系障碍儿童社交互动领域研究的热点之一。

一 孤独症谱系障碍儿童的社会规则认知特点

探索孤独症谱系障碍儿童社会规则认知特点的相关研究数量较少,且研究方法较单一,多采用道德/习俗违规任务,其研究对象多为轻度、且认知能力没有受到损伤的孤独症谱系障碍儿童,目的在于考察这类儿童在允许性、严重性、合理性和权威性等判断标准上对道德和社会习俗规则的理解及区分,以及孤独症谱系障碍儿童与正常发展儿童在这些判断标准上的差异。

(一)孤独症谱系障碍儿童的道德规则认知特点

在道德规则认知上,Smetana 等研究者指出:不同年龄阶段的正常发展儿童对道德规则的理解存在普遍性。② 从不到 3 岁开始,他们就能根据行为本身或行为结果在"允许性"上对主体的行为做出符合道德规则的判断;随年龄增长,他们的判断标准更多样、更灵活。③ 正常发展儿童的道德规则认知与儿童心理理论的发展关系密切,不能通过标准错误信念任务的儿童也不能通过与道德相关的错误信念任务,且不能理解违规者的行为是无意的;5 岁儿童对意外违规者的行为做出了更积极的评价,但他们仍然不能接受其违规行为,7 岁儿童

---

① J. Locke, C. Kasari, J. J. Wood, "Assessing social skills in early elementary-aged children with autism spectrum disorders: The Social Skills Q-Sort", *Journal of Psychoeducational Assessment*, Vol. 32, No. 1, 2014, pp. 62 – 76.

② J. G. Smetana, J. L. Braeges, "The development of toddlers' moral and conventional judgments", *Merrill-Palmer Quarterly*, Vol. 36, No. 3, 1990, pp. 329 – 346.

③ J. G. Smetana, *Social-cognitive domain theory: Consistencies and variations in children's moral and social judgments*, In M. Killen & J. G. Smetana (Eds.), *Handbook of moral development*, New Jersey: Lawrence Erlbaum Associates Publishers, 2006, pp. 119 – 153.

才会对伤害他人的行为做出更为宽容的判断。①

在孤独症谱系障碍儿童的道德规则研究领域内，Blair 率先使用 4 个道德违规故事和 4 个社会习俗违规故事，在可接受性、行为好坏及权威性等判断标准上检验了两组孤独症谱系障碍儿童对道德规则和习俗规则的区分能力，结果发现：不管是否能通过心理理论任务（第一组通过，第二组没通过），这两组孤独症谱系障碍儿童都可以成功区分道德和习俗规则。因此，Blair 认为：孤独症谱系障碍儿童的道德判断可能独立于其心理理论能力。② 为了验证 Blair 的研究结果，Leslie 和同事重复了 Blair 的研究，他们的研究对象为无法通过标准错误信念任务的孤独症谱系障碍儿童，结果发现：这些儿童可以理解坏行为该受到惩罚，而好行为可受到奖励。与道德违规相比，他们更可以接受社会习俗违规。同时，该研究通过"哭泣的婴儿"任务进一步探索了孤独症谱系障碍儿童道德判断的完整性：在哭泣的婴儿场景中，受害者的不幸是不合理的或者无法给出理由的，不会引发道德谴责。例如：儿童 A 想吃儿童 B 的饼干，由于儿童 B 已经吃掉了自己的饼干，儿童 A 的愿望得不到满足，所以他/她哭了。然后，研究者询问儿童两个有关行为可接受性和行为好坏的问题。该研究结果显示：孤独症谱系障碍儿童和正常发展儿童都能区分道德违规中受害者的痛苦和哭泣婴儿任务中非受害者的痛苦，在道德违规判断中受害者表现出的不幸不像是一个对不幸的简单的、自动的反应，更像是道德推理。与 Blair 的研究结果相似，Leslie 和同事得出结论：孤独症谱系障碍儿童有基本的道德判断，其功能可能在某些方面独立于心理理论。③

中国的冯源等人在 Blair 研究范式的基础上增加了"权威去道德

---

① M. Killen, K. L. Mulvey, C. Richardson, et al., "The accidental transgressor: Morally-relevant theory of mind", *Cognition*, Vol. 119, No. 2, 2011, pp. 197 – 215.

② R. J. R. Blair, "Brief report: morality in the autistic child", *Journal of Autism and Developmental Disorders*, Vol. 26, No. 5, 1996, pp. 571 – 579.

③ A. M. Leslie, R. Mallon, J. A. DiCorcia, "Transgressors, victims, and cry babies: Is basic moral judgment spared in autism?", *Social Neuroscience*, Vol. 1, No. 3 – 4, 2006, pp. 270 – 283.

化"和"泛习俗化"两组问题,考察孤独症谱系障碍儿童和正常发展儿童对道德和习俗规则的判断及其与心理理论的关系,结果发现:在接受性言语水平匹配的条件下,孤独症谱系障碍儿童的错误信念理解成绩低于正常发展儿童,两组儿童在道德规则判断上的表现不同,而在习俗规则判断上的表现没有差异。这说明道德判断需要心理理论能力,而习俗判断则与训练和社会化有关,与 Bushwick 等人的观点一致。[1] 他们认为:不能通过错误信念任务的孤独症谱系障碍儿童不能像正常发展儿童一样明白某些条件已经没有道德意义,即 Blair 研究中的探测可能并不完全,不一定全面反映孤独症谱系障碍儿童的真实情况。[2]

Tiziana Zalla 等人使用 6 个系列违规场景,通过允许性、严重性、权威性和合理性等判断标准探索孤独症谱系障碍成人区分道德、习俗和厌恶违规的能力,结果显示:尽管该类人群能够在允许性、严重性和权威依赖性上区分道德和习俗违规,但是他们不能在严重性维度上区分道德和厌恶违规,也无法提供合适的理由。[3] 这可能是由于孤独症谱系障碍个体可以保留一些直觉性的道德知识,但是他们还缺少有意识的解释情感和意图信息的认知评估系统。[4] Moran 等人在一项研究中考察了孤独症谱系障碍儿童的心理理论水平及其与道德发展水平之间的关系,在测查被试的心理理论水平之后,实验者让其观看 4 种道德情境,分别描述中性、无意伤害、故意伤害、故意伤害未遂的行为,并要求他们对该行为的可接受性进行评分,该研究结果表明:被试的心理理论水平与他们的道德发展水平无关,孤独症谱系障碍儿童在进行道德评估时有高估行为结果而低估行

---

[1] N. L. Bushwick, "Social learning and the etiology of autism", *New Ideas in Psychology*, Vol. 19, No. 1, 2001, pp. 49–75.

[2] 冯源、苏彦捷:《孤独症儿童对道德和习俗规则的判断》,《中国特殊教育》2005年第 6 期。

[3] T. Zalla, L. Barlassina, M. Buon, M. Leboyer, "Moral judgment in adults with autism spectrum disorders", *Cognition*, Vol. 121, No. 1, 2011, pp. 115–126.

[4] M. Hauser, F. Cushman, L. Young, et al., "A dissociation between moral judgments and justifications", *Mind & Language*, Vol. 22, No. 1, 2007, pp. 1–21.

为意图的倾向。① Grant 等研究者比较了孤独症谱系障碍儿童与控制组儿童的道德判断的动机，他们给被试展示配对片段，在片段中主人公的行为是故意或意外的，会伤害他人或损坏财产。研究者要求被试判断哪个主人公是淘气的人，并口头解释这一判断，结果发现：这些儿童可以根据行为的动机做出道德判断，他们都认为对人的伤害比对物体的伤害更严重，但是很难给出恰当的合理性解释。②

从以上研究中，我们可以发现：在道德规则认知上，与正常发展儿童相比，孤独症谱系障碍儿童基本可以从动机和行为后果的角度进行道德判断，也知道如何给予合适的奖励和惩罚；除了严重性上的差异之外，他们在道德规则判断标准上的表现基本与正常发展儿童一致。另外，Blair 和 Leslie 等研究者发现孤独症谱系障碍儿童有基本的道德判断，其功能可能在某些方面独立于心理理论。据此，他们推断道德可能是孤独症谱系障碍个体中相对保持完整，没有受到损伤的领域。③④但是，我国冯源等研究者认为：道德判断需要心理理论能力，而习俗判断则与训练和社会化有关。⑤ 这种差异的原因与实验设计、被试匹配等因素有关，也说明了道德规则与心理理论关系的复杂性。

（二）孤独症谱系障碍儿童的社会习俗规则认知特点

在社会习俗规则认知上，Smetana 指出：3 岁的正常发展儿童就可以认识到社会习俗规则是相对的、依赖规则和权威的，他们能够区分道德规则和社会习俗规则，而且这一区分具有跨文化的普遍性，其

---

① J. M. Moran, L. L. Young, R. Saxe, et al., "Impaired theory of mind for moral judgment in high-functioning autism", *Proceedings of the National Academy of Sciences*, Vol. 108, No. 7, 2011, pp. 2688 – 2692.

② C. M. Grant, J. Boucher, K. J. Riggs, A. Grayson, "Moral understanding in children with autism", *Autism*, Vol. 9, No. 3, 2005, pp. 317 – 331.

③ R. J. R. Blair, "Brief report: morality in the autistic child", *Journal of Autism and Developmental Disorders*, Vol. 26, No. 5, 1996, pp. 571 – 579.

④ A. M. Leslie, R. Mallon, J. A. DiCorcia, "Transgressors, victims, and cry babies: Is basic moral judgment spared in autism?", *Social Neuroscience*, Vol. 1, No. 3 – 4, 2006, pp. 270 – 283.

⑤ 冯源、苏彦捷：《孤独症儿童对道德和习俗规则的判断》，《中国特殊教育》2005 年第 6 期。

至具有内在的神经基础。① 在可变性标准上，4—19 岁正常发展儿童都将习俗规则看作是可变的，依赖于社会情境、权威和规则，并受大多数人的影响。②随年龄增长，他们在习俗违规事件中给出的避免惩罚的理由逐步减少，与习俗相关的理由逐步增多，且能够更多地指出道歉有助于减轻习俗违规可能产生的不良后果。③

在孤独症谱系障碍儿童的社会习俗规则认知上，Shulman 等研究者比较了孤独症谱系障碍儿童和正常发展儿童的道德和社会习俗规则推理，让这两组儿童判断 10 个熟悉的学校违规行为的社会适宜性，并给出理由，结果显示：与道德违规相比，所有儿童都认为社会习俗违规与情境关联更大；与正常发展儿童相比，孤独症谱系障碍儿童很难使用抽象的规则，且他们对违规行为的谴责更不具体，在判断社会习俗违规时更加严格。④ Loveland 等人要求孤独症谱系障碍儿童和正常发展儿童对 24 个社会规则（视频录像）的社会适宜性进行判断。24 个社会规则中大部分是社会习俗规则，也涉及道德和个人规则项目。结果显示：两组儿童都能够正确识别不合适的社会规则，且在非言语场景中识别不合适的社会规则要比在言语场景中更容易；正常发展儿童识别不合适的社会习俗规则的数量显著多于孤独症谱系障碍儿童；正常发展儿童倾向于给出更多符合社会规范和原则的理由，而孤独症谱系障碍儿童则倾向于给出更多与

---

① J. G. Smetana, N. Schlagman, P. W. Adams, "Preschool children's judgments about hypothetical and actual transgressions", *Child Development*, Vol. 64, No. 1, 1993, pp. 202 – 214.

② D. R. Weston, E. Turiel, "Act-rule relations: Children's concepts of social rules", *Developmental Psychology*, Vol. 16, No. 5, 1980, pp. 417 – 424; G. Nobes, C. Pawson, "Children's understanding of social rules and social status", *Merrill-Palmer Quarterly*, Vol. 49, No. 1, 2003, pp. 77 – 99.

③ J. Yau, J. G. Smetana, "Conceptions of moral, social-conventional, and personal events among Chinese preschoolers in Hong Kong", *Child Development*, Vol. 74, No. 3, 2003, pp. 647 – 658; R. Banerjee, M. Bennett, N. Luke, "Children's reasoning about the self-presentational consequences of apologies and excuses following rule violations", *British Journal of Developmental Psychology*, Vol. 28, No. 4, 2010, pp. 799 – 815.

④ C. Shulman, A. Guberman, N. Shiling, N. Bauminger, "Moral and social reasoning in autism spectrum disorders", *Journal of Autism and Developmental Disorders*, Vol. 42, No. 7, 2012, pp. 1364 – 1376.

社会规范和原则无关的或异常的理由。① Nah 等人也检验了孤独症谱系障碍儿童怎样对社会规则做出合适性判断并提供理由，研究材料中的大部分项目涉及社会习俗规则，也有少量道德和个人规则，结果显示：孤独症谱系障碍儿童更倾向于提供不合适的、奇怪的和没有反馈的理由。②

一般来说，正常发展儿童的社会习俗规则和道德规则是两个经历着不同的发展路线，且在社会认知和行为上不同的领域。孤独症谱系障碍儿童也能够指出：与社会习俗违规相比，道德违规更严重、要受到更多惩罚、更不依赖于具体的规则和情境。③ 孤独症谱系障碍儿童的社会习俗违规研究主要集中在社会适宜性上，他们可以识别不合适的社会习俗规则，但是对合适的社会习俗规则却比较陌生，且会给出更多异常的理由。另外，这些研究中的规则内容虽然大部分属于社会习俗规则领域，其中也涉及了一些道德和个人领域规则的知识。

（三）孤独症谱系障碍儿童的个人领域规则认知特点

7—20 岁的个体都认为道德违规是最严重的，其次是习俗违规，个人领域规则是自己的事情，不受约束。④ Tisak 指出：年幼儿童能够在严重性上区分安全规则和道德规则，并认为违反道德规则比违反安全规则更严重。Yau 等人的研究结果显示：儿童倾向于认为应该由故事中的主人公来决定个人领域的问题，而由故事中主人公的家长来决定道德或习俗问题；随着年龄增长，儿童越来越多地将决策权移交到

---

① K. A. Loveland, D. A. Pearson, B. Tunali-Kotoski, et al. , "Judgments of social appropriateness by children and adolescents with autism", *Journal of Autism and Developmental Disorders*, Vol. 31, No. 4, 2001, pp. 367 – 376.

② Y. H. Nah, K. K. Poon, "The perception of social situations by children with autism spectrum disorders", *Autism*, Vol. 15, No. 2, 2011, pp. 185 – 203.

③ E. Turiel, *The development of social knowledge: Morality and convention*, Cambridge: Cambridge University Press, 1983；冯天签、刘国雄、龚少英：《3—5 岁幼儿对社会规则的认知发展研究》，《教育研究与实验》2010 年第 1 期。

④ L. Nucci, "Conceptions of personal issues: A domain distinct from moral or societal concepts", *Child Development*, Vol. 52, No. 1, 1981, pp. 14 – 121.

主人公自己身上。① Nucci 和 Turiel 让 7 岁、10 岁、13 岁和 16 岁这 4 个年龄段的儿童对个人领域与道德领域相冲突的情景进行判断，结果表明：年龄越小，儿童的道德判断越不容易受个人领域影响；随着年龄增长，儿童能够意识到情景中的道德和非道德成分，但是他们综合权衡的能力较差，非常容易受到个人领域认知发展的影响。② 对个人领域事件的认知在儿童早期也得到了一定的发展。与道德规则和习俗规则的发展路线不同，个人领域的发展路线主要表现：年龄较小的儿童经常会模糊个人领域与道德或习俗规则的界限，他们会认为个人领域与道德或习俗领域一样，也应该服从权威的指示、不能随意改变；随年龄增长，儿童的自主权限不断扩大，他们的个人领域也越来越丰富；年长儿童越来越多地将个人领域从道德领域和习俗领域中独立出来。

到目前为止，孤独症谱系障碍儿童个人领域事件的相关研究较少，只是在社会规则的社会适宜性研究中涉及了一些个人领域规则的项目。其原因：一方面，孤独症谱系障碍儿童的互惠性社交互动缺陷是其主要特征之一，涉及不合适的社交行为和异常的社会认知，而个人领域内的规则主要是个体自己的事情，不涉及他人，较少涉及社交互动是否合适；另一方面，孤独症谱系障碍儿童有心理理论能力的缺陷，道德和社会习俗规则的研究都与心理理论相关，个人领域只在其与父母制定的规则的冲突中涉及心理理论。但是，孤独症谱系障碍儿童的社交世界本质和他们面对的社会规则是复杂多样的，心理理论只能解释其社会规则的认知异常，它并不等于社会规则本身。Grant 等人指出：孤独症谱系障碍个体的社会感知更多基于他们的个人经历和个人喜好，而不是社会规则。③ 所以，有理由相信，孤独症谱系障

---

① M. S. Tisak, L. P. Nucci, A. M. Jankowski, "Preschool children's social interactions involving moral and prudential transgressions: An observational study", *Early Education and Development*, Vol. 7, No. 2, 1996, pp. 137 – 148; J. Yau, J. G. Smetana, "Conceptions of moral, social-conventional, and personal events among Chinese preschoolers in Hong Kong", *Child development*, Vol. 74, No. 3, 2003, pp. 647 – 658.

② L. Nucci, E. Turiel, "Capturing the complexity of moral development and education", *Mind, Brain, and Education*, Vol. 3, No. 3, 2009, pp. 151 – 159.

③ C. M. Grant, J. Boucher, K. J. Riggs, A. Grayson, "Moral understanding in children with autism", *Autism*, Vol. 9, No. 3, 2005, pp. 317 – 331.

儿童个人领域规则和正常发展儿童的个人领域规则的认知发展与其他两个领域是不同的，且孤独症谱系障碍儿童可能更看重个人领域规则。为了进一步弄清楚社会规则认知异常的本质，有必要进一步探讨孤独症谱系障碍儿童的个人领域规则。

二 孤独症谱系障碍儿童社会规则的认知机制

Callenmark 等人认为孤独症谱系障碍儿童在合理性的解释上给出更多异常理由的原因在于：社会规则的判断标准是封闭式的选择题，更多反映的是外显的社会认知；而合理性的解释是开放式的质化编码分类问题，更倾向于反映内隐社会认知。① 大部分探讨孤独症谱系障碍儿童社会认知缺陷的研究主要关注心理理论、共同注意和执行功能，并且已经对孤独症谱系障碍儿童这些异常的社会判断和社交行为表现进行了描述和解释，但是并没有解释清楚这些社会认知缺陷与这些儿童理解并参与真实社交互动和人际关系场景之间的关系。②

（一）社会信息加工模型

Crick 和 Dodge 在 1994 年提出了社会信息加工的 SIP 模型（Social Information Processing，SIP），将心理理论、执行功能和共同注意整合在了该模型中。③ 社会信息加工 SIP 模型认为，社会信息加工就是儿童在社会交往中对各种社会性刺激，如他人的表情、动作、话语等赋予意义，并据此决定如何做出反应的过程，可分为编码、解释、目标清晰、建立反应、评估反应、执行反应 6 个步骤。社会信息加工 SIP 模型关注精确加工，涉及与他人互动的社交情境能力，包括理解他人的意图、感觉和想法，选择合适的社交反应。另外，该模型强调内隐的心理机制可以调节一个外显的（社会的）刺激和一个外显的（社

---

① B. Callenmark, L. Kjellin, L. Rönnqvist, S. Bölte, "Explicit versus implicit social cognition testing in autism spectrum disorder", *Autism*, Vol. 18, No. 6, 2014, pp. 684 – 693.

② A. M. Flood, D. Julian Hare, P. Wallis, "An investigation into social information processing in young people with Asperger syndrome", *Autism*, Vol. 15, No. 5, 2011, pp. 601 – 624.

③ N. R. Crick, K. A. Dodge, "A review and reformulation of social information-processing mechanisms in children's social adjustment", *Psychological Bulletin*, Vol. 115, No. 1, 1994, pp. 74 – 101.

会）反应。该模型为研究引导社会行为的内隐社会认知机制提供了一个强有力的理论框架，可以作为加强孤独症谱系障碍儿童社会认知研究的理论基础。①儿童社会判断的社会信息加工 SIP 模型的 6 个加工阶段如图 1-1 所示：②

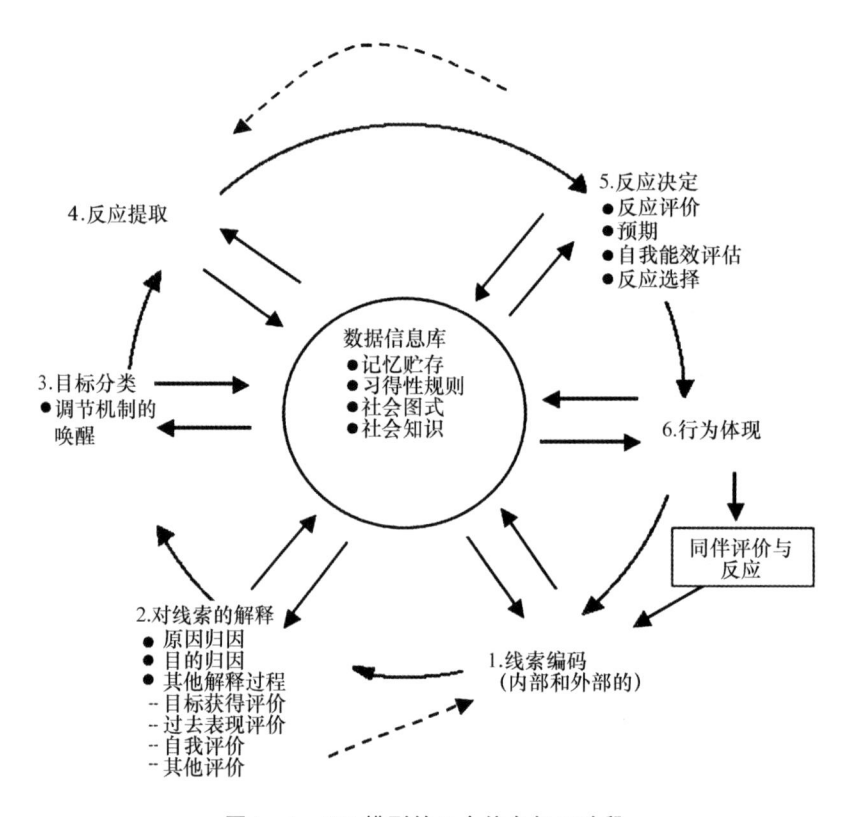

图 1-1　SIP 模型的 6 个信息加工阶段

阶段 1 和阶段 2：线索编码与解释

---

① J. A. Meyer, P. C. Mundy, A. V. Van Hecke, et al. , "Social attribution processes and comorbid psychiatric symptoms in children with Asperger syndrome", *Autism*, Vol. 10, No. 4, 2006, pp. 383 - 402.

② 王沛、胡林成：《儿童社会信息加工的情绪——认知整合模型》，《心理科学进展》2003 年第 4 期。

阶段1和阶段2是两个不同的但又相互关联的过程。注意并编码背景和内部线索，通过对自己的情绪状态和先前经验的记忆形成一个对给定社会情境的心理表征。解释包括因果分析，使用心理理论推理自我和他人观点，评估目标和过去表现，这些过程受个体已经获得的信息数据库中的已有情境线索和认知图式引导。

阶段3：目标分类

目标依赖于步骤1和2的变化，可以是内部的（如逃避尴尬）也可以是外部的（站在队伍前面），社交互动要求多个目标的合作。

阶段4：反应提取

在明确目标之后，建构或获得达到目标的策略，对情境的熟悉和对记忆及社会规则的依赖会影响阶段4。

阶段5和阶段6：反应决定和行为体现

涉及评估对道德和社会规则的反应及其内部价值，决定该反应是否有积极或消极后果，评估成功的自我效能感并执行反应。最后一点行为体现的标志是反应的执行。

基于社会信息加工SIP模型，Quiggle等人发展了社会信息加工的SIP访谈，该访谈是儿童社会信息加工的相关研究中最常用的工具。[①] 在社会信息加工的SIP访谈中，在模糊意图的挑衅情境下，有精神疾病症状的儿童感知到的敌意归因偏见与他们的攻击行为、退缩和同伴关系困难显著相关。[②] 另外，行为障碍、抑郁和偏执儿童也会在社会信息加工访谈中表现出敌意归因偏见，与感觉受到威胁和冲动有关。[③]

---

① N. L. Quiggle, J. Garber, W. F. Panak, et al., "Social information processing in aggressive and depressed children", *Child Development*, Vol. 63, No. 6, 1992, pp. 1305–1320.

② N. R. Crick, K. A. Dodge, "A review and reformulation of social information-processing mechanisms in children's social adjustment", *Psychological Bulletin*, Vol. 115, No. 1, 1994, pp. 74–101.

③ K. A. Dodge, "Social-cognitive mechanisms in the development of conduct disorder and depression", *Annual Review of Psychology*, Vol. 44, No. 1, 1993, pp. 559–584; K. A. Dodge, D. R. Somberg, "Hostile attributional biases among aggressive boys are exacerbated under conditions of threats to the self", *Child Development*, Vol. 58, No. 1, 1987, pp. 213–224; K. A. Dodge, J. P. Newman, "Biased decision-making processes in aggressive boys", *Journal of Abnormal Psychology*, Vol. 90, No. 4, 1981, pp. 375–379.

Lansford 等人指出：长期攻击的儿童在解释同伴社会意图中的精确度较低，他们更倾向于构建攻击或不恰当的反应，更倾向于期待攻击反应有积极的后果。① 与攻击儿童相反，与熟悉的同伴相比，害羞/退缩儿童更倾向于认为不熟悉的同伴意图更具敌意。② 社会信息加工 SIP 访谈在识别亲社会儿童的不同社会信息加工模式中也是有效的，亲社会儿童在所有的加工过程中都会表现出较好的社会信息加工模式。③

（二）孤独症谱系障碍儿童社会信息加工的相关研究

即使智力水平和言语能力相对完整，孤独症谱系障碍儿童也经常会表现出异常的执行功能（计划、灵活性及抑制水平低），无法考虑他人的信念、意图和异常的情感解码。④ Frith 和 Loveland 等人的研究结果显示：孤独症谱系障碍儿童无法理解多元观点，他们更容易对他人进行有敌意的意图归因。这些儿童无法识别不恰当行为，更无法提供恰当的解释和反应。⑤ 但是，他们仍然会尝试着解释社会信息，尽管他们的这些解释是错误的。Embregts 等研究者已经将社会认知缺陷机制的关注点转移到了探索孤独症谱系障碍儿童的社会信息加工能力上，他们的初步研究结果显示：对孤独症谱系障碍儿童的社会信息加工 SIP

---

① J. E. Lansford, P. S. Malone, K. A. Dodge, et al., "A 12-year prospective study of patterns of social information processing problems and externalizing behaviors", *Journal of Abnormal Child Psychology*, Vol. 34, No. 5, 2006, pp. 709 – 718.

② K. B. Burgess, J. C. Wojslawowicz, K. H. Rubin, et al., "Social information processing and coping strategies of shy/withdrawn and aggressive children: Does friendship matter?", *Child Development*, Vol. 77, No. 2, 2006, pp. 371 – 383.

③ L. Mayeux, A. H. Cillessen, "Development of social problem solving in early childhood: Stability, change, and associations with social competence", *The Journal of Genetic Psychology*, Vol. 164, No. 2, 2003, pp. 153 – 173.

④ D. Schultz, C. E. Izard, B. P. Ackerman, "Children's anger attribution bias: Relations to family environment and social adjustment", *Social Development*, Vol. 9, No. 3, 2000, pp. 284 – 301.

⑤ U. Frith, "Emanuel Miller lecture: Confusions and controversies about Asperger syndrome", *Journal of Child Psychology and Psychiatry*, Vol. 45, No. 4, pp. 672 – 686; K. A. Loveland, D. A. Pearson, B. Tunali-Kotoski, et al., "Judgments of social appropriateness by children and adolescents with autism", *Journal of Autism and Developmental Disorders*, Vol. 31, No. 4, 2001, pp. 367 – 376.

模型的检验可以拓宽对该群体社会认知缺陷特征类型的理解。①

到目前为止,仅有4个研究直接检验了孤独症谱系障碍儿童的社会信息加工SIP模型,其中2个研究关注的是10—15岁且认知能力没有严重受损的孤独症谱系障碍儿童,1个研究关注的是10—15岁的认知能力有严重损伤的孤独症谱系障碍儿童,1个研究关注学前孤独症谱系障碍儿童。

Meyer等人对10—11岁孤独症谱系障碍儿童的社会信息加工能力进行了首次探索,他们要求这些儿童对假设的社交判断进行反应,并完成社交困难和心理功能自我报告测量,结果显示:与正常发展儿童相比,孤独症谱系障碍儿童在社会信息加工上的有效方式较少,而这些社会信息加工缺陷与其心理调节能力有关;孤独症谱系障碍儿童的心理调节能力较差,这与他们的社会信息加工和归因加工模式相关;他们的社会认知能力与社会信息加工有关,但是与情感和行为困难没有关系。② Embregts和Nieuwenhuijzen发现重度孤独症谱系障碍男孩无法进一步更精确地编码社会信息。在他们的研究中,被试为136名10—14岁的男孩,其中26名重度孤独症谱系障碍儿童,54名轻度智障(intellectual disability, ID)儿童,56名正常发展儿童,结果显示:与轻度智障和正常发展儿童相比,重度孤独症谱系障碍儿童的反应建构和反应评估能力不足,且两组儿童在主动果断反应决策上有差异。③ Flood等人使用社会信息加工SIP访谈对11—15岁轻度孤独症谱系障碍儿童的社会信息加工能力进行了探索,他们发现:孤独症谱系障碍儿童在社会信息加工的意图归因、反应建构和反应评估能力上明显不足,心理理论能力与父母评估孤独症谱系障碍儿童的同伴问题显著相

---

① P. J. C. M. Embregts, M. Van Nieuwenhuijzen, "Social information processing in boys with autistic spectrum disorder and mild to borderline intellectual disabilities", *Journal of Intellectual Disability Research*, 2009, pp. 922 – 931.

② J. A. Meyer, P. C. Mundy, A. V. Van Hecke, et al., "Social attribution processes and comorbid psychiatric symptoms in children with Asperger syndrome", *Autism*, Vol. 10, No. 4, 2006, pp. 383 – 402.

③ P. J. C. M. Embregts, M. Van Nieuwenhuijzen, "Social information processing in boys with autistic spectrum disorder and mild to borderline intellectual disabilities", *Journal of Intellectual Disability Research*, 2009, pp. 922 – 931.

关、与父母评估其亲社会行为不相关,而社会信息加工与心理理论和社交功能的相关有限。① Ziv 等人在 2014 年检验了轻度孤独症谱系障碍幼儿的社会信息加工能力和社交行为,结果发现:与正常发展幼儿相比,轻度孤独症谱系障碍幼儿有效地编码社会信息、积极地组织并评估、恰当反馈、亲社会行为等能力较差。他们更倾向于在良性社交情境中对他人进行恶意的归因,构建并更积极地评估攻击反馈,构建更多逃避的反馈,展现出更多外部问题行为。社会信息加工能力较好、心理理论任务得分较高与轻度孤独症谱系障碍儿童的社交行为不良有关,较好的社会信息加工能力与轻度孤独症谱系障碍儿童的心理理论水平显著相关。②

从以上研究中,我们可以发现:孤独症谱系障碍儿童的社会信息加工研究主要关注学前和 10—15 岁儿童,缺少对 6—11 岁的轻度孤独症谱系障碍儿童的评估,无法得到一个清晰的从学前到青少年阶段社会信息加工的发展脉络。另外,对社会信息加工能力的探索有助于解释轻度孤独症谱系障碍儿童对社会信息的理解,可以帮助我们进一步了解孤独症谱系障碍儿童的互惠性社交缺陷和孤独症谱系障碍症状,发展并设计更有针对性的干预方案,从而有效提高孤独症谱系障碍儿童的社交能力。

三 基于社会信息加工 SIP 模型的干预研究

(一) 基于社会信息加工 SIP 模型的社交能力干预研究

社会信息加工 SIP 模型描述了社会信息加工的特殊步骤,其理论成分可以很容易拆分并转变成训练计划,适合基于班级的干预课程。因此,社会信息加工 SIP 模型对于干预结果的意义与其他理论是相似的,通过描述所有外显和潜在心理结构,为理解儿童社交行为和针对

---

① A. M. Flood, D. Julian Hare, P. Wallis, "An investigation into social information processing in young people with Asperger syndrome", *Autism*, Vol. 15, No. 5, 2011, pp. 601 – 624.

② Y. Ziv, B. S. Hadad, Y. Khateeb, "Social information processing in preschool children diagnosed with autism spectrum disorder", *Journal of Autism and Developmental Disorders*, Vol. 44, No. 4, 2014, pp. 846 – 859.

预防攻击的干预方案设计提供了一个综合的框架。① Huesmann 指出：社会信息加工 SIP 模型对儿童社会发展的整体研究有最显著的影响。②

社会信息加工 SIP 模型可以预测儿童的社交行为。③ 考虑到实证研究的支持，该模型可以作为提高儿童社交能力的干预研究的理论基础，当设计一个基于社会信息加工 SIP 模型的干预方案时，以综合的方式使用社会信息加工 SIP 理论很重要，应该避免没有纳入所有社会信息加工步骤的干预。④ 在当前的社交能力干预研究中，有许多类似社会信息加工干预的项目，但是这些项目没有提到社会信息加工 SIP 理论。Ziv 等人指出：只有一小部分针对攻击儿童的干预研究，在学校实施的干预项目中明确使用了社会信息加工 SIP 模型指导自己的课程设计。⑤ Walz 和 Embregts 等研究者认为：社会信息加工 SIP 模型也适用于有其他障碍的儿童，对孤独症谱系障碍儿童也可能有效。⑥ 到目前为止，孤独症谱系障碍儿童社交能力的干预领域中已经开展了很多涉及社会信息加工 SIP 模型各阶段的干预研究，还没有出现明确以

---

① J. A. Meyer, P. C. Mundy, A. V. Van Hecke, et al., "Social attribution processes and comorbid psychiatric symptoms in children with Asperger syndrome", *Autism*, Vol. 10, No. 4, 2006, pp. 383 – 402.

② L. R. Huesmann, *The role of social information processing and cognitive schema in the acquisition and maintenance of habitual aggressive behavior*, In Human aggression, New York: Academic Press, 1998.

③ J. E. Lansford, P. S. Malone, K. A. Dodge, et al., "A 12-year prospective study of patterns of social information processing problems and externalizing behavior", *Journal of Abnormal Child Psychology*, Vol. 34, No. 5, 2006, pp. 709 – 718.

④ J. Li, M. W. Fraser, T. L. Wike, "Promoting social competence and preventing childhood aggression: A framework for applying social information processing theory in intervention research", *Aggression and Violent Behavior*, Vol. 18, No. 3, 2013, pp. 357 – 364; K. B. Lynch, S. R. Geller, M. G. Schmidt, "Multi-year evaluation of the effectiveness of a resilience-based prevention program for young children", *Journal of Primary Prevention*, Vol. 24, No. 3, 2004, pp. 335 – 353.

⑤ Y. Ziv, "Social information processing patterns, social skills, and school readiness in preschool children", *Journal of experimental child psychology*, Vol. 114, No. 2, 2013, pp. 306 – 320.

⑥ N. Chertkoff Walz, K. Owen Yeates, H. Gerry Taylor, et al., "Theory of mind skills 1 year after traumatic brain injury in 6-to 8-year-old children", *Journal of Neuropsychology*, Vol. 4, No. 2, 2010, pp. 181 – 195; P. J. C. M. Embregts, M. Van Nieuwenhuijzen, "Social information processing in boys with autistic spectrum disorder and mild to borderline intellectual disabilities", *Journal of Intellectual Disability Research*, 2009, pp. 922 – 931.

社会信息加工 SIP 模型为基础，将整个社会信息加工 SIP 步骤纳入干预方案，对孤独症谱系障碍儿童社交能力进行干预的研究。

(二) 孤独症谱系障碍儿童的社交能力干预研究

在孤独症谱系障碍儿童社交能力的干预研究中，虽然没有直接基于社会信息加工 SIP 模型设计的干预方案，但是有许多涉及社会信息加工 SIP 模型各个阶段的干预研究。这些研究的理论基础是认知行为疗法 (Cognitive Behavior Therapy, CBT)，关注多个领域的社交能力，涉及社会信息加工 SIP 模型的不同加工成分。

认知行为疗法是一个简单的、结构性的干预方法，关注情境引发的问题解决，将想法、感觉和行为与发展有效的行为联系起来。① 它关注监控并改变那些消极影响个体社交功能或导致不合适或不希望的行为的想法和信念；强调理解情境和意义，理解认知系统和情绪、行为反应，图式角色（对自我和他人的信念、规则、假设）的相互作用；② 与依赖外部因素让行为改变或经常被批判无法泛化到生活中的行为技能训练相比，认知行为疗法更多关注内部因素，强调通过家庭作业进行泛化；它更强调在自然情境中使用特殊策略，是内部强化，更可能产生泛化；认知行为疗法关注个体想法对情感的影响以及这些因素怎样影响其对社交世界的感知，包括视觉支持、语言标签及明确关注重要的社交线索等具体内容，适用于孤独症谱系障碍儿童。③

基于认知行为疗法的社交能力干预已经在孤独症谱系障碍儿童中广泛开展，并获得了积极的效果，其关注的研究对象均为智力没有受到严重损伤的轻度孤独症谱系障碍儿童。Bauminger 探讨了 15 个 8—17 岁孤独症谱系障碍儿童的情绪认知、解释和社会问题解决对行为

---

① R. D. Friedberg, J. M. McClure, *Clinical practice of cognitive therapy with children and adolescents: The nuts and bolts*, New York: Guilford Publications, 2015.

② B. A. Alford, A. T. Beck, J. V. Jones Jr, "The integrative power of cognitive therapy", *Journal of Cognitive Psychotherapy*, Vol. 11, No. 4, 1997, pp. 309 – 312.

③ D. W. Beebe, S. U. S. A. N. Risi, "Treatment of adolescents and young adults with high-functioning autism or Asperger syndrome", *Cognitive Therapy with Children and Adolescents: A Casebook for Clinical Practice*, Vol. 7, No. 1, 2003, pp. 229 – 243.

的影响，以及社会问题解决与稍后社会适应的关系问题，结果显示：孤独症谱系障碍儿童在干预后提供了更多问题解决任务的结果。① Solomon 等人对 8—12 岁孤独症谱系障碍儿童开展了一个社交调整课程，关注情感教育和认知问题解决方法，研究结果显示：这些儿童在情绪认知和问题解决上有明显的进步。② Bauminger 检验了个体化认知行为疗法干预在促进儿童社交互动（即时和 4 个月之后）以及社交能力（情绪理解和认知，社会问题解决）上的效果，干预方法和干预程序与其 2002 年的研究一致，研究对象是 19 个 7—11 岁的孤独症谱系障碍儿童，结果显示：这些儿童的社会认知能力显著进步，并且表现出了积极的社交互动；追踪评估显示：其干预效果可以得到维持，教师报告了儿童在合作及自我控制等方面的进步。③ 在同一年，Bauminger 针对 26 个孤独症谱系障碍儿童进行了一个社交能力的团体干预项目，该项目包含 50 个干预系列，共 7 个月（50 小时），在儿童所在的学校进行，由经过干预培训的班级教师辅助。课程关注"团体互动的前提概念、教育情感关注、团体能力、合作和双重信息（如讽刺或嘲讽）"，使用合作性社交团体活动和角色扮演作为教学手段。结果显示：在交互计划、合作、分享和社交情绪理解上，孤独症谱系障碍儿童在干预后有明显进步。④

Lopata 等人对 21 个 6—13 岁孤独症谱系障碍儿童进行了一项密集性干预训练。干预时间为 6 周，每天 6 个小时，共 180 个小时。干预内容包括教给儿童基本的社交能力（如发起谈话）和高级社交能力（如称赞）、社交互动和合作，面部情感认知等。父母和干预者在干

---

① N. Bauminger, "The facilitation of social-emotional understanding and social interaction in high-functioning children with autism: Intervention outcomes", *Journal of Autism and Developmental Disorders*, Vol. 32, No. 4, 2002, pp. 283–298.

② M. Solomon, B. L. Goodlin-Jones, T. F. Anders, "A social adjustment enhancement intervention for high functioning autism, Asperger's syndrome, and pervasive developmental disorder NOS", *Journal of Autism and Developmental Disorders*, Vol. 34, No. 6, 2004, pp. 649–668.

③ N. Bauminger, "Brief report: Individual social-multi-modal intervention for HFASD", *Journal of Autism and Developmental Disorders*, Vol. 37, No. 8, 2007, pp. 1593–1604.

④ N. Bauminger, "Brief report: Group social-multimodal intervention for HFASD", *Journal of Autism and Developmental Disorders*, Vol. 37, No. 8, 2007, pp. 1605–1615.

预前后报告这些儿童的社交能力有显著进步。① Koning 等人进行了一个以认知行为疗法为基础的 15 周（每周 2 个小时）的社交能力干预研究，研究对象为 15 名 10—12 岁孤独症谱系障碍男孩，将智力水平处于平均及以上和接受性语言能力作为匹配标准，干预内容涉及关注自我监控能力、社交感知和情绪认知、沟通能力、社会问题解决及友谊。结果发现：在社交感知、同伴互动及社交知识测量上，干预组儿童的得分显著高于控制组。②

综上所述，社会信息 SIP 模型不仅适用于正常发展儿童，也适用于有其他障碍的儿童，对于孤独症谱系障碍儿童也可能有效。但是，目前并没有直接以社会信息加工 SIP 模型为基础针对孤独症谱系障碍儿童的干预研究。在孤独症谱系障碍儿童社交能力的干预研究中，基于认知行为疗法的干预研究内容效果显著，可以显著提高孤独症谱系障碍儿童的社交能力，其被试大多为认知能力处于平均及以上水平的孤独症谱系障碍学龄儿童。基于认知行为疗法的干预研究内容涉及社会信息加工的不同认知成分。因此，可以尝试以社会信息加工 SIP 模型为基础，从该模型的各个加工步骤出发，设计干预方案，针对孤独症谱系障碍儿童的社交能力进行干预。

---

① C. Lopata, M. L. Thomeer, M. A. Volker, et al., "Effectiveness of a cognitive-behavioral treatment on the social behaviors of children with Asperger disorder", *Focus on Autism and Other Developmental Disabilities*, Vol. 21, No. 4, 2006, pp. 237 – 244.

② C. Koning, J. Magill-Evans, J. Volden, et al., "Efficacy of cognitive behavior therapy-based social skills intervention for school-aged boys with autism spectrum disorders", *Research in Autism Spectrum Disorders*, Vol. 7, No. 10, 2013, pp. 1282 – 1290.

第二章 问题提出

第一节 以往研究存在的问题与分析

轻度孤独症谱系障碍儿童是指智力水平发育正常或超常,孤独症谱系障碍症状相对较轻的一类人群。与重度孤独症谱系障碍儿童相比,由于早期症状较轻,大部分轻度孤独症谱系障碍儿童往往在进入小学之后才会表现出较为明显的社交异常。在社交互动过程中,这类儿童不能像正常发展儿童那样理解并遵守社会规则,而理解社会规则并灵活使用这些规则的能力是个体在社交世界中成功与他人交往的关键。因此,社会规则这一主题已经成为孤独症谱系障碍社交互动领域研究的热点之一。[①] 虽然研究数量相对较少,轻度孤独症谱系障碍儿童异常的社会规则认知及其与社交能力相关的干预研究在近20年间仍然取得了较为丰硕的成果,可以帮助我们进一步了解孤独症谱系障碍儿童与正常发展儿童在社会规则认知上的不同,提高对孤独症谱系障碍儿童社交能力的干预效果。然而,已有研究还存在以下几方面不足:

一 孤独症谱系障碍的概念界定不清楚

在2013年《精神疾病诊断与统计手册》(第5版)发布之前,

[①] C. Shulman, A. Guberman, N. Shiling, N. Bauminger, "Moral and social reasoning in autism spectrum disorders", *Journal of Autism and Developmental Disorders*, Vol. 42, No. 7, 2012, pp. 1364–1376.

孤独症谱系障碍的概念界定不清楚，并没有明确区分不同的严重性水平。先前大部分筛查研究将孤独症谱系障碍的所有亚类型混淆在一起。且对孤独症谱系障碍的患病率开展筛查研究的国家主要集中于欧美等国，亚洲等国家的相关研究较少。由于诊断标准、评估工具、社会文化环境及研究方法等因素的差异，无法进一步比较各国患病率的具体结果。另外，由于关注和相关研究的起步较晚，定义狭窄等原因，我国孤独症谱系障碍的患病率筛查研究主要关注处于孤独症谱系障碍最严重一端的典型孤独症儿童，忽视了其他症状较轻的儿童。因此，我国的孤独症谱系障碍患病率明显低于欧美等西方国家。

二 孤独症谱系障碍学龄儿童的筛查研究较少

虽然国外有很多针对轻度孤独症谱系障碍儿童患病率的筛查研究，但是我国主要关注的是学前阶段的典型孤独症儿童，忽视了对学龄儿童的诊断和评估。另外，在以往评估量表中，只有英国的《儿童孤独症谱系障碍测验》是针对4—11岁孤独症谱系障碍学龄儿童的，Sun 和 Allison 等人探索了中文版《儿童孤独症谱系障碍测验》的心理测量学特征，样本为北京737名普通学校儿童和50名孤独症儿童，结果显示：该量表中文版信度、效度较好，可以作为中国轻度孤独症谱系障碍人群的筛查工具。[1]

三 缺少对孤独症谱系障碍儿童个人领域规则的探讨

孤独症谱系障碍儿童可以识别道德违规和习俗违规，但是，他们在合理性解释的反馈上与正常发展儿童存在差异，且 Grant 等人指出：孤独症谱系障碍个体对社会规则的感知更多基于他们的个人经历和个人喜好。[2] 所以，有理由相信，与正常发展儿童相比，孤独症谱系障

---

[1] X. Sun, C. Allison, B. Auyeung, et al., "Psychometric properties of the Mandarin version of the Childhood Autism Spectrum Test (CAST): an exploratory study", *Journal of Autism and Developmental Disorders*, Vol. 44, No. 7, 2014, pp. 1565 – 1576.

[2] C. M. Grant, J. Boucher, K. J. Riggs, A. Grayson, "Moral understanding in children with autism", *Autism*, Vol. 9, No. 3, 2005, pp. 317 – 331.

碍儿童对个人领域规则的认知与其他两个领域可能存在不同，他们可能更看重个人领域规则。另外，孤独症谱系障碍儿童的道德可能在某些功能上是独立于心理理论的，是完整的，没有受到损伤。为了进一步明确社会规则认知异常的本质，有必要从社会领域理论的角度出发，整体把握孤独症谱系障碍儿童社会规则认知3个领域之间的关系。但是，到目前为止，还没有研究者对孤独症谱系障碍儿童社会规则的认知进行更深一步的探讨和分析。

四 缺少孤独症谱系障碍儿童社会信息加工机制的研究

孤独症谱系障碍儿童在合理性的解释上给出更多异常理由的原因在于社会规则的判断标准是封闭式的选择题，更多反映的是外显的社会认知。而合理性的解释是开放式的质化编码分类问题，更倾向于反映内隐的社会认知。[①] 大部分探讨孤独症谱系障碍儿童社会认知缺陷的研究主要关注心理理论，共同注意和执行功能，并且已经对孤独症谱系障碍儿童这些异常的社会判断和社交行为表现进行了描述和解释，但是并没有解释清楚这些社会认知缺陷与孤独症谱系障碍儿童理解并参与真实社交互动和人际关系场景之间的关系。对孤独症谱系障碍儿童的社会信息加工 SIP 模型的检验可以拓宽对这些儿童社会认知缺陷特定类型的理解。[②] 但是，现存研究只是探讨了孤独症谱系障碍学前儿童和10岁以上儿童的社会信息加工特点，没有从不同社会规则场景角度进一步解释他们的社会认知变化。

---

① B. Callenmark, L. Kjellin, L. Rönnqvist, S. Bölte, "Explicit versus implicit social cognition testing in autism spectrum disorder", *Autism*, Vol. 18, No. 6, 2014, pp. 684 – 693.

② J. A. Meyer, P. C. Mundy, A. V. Van Hecke, et al., "Social attribution processes and comorbid psychiatric symptoms in children with Asperger syndrome", *Autism*, Vol. 10, No. 4, 2006, pp. 383 – 402; P. J. C. M. Embregts, M. Van Nieuwenhuijzen, "Social information processing in boys with autistic spectrum disorder and mild to borderline intellectual disabilities", *Journal of Intellectual Disability Research*, 2009, pp. 922 – 931; A. M. Flood, D. Julian Hare, P. Wallis, "An investigation into social information processing in young people with Asperger syndrome", *Autism*, Vol. 15, No. 5, 2011, pp. 601 – 624; Y. Ziv, B. S. Hadad, Y. Khateeb, "Social information processing in preschool children diagnosed with autism spectrum disorder", *Journal of Autism and Developmental Disorders*, Vol. 44, No. 4, 2014, pp. 846 – 859.

五　缺少针对孤独症谱系障碍儿童社会信息加工的干预研究

到目前为止，并没有直接以社会信息加工 SIP 模型为基础针对孤独症谱系障碍儿童的干预研究。但是在针对该类儿童的干预研究中，基于认知行为疗法的干预研究效果相对较好，可以显著提高他们的社交能力。基于认知行为疗法的干预研究更多关注认知能力没有严重受损、且症状较轻的孤独症谱系障碍儿童，涉及社会信息加工的不同认知加工成分。但是，现存认知行为疗法的干预研究内容中并没有符合社会信息加工 SIP 模型的完整干预课程。

第二节　研究的总体思路

鉴于以往研究中存在的不足，本研究拟从以下几个方面尝试进行改进，以期能丰富孤独症谱系障碍儿童社会规则认知领域的研究成果，推动与该问题相关研究领域的发展。

第一，对孤独症谱系障碍儿童的患病率进行系统筛查。本研究采用《儿童孤独症谱系测验》《教师提名问卷》及专家诊断、评估相结合的方式进行筛查，将普通小学儿童纳入到筛查中，在筛查工具、筛查方法等方面尽量与国外类似研究保持一致，进一步探索我国6—11岁孤独症谱系障碍儿童的患病率问题。

第二，描述孤独症谱系障碍儿童社会规则的认知特点。本研究首次从社会领域理论整体出发、将个人规则纳入，探讨了孤独症谱系障碍儿童在道德规则、习俗规则和个人规则上的认知特点及3个社会规则内部的发展模式，希望加深对孤独症谱系障碍儿童社会规则认知的理解。

第三，以社会信息加工 SIP 模型为理论基础，首次较为系统地探索孤独症谱系障碍儿童异常的社会规则认知背后的内隐社会认知机制及其与心理理论和儿童社交能力的关系，进一步明确孤独症谱系障碍儿童在内隐社会认知上与正常发展儿童的差异。

第四，验证社会信息加工 SIP 模型作为提高孤独症谱系障碍儿童社交能力和社会认知能力的干预理论基础的合理性，根据先前相关干预研究结果自编干预方案，对孤独症谱系障碍儿童开展短期社会认知能力团体干预课程，以期提高该类儿童社交能力和社会认知能力。

本研究试图在筛查6—11岁孤独症谱系障碍儿童的基础上，获得孤独症谱系障碍儿童在普通人群、高比例人群和地区整体人群中较为精确的患病率结果，并分析与其相关的影响因素。继而，描述在普通人群中的轻度孤独症谱系障碍儿童的社会规则的认知特点，进一步揭示孤独症谱系障碍儿童社会规则的认知机制，并在此基础上设计干预方案，希望提高孤独症谱系障碍儿童的社交能力和社会认知能力。本研究拟进行四个子研究，研究流程图如下（图2-1）：

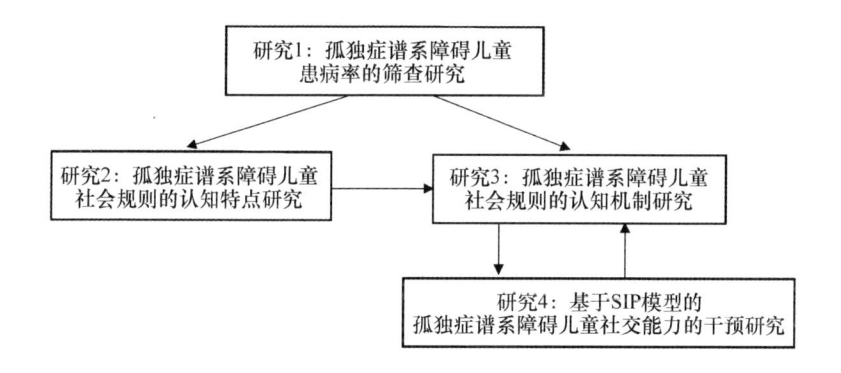

图2-1　研究设计流程

第三节　研究问题与假设

一　孤独症谱系障碍儿童患病率及影响因素

我国孤独症谱系障碍儿童的患病率明显低于西方国家。首先，在2013年《精神疾病诊断与统计手册》（第5版）明确孤独症谱系障碍的概念之前，该领域内概念混乱，并没有对其按不同严重程度划分；而我国大多数评估和筛查量表主要侧重典型孤独症的筛查和评估，对普通人群中的轻度孤独症谱系障碍儿童的敏感性较差；只有《儿童孤独症谱系测验》是明确针对轻度孤独症谱系障碍儿童进行筛查的评估工具，使用该量表可以从普通人群中识别不同严重程度的孤独症谱系障碍儿童,从而有利于我们对这些群体提供更有效的帮助和指导。我国在先前的患病率筛查研究中并没有使用该量表进行大样本的筛查。其次,虽然我国孤独症谱系障碍患病率明显较低,但仍然呈现逐年升高趋势。大部分筛查研究的关注点多为2—6岁的典型孤独症儿童,忽视了6岁以上和轻度孤独症谱系障碍儿童群体。① 最后,孤独症谱系障碍是遗传和环境等因素交互作用的结果。② 虽然很多研究者从遗传、神经生物学、围产期、心理和社会文化环境五个方面探讨了孤独症谱系障碍的病因,但是并没有得出较为一致的结果,需要进一步探索。

基于以上内容,为了深入探讨孤独症谱系障碍儿童的患病率及其影响因素,研究采用问卷法、教师提名法和临床诊断相结合的方法对6—11岁儿童进行筛查,尝试获得较为准确的孤独症谱系障碍儿童的地区患病率及其影响因素数据,以便进一步与其他国家或其他类似筛查研究进行对比,为后续研究提供数据支持。

研究假设:

1. 我国6—11岁孤独症谱系障碍儿童患病率以及普通学校中轻度孤独症谱系障碍儿童患病率低于国外类似患病率筛查研究的结果。

2. 人口学和儿童发育史等因素与孤独症谱系障碍儿童的患病风险有关。

二 孤独症谱系障碍儿童社会规则认知的发展特点

在社交互动中,认知能力处于平均及以上水平的轻度孤独症谱系障碍儿童经常会表现出对社会规则的认知异常。他们不能像正常发展儿童那样理解并遵守社会规则,经常会表现出打断别人的谈话、过于

---

① 李洪华、杜琳、单玲、冯俊燕、贾飞勇:《孤独症谱系障碍流行病学研究现状》,《中华临床医师杂志》2014年第24期;罗维武、林力、陈榕等:《福建省儿童孤独症流行病学调查》,《上海精神医学》2000年第1期;吴锦荣:《宁夏儿童孤独症患病率调查及影响因素研究》,硕士学位论文,宁夏医科大学,2013年。

② M. D. Kogan, S. J. Blumberg, L. A. Schieve, et al., "Prevalence of parent-reported diagnosis of autism spectrum disorder among children in the US", *Pediatrics*, Vol. 124, No. 5, 2007, pp. 1395–1403; A. Tchaconas, A. Adesman, "Autism spectrum disorders: a pediatric overview and update", *Current Opinion in Pediatrics*, Vol. 25, No. 1, 2013, pp. 130–143.

信任陌生人、固执谈话，且经常陷入情绪调节、表达和理解的困境。①除了认为违规行为更严重之外，轻度孤独症谱系障碍儿童与正常发展儿童在道德违规和习俗违规的判断标准上的表现基本一致，他们可以区分道德规则和习俗规则。但是，他们会在合理性解释上给出更多异常的、简单重复的理由，且他们的心理理论与判断标准和合理性解释的关系复杂，与正常发展儿童有显著差异。②另外，轻度孤独症谱系障碍儿童的社会认知更多基于他们自己的个人经历和个人喜好，可能在某种程度上更看重个人规则。③与道德规则和习俗规则不同，个人规则较少涉及他人和社交互动，只在于父母制定的规则的冲突中可能会涉及心理理论。因此，先前研究中并没有考虑到孤独症谱系障碍儿童的个人规则领域。

基于上述研究结果，本研究采用故事—访谈法和测量法，从社会领域理论的角度整体上考察轻度孤独症谱系障碍儿童与正常发展儿童在社会规则认知上存在的差异，并探讨其社会规则认知与心理理论的关系，希望进一步了解这些儿童社会规则认知的本质。

研究假设：

1. 轻度孤独症谱系障碍儿童可以在允许性、严重性、权威依赖性和普遍性这4个判断标准上识别道德规则、习俗规则和个人规则。

2. 轻度孤独症谱系障碍儿童与正常发展儿童在道德规则、习俗规则和个人规则的合理性的解释上存在差异。

3. 轻度孤独症谱系障碍儿童在严重性标准上的得分与心理理论发展水平显著相关。

---

① J. Locke, C. Kasari, J. J. Wood, "Assessing social skills in early elementary-aged children with autism spectrum disorders: The Social Skills Q-Sort", *Journal of Psychoeducational Assessment*, Vol. 32, No. 1, 2014, pp. 62–76.

② R. J. R. Blair, "Brief report: morality in the autistic child", *Journal of Autism and Developmental Disorders*, Vol. 26, No. 5, 1996, pp. 571–579; T. Zalla, L. Barlassina, M. Buon, M. Leboyer, "Moral judgment in adults with autism spectrum disorders", *Cognition*, Vol. 121, No. 1, 2011, pp. 115–126.

③ C. M. Grant, J. Boucher, K. J. Riggs, A. Grayson, "Moral understanding in children with autism", *Autism*, Vol. 9, No. 3, 2005, pp. 317–331.

三 孤独症谱系障碍儿童社会规则的认知机制

在轻度孤独症谱系障碍儿童社会认知缺陷的研究领域中，大多数研究者关注的是他们的心理理论，但是单凭心理理论并不能解释清楚这类儿童的社会认知缺陷与其理解并参与真实的社会规则场景之间的关系，我们只知道与正常发展儿童相比，他们的心理理论得分明显偏低，且与道德规则判断有关；而执行功能、共同注意等其他认知成分也有可能影响其社会规则判断和解释。

轻度孤独症谱系障碍儿童的社会认知缺陷主要是内隐的。[1] 他们无法理解多元观点，更容易对他人进行有敌意的意图归因；[2] 无法识别不恰当行为，更无法对其提供合适的解释和反馈。但是，轻度孤独症谱系障碍儿童仍然会尝试着解释社会信息，尽管他们的这些解释是错误的。社会信息加工SIP模型将心理理论、执行功能和共同注意整合在了一起，关注精确加工，涉及理解他人的意图、感觉和想法，选择合适的社交反应；该模型强调内隐的心理机制可以调节一个外显的（社会的）刺激和一个外显的（社会）反应；[3] 使用该模型可以加强孤独症谱系障碍儿童社交互动缺陷研究的理论基础。[4] 另外，与正常发展儿童相比，轻度孤独症谱系障碍儿童在SIP模型的编码、建构反应、评估反应等内隐的社会认知能力上均表现不佳；其社会信息加工

---

[1] B. Callenmark, L. Kjellin, L. Rönnqvist, S. Bölte, "Explicit versus implicit social cognition testing in autism spectrum disorder", *Autism*, Vol. 18, No. 6, 2014, pp. 684–693.

[2] U. Frith, "Emanuel Miller lecture: Confusions and controversies about Asperger syndrome", *Journal of Child Psychology and Psychiatry*, Vol. 45, No. 4, pp. 672–686; K. A. Loveland, D. A. Pearson, B. Tunali-Kotoski, et al., "Judgments of social appropriateness by children and adolescents with autism", *Journal of Autism and Developmental Disorders*, Vol. 31, No. 4, 2001, pp. 367–376.

[3] N. R. Crick, K. A. Dodge, "A review and reformulation of social information-processing mechanisms in children's social adjustment", *Psychological Bulletin*, Vol. 115, No. 1, 1994, pp. 74–101.

[4] J. A. Meyer, P. C. Mundy, A. V. Van Hecke, et al., "Social attribution processes and comorbid psychiatric symptoms in children with Asperger syndrome", *Autism*, Vol. 10, No. 4, 2006, pp. 383–402.

能力与社交能力和心理理论的相关有限。① 对社会信息加工 SIP 模型的检验可以拓宽我们对这些儿童社会认知缺陷的理解；帮助我们进一步了解孤独症谱系障碍儿童的互惠性社交缺陷和孤独症谱系障碍症状，并在社交行为问题和适应性行为发展方面设计并执行干预计划，从而更有效地提高孤独症谱系障碍儿童的社交能力，但是以往研究并没有在此方面进行深入探讨。

根据以上研究结果，本研究采用访谈—故事法和问卷法，将内隐社会认知模型——社会信息加工理论（SIP）模型引入，尝试系统探索轻度孤独症谱系障碍儿童社会规则认知特点背后的内隐社会认知机制及其与社交能力、心理理论的关系等问题。

研究假设：

1. 轻度孤独症谱系障碍儿童的社会信息加工能力存在不足。
2. 轻度孤独症谱系障碍儿童的社会信息加工能力与其社交能力和心理理论水平有关。

四 孤独症谱系障碍儿童社会规则认知的干预研究

社会信息加工 SIP 模型描述了社会信息加工的特殊步骤，其理论成分可以很容易拆分并转变成训练计划，适合基于班级的干预课程，该模型可以预测儿童的社交行为。② 考虑到实证研究的支持，社会信息加工 SIP 模型可以作为提高儿童社交能力的干预研究的理论基础，当设计一个基于社会信息加工 SIP 模型的干预研究时，应该纳入所有社会信息加工步骤。③

另外，到目前为止，在孤独症谱系障碍儿童社交能力的干预领域

---

① J. A. Meyer, P. C. Mundy, A. V. Van Hecke, et al., "Social attribution processes and co-morbid psychiatric symptoms in children with Asperger syndrome", *Autism*, Vol. 10, No. 4, 2006, pp. 383 – 402.

② J. E. Lansford, P. S. Malone, K. A. Dodge, et al., "A 12-year prospective study of patterns of social information processing problems and externalizing behaviors", *Journal of Abnormal Child Psychology*, Vol. 34, No. 5, 2006, pp. 709 – 718.

③ J. Li, M. W. Fraser, T. L. Wike, "Promoting social competence and preventing childhood aggression: A framework for applying social information processing theory in intervention research", *Aggression and Violent Behavior*, Vol. 18, No. 3, 2013, pp. 357 – 364.

中还没有出现明确以社会信息加工 SIP 模型的所有步骤为基础，针对对孤独症谱系障碍儿童社交能力进行干预的研究，但是有许多涉及该模型各个阶段的针对该群体社会认知能力的干预研究，这些研究的理论基础是认知行为疗法。鉴于基于社会信息加工 SIP 模型设计的干预方案对孤独症谱系障碍儿童也可能有效，[1] 可以尝试以社会信息加工 SIP 模型为基础，从该模型的各个加工步骤出发，设计干预方案，针对轻度孤独症谱系障碍儿童的社交能力进行干预研究。

研究假设：

1. 在干预后，干预组孤独症谱系障碍儿童的社会信息加工能力、同伴提名及社交与情绪调节能力得到显著改善，对照组孤独症谱系障碍儿童则无显著变化。

2. 干预方案有效，且可以维持到 2 个月以后。

第四节　研究意义

一　理论意义

1. 从孤独症谱系障碍儿童的患病率及其影响因素出发，系统探索我国 6—11 岁孤独症谱系障碍儿童的患病率、人口学特点、风险因素及其保护性因素，可以深化对孤独症谱系障碍儿童的了解，丰富孤独症谱系障碍病因学的研究成果。

2. 深入了解并分析孤独症谱系障碍儿童社会规则的认知特点及认知机制，对比正常发展儿童与孤独症谱系障碍儿童在社会规则认知上的差异，可拓展我国孤独症谱系障碍儿童"社交互动困难"问题的基本理论。

3. 系统探讨孤独症谱系障碍儿童社会规则的认知特点和认知机制，可以为编制孤独症谱系障碍儿童社会规则认知能力的干预措施提

---

[1] N. Chertkoff Walz, K. Owen Yeates, H. Gerry Taylor, et al., "Theory of mind skills 1 year after traumatic brain injury in 6-to 8-year-old children", *Journal of Neuropsychology*, Vol. 4, No. 2, 2010, pp. 181 – 195; P. J. C. M. Embregts, M. Van Nieuwenhuijzen, "Social information processing in boys with autistic spectrum disorder and mild to borderline intellectual disabilities", *Journal of Intellectual Disability Research*, 2009, pp. 922 – 931.

供理论基础，可深化我国融合教育的理论探索，细化融合教育的理论框架。

二 实践意义

1. 从孤独症谱系障碍儿童的患病率及其影响因素出发，系统探索我国6—11岁孤独症谱系障碍儿童在普通小学中的患病率，并把特殊教育学校群体融入进来，进一步探索地区整体的患病率，可推进孤独症谱系障碍儿童融合教育的具体实施，促进普通学校和特殊教育学校之间的衔接与合作。

2. 通过深入了解并分析孤独症谱系障碍儿童社会规则的认知特点和认知机制，可以针对该类儿童的社交沟通能力困扰构建更有效的干预方案，提高中小学"心理健康教育课程"内容的实效性。

3. 编制并在学校自然的课堂环境中实施针对孤独症谱系障碍儿童社会规则认知能力的干预活动，通过短期追踪验证其时效性，可为融合教育的政策制定提供实证支持，提高孤独症谱系障碍儿童的学习和生活质量。

第三章　研究1：孤独症谱系障碍儿童的患病率及影响因素

第一节　研究目的

采用问卷法和教师提名相结合的方法对6—11岁学龄儿童进行筛查；与其他类似研究进行对比，分析6—11岁学龄儿童中孤独症谱系障碍儿童的患病率及其影响因素；为后续研究提供数据支持。

第二节　研究假设

1. 孤独症谱系障碍儿童的患病率低于1%。
2. 人口学和儿童发育史等因素是孤独症谱系障碍的相关因素，且存在风险因素和保护性因素。

第三节　研究方法

一　研究对象

采用整群抽样法，抽取吉林省某地区13所普通小学，2所特殊教育学校和该地区所有社区有记录、但未入学的6—11岁儿童参与本研究。所有普通小学都是公立的，2所特殊教育学校中有1所是私立的。特殊教育学校接收轻度、中度或重度智力障碍儿童，情绪和行为问题以及孤独症谱系障碍儿童（主要是典型孤独症）。13所普通小学共发放问卷7441份,回收问卷6453份,有效问卷6096份;2所特殊教育学校和社区共发放问卷113份,回收问卷96份,有效问卷91份。整体上,发放问卷7554份,回收问卷6549份,有效问卷6187份;问卷回收率为86.7%,有效率为79.1%。

基于问卷回收情况,最后进入分析的儿童为6187人,平均年龄8±1岁,男女性别比为1.1∶1,男孩为3198人,女孩为2989人。在本样本中,汉族儿童为5374人,少数民族儿童为813人;6—7岁儿童为1519人,7—8岁儿童为1552人,8—9岁儿童为1672人,9—11岁儿童为1444人。

二 研究工具

(一)自编儿童人口学和发育史调查问卷

参考以往孤独症谱系障碍流行病学研究,自编《儿童人口学和发育史调查问卷》了解6—11岁儿童的人口学和发育史情况。[①] 该问卷的内容分为两部分,第一部分为儿童人口学基本情况,包括学校、班级、姓名、父母生育年龄、学历、职业等;第二部分为儿童发育史的基本情况,包括母亲孕期饮酒、吸烟情况、母亲怀孕时长、儿童出生时体重等,见附录1。

(二)儿童孤独症谱系障碍测验

采用《儿童孤独症谱系障碍测验》了解6—11岁儿童的孤独症谱系障碍倾向,并基于"临界值"筛出高分组儿童,即疑似孤独症谱系障碍的儿童。《儿童孤独症谱系障碍测验》是一个37项的父母评分量表,其中的31个项目需要计分;使用2点计分(是/否分别计为0/1分),分数在0—31之间,总分越高,儿童疑似孤独症谱系障碍的

---

① B. K. Lee, J. J. McGrath, "Advancing parental age and autism: multifactorial pathways", *Trends in Molecular Medicine*, Vol. 21, No. 2, 2015, pp. 118 – 125; R. M. Noland, R. L. Gabriels, "Screening and identifying children with autism spectrum disorders in the public school system: The development of a model process", *Journal of Autism and Developmental Disorders*, Vol. 34, No. 3, 2004, pp. 265 – 277; M. Yeargin-Allsopp, C. Rice, T. Karapurkar, et al., "Prevalence of autism in a US metropolitan area", *Jama*, Vol. 289, No. 1, 2003, pp. 49 – 55.

风险越大。① 作为一个筛查工具,该量表的临界值为 15 分;如果儿童得分超过 15 分,则表示该儿童存在患有孤独症谱系障碍的风险。② 此外,在中国和西方人群中,该量表都表现出了良好的心理测量特征(敏感性=100%,特异性=97%),见附录 2。③

(三)教师提名问卷

使用《教师提名问卷》了解教师或社区工作者对孤独症谱系障碍儿童的提名情况。该问卷是 Hepburn 等人发展、并被王馨等人修订的教师提名策略,共有 5 条行为标准,提名标准为≥3 条行为标准。5 条行为标准包括:a. 不合群,难以加入集体活动,喜欢自己玩;b. 我行我素,不听指令,不遵守规则;c. 语言发育落后或缺乏交流性;d. 有特殊而固执的习惯和偏好;e. 模仿能力差或不愿参加模仿学习,见附录 3。④

在所有的研究工具中,《儿童人口学和发育史调查问卷》及《儿童孤独症谱系障碍测验》需要家长填写;教师提名问卷需要普通小学班主任、特殊教育学校教师以及社区工作者完成;在发放问卷前,要对所有主试进行培训,说明问卷填写相关事宜,确保筛查结果的准确性。

三 研究程序

研究程序可以分为两个阶段。第一个阶段:筛查 6—11 岁疑似孤

---

① X. Sun, C. Allison, B. Auyeung, et al., "Psychometric properties of the Mandarin version of the Childhood Autism Spectrum Test (CAST): an exploratory study", *Journal of Autism and Developmental Disorders*, Vol. 44, No. 7, 2014, pp. 1565 – 1576.

② F. J. Scott, S. Baron-Cohen, P. Bolton, C. Brayne, "Brief report prevalence of autism spectrum conditions in children aged 5 – 11 years in Cambridge shire, UK", *Autism*, Vol. 6, No. 3, 2002, pp. 231 – 237.

③ K. Williams, C. Mellis, J. K. Peat, "Incidence and prevalence of autism", *Advances in Speech Language Pathology*, Vol. 7, No. 1, 2005, pp. 31 – 40.

④ S. L. Hepburn, C. Di Guiseppi, S. Rosenberg, et al., "Use of a teacher nomination strategy to screen for autism spectrum disorders in general education classrooms: a pilot study", *Journal of Autism and Developmental Disorders*, Vol. 38, No. 2, 2008, pp. 373 – 382;王馨、杨文翰、金宇等:《广州市幼儿园儿童孤独症谱系障碍患病率和相关因素》,《中国心理卫生杂志》2011 年第 6 期。

独症谱系障碍的儿童，筛查标准分别为 CAST 分数≥15 或教师提名满足 3 个行为标准。第二个阶段：由对孤独症谱系障碍儿童的诊断和评估有丰富经验的专家小组（2 个精神病理专家，2 个心理学博士，2 个特殊教育教师）对疑似孤独症谱系障碍儿童做进一步的观察、评估和诊断。专家小组要先对疑似孤独症谱系障碍儿童的父母和教师进行深入访谈以便获得儿童的成长发育资料；然后，在一间安静的房间里对疑似孤独症谱系障碍儿童进行面对面的观察、访谈，并基于《中国精神障碍分类及诊断标准》（第 3 版）的标准给出最后的诊断性结果。另外，在访谈过程中，如果家长或教师提到该儿童有"孤独症""阿斯伯格综合征""待分类广泛性发育障碍"或"孤独症谱系障碍"的诊断等字眼，可以深入了解其情况，确定后直接进入孤独症谱系障碍组。

四　统计分析

最后，采用 SPSS 16.0 进行数据整理和分析，并获得 6—11 岁孤独症谱系障碍儿童的地区患病率及其相关影响因素的最终结果。

第四节　结果与分析

一　儿童孤独症谱系障碍的患病率

《儿童孤独症谱系障碍测验》筛出疑似孤独症谱系障碍的儿童 626 人，教师提名问卷筛出疑似孤独症谱系障碍的儿童 523 人，专家小组要对所有疑似孤独症谱系障碍儿童的家长和教师进行深度访谈，对所有疑似孤独症谱系障碍儿童进行观察、评估和诊断。最后，77 名儿童的诊断性结果符合孤独症谱系障碍的标准，17（22.1%）名来自 13 所普通小学，60（77.9%）名来自 2 所特殊教育学校和社区；教师提名筛出 61（79.2%）名孤独症谱系障碍儿童，《儿童孤独症谱系障碍测验》量表筛出 72（93.5%）名孤独症谱系障碍儿童。教师提名敏感度为 95.3%，特异度为 92.4%，Youden 指数为 0.877；《儿童孤独症谱系障碍测验》量表的敏感度为 93.5%，特异度为 91.0%，Youden

指数为 0.845。77 名孤独症谱系障碍儿童在普通人群（普通小学）和高比例人群（特殊教育学校和社区）中的分布情况见表 3-1。

表 3-1　　孤独症谱系障碍儿童在普通人群和高比例人群中的分布

	ASD 儿童 ($n=77$)		男孩 ($n=61$)		女孩 ($n=16$)	
	N	%	N	%	N	%
普通人群	17	22.1	13	21.3	4	25
高比例人群	60	77.9	48	78.7	12	75

注：表中 ASD 儿童代表孤独症谱系障碍儿童。

孤独症谱系障碍儿童的患病率在普通人群中为 27.9/10000（95% CI 14.6/10000—41.1/10000）；男孩为 13（76.5%），女孩为 4（23.5%），性别比例为 3.25∶1。孤独症谱系障碍儿童的患病率在高比例人群中为 65.9%（95% CI 56.2%—75.7%）；男孩为 48（80%），女孩为 12（20%），性别比例为 4∶1。整体上，孤独症谱系障碍儿童的患病率在本研究中为 124.5/10000（95% CI 96.8/10000—152.1/10000）；男孩为 61（79.2%），女孩为 16（20.8%），性别比例为 3.81∶1。表 3-2 为孤独症谱系障碍儿童在三个人群中的分布情况。

表 3-2　　孤独症谱系障碍儿童在普通人群、高比例人群和整体人群中的患病率分布

人群类型	ASD 儿童	人口[a]	患病率[b]	95% CI
普通人群	17	6096	27.9	14.6—41.1
高比例人群	60	91	6593.4	5619.6—7567.2
整体人群	77	6187	124.5	96.8—152.1

注：[a] 基于 2013 年参与研究人口。

[b] 每 10000 名儿童。

表中 ASD 儿童代表孤独症谱系障碍儿童。

二 儿童孤独症谱系障碍的影响因素

排除高比例人群中其他 31 名非孤独症谱系障碍儿童（脑瘫、多动、智障、精神类疾病），共有 77 名孤独症谱系障碍儿童和 6079 名正常发展儿童进入孤独症谱系障碍儿童患病率影响因素的分析。

首先，用卡方检验对孤独症谱系障碍儿童和正常发展儿童的人口学基本情况进行比较，结果显示：两组儿童在年龄（$\chi2 = 24.228$，$p < 0.01$）、性别（$\chi2 = 23.833$，$p < 0.01$）、家庭月收入（$\chi2 = 58.752$，$p < 0.01$）、母亲职业（$\chi2 = 20.130$，$p = 0.005$）、父亲职业（$\chi2 = 44.715$，$p < 0.01$）、父亲精神病史（$\chi2 = 28.507$，$p < 0.01$）上存在显著差异，在其他变量上则不存在显著差异，见表 3-3。

表 3-3　　孤独症谱系障碍儿童和正常发展儿童人口学基本情况比较

人口学变量	ASD 儿童 n（%）	TD 儿童 n（%）	$\chi2$ 值	P 值
年龄			24.228	0.000
6—7	12（15.6）	1504（24.7）		
7—8	19（24.7）	1526（25.1）		
8—9	14（18.2）	1643（27.1）		
9—11	32（41.5）	1406（23.1）		
性别			23.833	0.000
男	61（79.2）	3115（51.2）		
女	16（20.8）	2964（48.8）		
民族			0.001	0.975
汉族	67（87.0）	5282（86.9）		
少数民族	10（13.0）	797（13.1）		
胎次			0.676	0.879
第 1 胎	62（80.5）	4982（81.9）		
第 2 胎	14（18.2）	1028（16.9）		
第 3 胎	1（1.3）	48（0.8）		

续表

人口学变量	ASD 儿童 n（%）	TD 儿童 n（%）	χ^2 值	P 值
其他	0	23（0.4）		
家庭月收入			58.752	0.000
≤1999	48（62.3）	1503（24.7）		
2000—3999	19（24.7）	2259（37.2）		
4000—5999	6（7.8）	1274（21.0）		
6000—7999	2（2.6）	675（11.1）		
≥8000	2（2.6）	368（6.1）		
母亲生育年龄			2.573	0.462
≤24	15（19.5）	1614（26.6）		
25—30	43（55.8）	3163（52.0）		
31—34	10（13.0）	787（12.9）		
≥35	9（11.7）	515（8.5）		
父亲生育年龄			7.383	0.061
≤24	5（6.5）	660（10.9）		
25—30	45（58.4）	3444（56.7）		
31—34	10（13.0）	1170（19.2）		
≥35	17（22.1）	805（13.2）		
母亲学历			4.743	0.192
初中及以下	31（40.2）	2979（49.0）		
高中	25（32.5）	1841（30.3）		
本科	21（27.3）	1179（19.4）		
硕士及以上	0（0.0）	80（1.3）		
父亲学历			1.350	0.717
初中及以下	32（41.5）	2828（46.5）		
高中	24（31.2）	1898（31.2）		
本科	19（24.7）	1246（20.5）		
硕士及以上	2（2.6）	107（1.8）		
母亲职业			20.130	0.005
公务员	2（2.6）	128（2.1）		
公司职员	6（7.8）	675（11.1）		

续表

人口学变量	ASD 儿童 n（%）	TD 儿童 n（%）	χ^2 值	P 值
事业单位	13（16.9）	550（9.0）		
个体	9（11.7）	1302（21.4）		
工人	3（3.9）	620（10.2）		
学生	0（0.0）	24（0.4）		
农民	21（27.3）	1751（28.8）		
无业	23（29.8）	1029（16.9）		
父亲职业			44.715	0.000
公务员	1（1.3）	235（3.9）		
公司职员	5（6.5）	665（10.9）		
事业单位	11（14.3）	506（8.3）		
个体	7（9.1）	1445（23.8）		
工人	10（13.0）	1018（16.7）		
学生	0（0.0）	24（0.4）		
农民	23（29.9）	1708（28.1）		
无业	20（25.9）	478（7.9）		
母亲精神病史			0.152	0.696
有	0（0.0）	12（0.2）		
无	77（100）	6067（99.8）		
父亲精神病史			28.507	0.000
有	2（2.6）	8（0.1）		
无	75（97.4）	6071（99.9）		

注：表中 ASD 儿童代表孤独症谱系障碍儿童，TD 儿童为正常发展儿童。

用卡方检验对孤独症谱系障碍儿童和正常发展儿童的发育史基本情况进行比较，结果显示：两组儿童在母亲孕期抑郁（$\chi^2 = 4.099$，$p = 0.043$）、分娩情况（$\chi^2 = 27.469$，$p < 0.01$）、儿童出生时症状（$\chi^2 = 44.251$，$p < 0.01$）、分娩胎位（$\chi^2 = 8.074$，$p = 0.018$）、怀孕时长（$\chi^2 = 13.153$，$p = 0.022$）上均存在显著差异，在其他变量上则不存在显著差异，见表 3-4。

表3-4 **孤独症谱系障碍儿童和正常发展儿童发育史情况比较**

发育史变量	ASD儿童 n（%）	TD儿童 n（%）	χ^2值	P值
母亲孕期饮酒			3.650	0.161
否	74（96.1）	5986（98.5）		
少量	2（2.6）	75（1.2）		
经常	1（1.3）	18（0.3）		
母孕期吸烟/根			0.651	0.885
无	77（100）	6028（99.2）		
1—9根	0（0.0）	44（0.7）		
母亲孕期抑郁			4.099	0.043
无	74（96.1）	6002（98.7）		
有	3（3.9）	77（1.3）		
分娩情况			27.469	0.000
正常	62（80.5）	4978（81.9）		
先兆流产	1（1.3）	223（3.7）		
胎膜早破	5（6.5）	570（9.4）		
分娩前严重出血	0（0.0）	72（1.2）		
前置胎盘	4（5.2）	175（2.9）		
阴道感染或出血	5（6.5）	57（0.9）		
儿童出生时症状			44.251	0.000
正常	64（83.1）	4441（73.1）		
胎儿窘迫	0（0.0）	112（1.8）		
脐带绕颈	7（9.1）	1383（22.8）		
缺氧性脑病	2（2.6）	7（0.1）		
高热惊厥	1（1.3）	30（0.5）		
新生儿缺氧	3（3.9）	97（1.6）		
颅内出血	0（0.0）	3（0.1）		
分娩方式			6.025	0.197
自然分娩	37（48.0）	2500（41.1）		
助产钳助产	2（2.6）	47（0.8）		

续表

发育史变量	ASD 儿童 n（%）	TD 儿童 n（%）	χ^2 值	P 值
真空抽吸助产	1（1.3）	82（1.3）		
选择性剖宫产	30（39.0）	3000（49.4）		
紧急性剖宫产	7（9.1）	450（7.4）		
分娩胎位			8.074	0.018
臀位	0（0.0）	191（3.1）		
肩位	2（2.6）	33（0.5）		
正常	75（97.4）	5855（96.3）		
出生时体重/克			4.705	0.789
≤1500	2（2.6）	218（3.6）		
1501—2000	3（3.9）	245（4.0）		
2001—2500	6（7.8）	394（6.5）		
2501—3000	8（10.4）	1045（17.2）		
3001—3500	30（39.9）	2142（35.2）		
3501—4000	23（29.9）	1674（27.5）		
4001—4500	3（3.9）	242（4.0）		
≥4501	2（2.6）	119（2.0）		
怀孕时长/周			13.153	0.022
≤30	0（0.0）	243（4.0）		
31—33	4（5.2）	316（5.2）		
34—36	4（5.2）	739（12.2）		
37—39	21（27.3）	2101（34.6）		
40—42	42（54.5）	2383（39.2）		
≥43	6（7.8）	297（4.9）		

注：表中 ASD 儿童代表孤独症谱系障碍儿童，TD 儿童代表正常发展儿童。

进一步，以是否诊断为孤独症谱系障碍为因变量，以儿童年龄、性别、民族、胎次、父母生育年龄、父母学历、父母职业、父母是否有精神病史、家庭月收入、母亲孕期饮酒、吸烟、抑郁、分娩情况和儿童发育情况等为自变量，通过设置哑变量将所有自变量转换为分类变量并进行 Logistic 回归分析。结果显示：儿童性别为男性、父亲没有精神病史、家庭月收入≤1999 元、母亲怀孕时长为 34—36 周为孤独症谱系障碍患病的相关因素；其中，儿童性别为男性、家庭月收入≤1999 元为危险因素；父亲没有精神病史和怀孕时长为 34—36 周为保护性因素，见表 3-5。

表 3-5　　孤独症谱系障碍儿童患病影响因素的 Logistic 回归分析（Forward 法）

项目	B	S.E.	Wald	df	P 值	OR	95% CI
性别男	1.259	0.328	14.770	1	0.000	3.522	1.853—6.692
父亲没有精神病史	-3.704	1.180	9.860	1	0.002	0.025	0.002—0.249
家庭月收入≤1999 元	2.443	0.791	9.543	1	0.002	11.503	2.442—540179
怀孕时长（34—36 周）	-1.650	0.835	3.908	1	0.048	0.192	0.037—0.986

第五节　讨论

一　儿童孤独症谱系障碍的患病率结果与国外基本一致

本研究中 6—11 岁孤独症谱系障碍儿童的患病率为 124.5/10000（95% CI 96.8/10000—152.1/10000），接近 1%，与近期 Baron-Cohen 等人报告的患病率筛查结果相似。[1] 在本研究中，普通人群中孤独症谱系障碍的患病率为 27.9/10000（95% CI 14.6/10000—41.1/10000）；高比例人群中孤独症谱系障碍的患病率为 65.9%（95% CI 56.7%—75.7%），与 2011 年 Kim 等人在韩国进行的孤独症谱系障碍儿童患病率的筛查研究结果相似。[2] Wan 等人指出：中国的孤独症谱

---

[1] M. D. Kogan, S. J. Blumberg, L. A. Schieve, et al., "Prevalence of parent-reported diagnosis of autism spectrum disorder among children in the US", *Pediatrics*, Vol. 124, No. 5, 2007, pp. 1395-1403; S. Baron-Cohen, F. J. Scott, C. Allison, et al., "Prevalence of autism-spectrum conditions: UK school-based population study", *The British Journal of Psychiatry*, Vol. 194, No. 6, 2009, pp. 500-509.

[2] Y. S. Kim, B. L. Leventhal, Y. J. Koh, et al., "Prevalence of autism spectrum disorders in a total population sample", *American Journal of Psychiatry*, Vol. 168, No. 9, 2011, pp. 904-912.

系障碍患病率一直非常低，为 2.8/10000 到 30.4/10000 之间，较为一致性的患病率大约为 12.8/10000（95% CI 9.4—17.5）。① 与国内先前研究相比，本研究中对孤独症谱系障碍患病率的估计是最高的，与先前 Sun 等人为验证 CAST 量表在中国人群中适用性的研究结果相似，该研究中孤独症谱系障碍的患病率为 119/10000（95% CI 53—365）。②

本研究与国内先前研究在孤独症谱系障碍患病率结果上存在较大差异，具体原因如下：

首先，孤独症谱系障碍的定义在国内非常狭窄。尽管我国对孤独症谱系障碍的关注一直在上升，许多人仍然认为孤独症谱系障碍与精神疾病或智力障碍一样严重或者孤独症谱系障碍就是典型孤独症。从 2000 年至 2016 年，我国已经进行了 31 个关于孤独症谱系障碍患病率的流行病学研究。除了刘靖和王馨等人在研究中涉及了孤独症谱系障碍的其他亚类型之外，③ 我国大部分孤独症谱系障碍患病率的筛查研究主要针对的筛查对象是"典型孤独症"儿童，忽视了孤独症谱系障碍中的其他"轻度"儿童。Sun 等人指出：这些"轻度孤独症谱系障碍"儿童一般被认为存在于普通人群样本中。④ 此外，我国的大部分孤独症谱系障碍患病率筛查研究主要关注幼儿阶段，忽视了学龄阶段儿童。所以，先前国内孤独症谱系障碍患病率的筛查研究结果普遍低于国外结果。在筛查过程中，本研究发现：除了特教学校之外，绝大部分普通学校的教师和相关教育工作人员对孤独症谱系障碍毫无了解，他们认为班级里的"轻度孤独症谱系障碍"儿童是"没有规则

---

① Y. Wan, Q. Hu, T. Li, et al., "Prevalence of autism spectrum disorders among children in China: a systematic review", Shanghai Archives of Psychiatry, Vol. 25, No. 2, 2013, pp. 70 – 80.

② X. Sun, C. Allison, F. E. Matthews, et al., "Exploring the Underdiagnosis and Prevalence of Autism Spectrum Conditions in Beijing", Autism Research, Vol. 8, No. 3, 2015, pp. 250 – 260.

③ 刘靖、杨晓玲、贾美香等：《2004 年北京市 2—6 岁儿童广泛性发育障碍的现况调查》，《中国心理卫生杂志》2007 年第 21 期；王馨、杨文翰、金宇等：《广州市幼儿园儿童孤独症谱系障碍患病率和相关因素》，《中国心理卫生杂志》2011 年第 6 期。

④ X. Sun, C. Allison, F. E. Matthews, et al., "Exploring the Underdiagnosis and Prevalence of Autism Spectrum Conditions in Beijing", Autism Research, Vol. 8, No. 3, 2015, pp. 250 – 260.

意识的、内向的、奇怪的、笨拙的、讨厌的";只要这些儿童没有表现出特别严重的攻击、刻板、自伤或者影响班级日常教学的行为,成绩勉强能跟得上,教师往往会选择忽视这些儿童的存在,很少主动寻求专业帮助。

其次,我国的筛查方法、评估工具及诊断标准相对滞后。早期,大部分孤独症谱系障碍患病率的筛查研究往往通过当地诊所或医院的健康检查进行,由当地社区或居委会的相关人员发放问卷或负责通知参与筛查等事项,这种筛查方法漏诊的比率非常大,且其关注的多是残障程度较为明显的儿童。近期,王馨等人的筛查研究开始通过集体发放问卷,逐一进行专家诊断等方法进行筛查,且将普通人群纳入筛查范围,提高了孤独症谱系障碍的检出率。[①] 我国最普遍使用的筛查工具是《克氏行为量表》《孤独症评定量表》和《孤独症儿童行为核查表》。[②] 这三个量表的使用时间已经超过了30年,而且都不能用来识别普通人群中的"轻度孤独症谱系障碍"个体。另外,国外的孤独症谱系障碍的患病率筛查研究使用的诊断标准主要是《精神疾病诊断与统计手册》(第4版 修订版),而我国的筛查研究诊断标准主要包括《中国精神障碍分类及其诊断标准》(第3版)、《国际疾病分类》(第10版)和《精神疾病诊断与统计手册》(第4版 修订版),且筛查人员资质不一,导致很难对比不同筛查研究的结果。

第三,有效的社会支持是降低孤独症谱系障碍儿童和其他特殊需要儿童的异常行为表现、缓解其不良心理健康水平、提高其学习和生活质量的关键因素。Bishop 和 Hassall 等人的研究结果表明了社会支

[①] 王馨、杨文翰、金宇等:《广州市幼儿园儿童孤独症谱系障碍患病率和相关因素》,《中国心理卫生杂志》2011年第6期。

[②] H. Clancy, A. Dugdalei, J. Rendle-Shortt, "The diagnosis of infantile autism", *Developmental Medicine & Child Neurology*, Vol. 11, No. 4, 1969, pp. 432 – 442; E. Schopler, R. J. Reichler, R. F. DeVellis, K. Daly, "Toward objective classification of childhood autism: Childhood Autism Rating Scale (CARS)", *Journal of Autism and Developmental Disorders*, Vol. 10, No. 1, 1980, pp. 91 – 103; D. A. Krug, J. Arick, P. Almond, "Behavior checklist for identifying severely handicapped individuals with high levels of autistic behavior", *Journal of Child Psychology and Psychiatry*, Vol. 21, No. 3, 1980, pp. 221 – 229.

持对孤独症谱系障碍儿童及其抚养者的重要影响。① Ekas 等人的研究结果显示：对于感知到获得较高水平社会支持的孤独症谱系障碍儿童的母亲来说，朋友和家人提供的支持可以有效降低她们的压力；② Dunn 等人报告：感知到较高水平社会支持的孤独症谱系障碍儿童的母亲会报告较少的与抑郁相关的躯体症状和婚姻问题。③ 我国对孤独症谱系障碍的社会支持体系还没有完全建立。④ 因为社会上存在对孤独症谱系障碍隐形的"不接纳"或"污名化/歧视"，孤独症谱系障碍儿童的父母经常会过度保护自己的孩子，他们害怕让其他人知道孩子的真实情况，害怕自己和孩子承受"异样的"关注。在本研究中，许多孤独症谱系障碍儿童的父母经常逃避、拒绝回答或提供更多儿童的发育史资料，一部分家长盲目认为他们自己的孩子与其他正常发展的孩子没有差异。"轻度孤独症谱系障碍"儿童家长最关心的问题仍然是怎样提高孩子在班级中的学业成绩。鉴于这些"轻度孤独症谱系障碍"儿童在班级中的奇怪表现，许多来自普通学校的教师经常批判、反对、甚至排斥这些儿童随班就读或参与班级正常学习活动，从而引发教师与家长、家长与家长之间的冲突。

二 儿童孤独症谱系障碍的人口学和发育史因素

在孤独症谱系障碍的影响因素上，本研究发现：儿童性别为男性、父亲没有精神病史、家庭月收入≤1999元和怀孕时长为34—36

---

① S. L. Bishop, J. Richler, C. Lord, "Association between restricted and repetitive behaviors and nonverbal IQ in children with autism spectrum disorders", *Child Neuropsychology*, Vol. 12, No. 4 - 5, 2006, pp. 247 - 267; R. Hassall, J. Rose, J. McDonald, "Parenting stress in mothers of children with an intellectual disability: The effects of parental cognitions in relation to child characteristics and family support", *Journal of Intellectual Disability Research*, Vol. 49, No. 6, 2003, pp. 405 - 418.

② N. V. Ekas, D. M. Lickenbrock, T. L. Whitman, "Optimism, social support, and well-being in mothers of children with autism spectrum disorder", *Journal of Autism and Developmental Disorders*, Vol. 40, No. 10, 2010, pp. 1274 - 1284.

③ M. E. Dunn, T. Burbine, C. A. Bowers, et al., "Moderators of stress in parents of children with autism", *Community Mental Health Journal*, Vol. 37, No. 1, 2001, pp. 39 - 52.

④ 钟于玲、谢立春、陈火星：《孤独症儿童家长社会支持需求与现状研究》，《中国计划生育学杂志》2016年第1期。

周是孤独症谱系障碍的相关因素。其中，儿童性别为男性、家庭月收入≤1999元是孤独症谱系障碍儿童患病的风险因素，与王馨、邓琪玮和陈强等的研究结果一致。① 父亲没有精神病史是孤独症谱系障碍的保护性因素，与魏春燕等人的发现一致。② 母亲怀孕时长为34—36周是孤独症谱系障碍的保护性因素，与Maramara等人的研究结果不一致。③

在孤独症谱系障碍儿童中，男孩的数量显著多于女孩已经得到广泛证实。④ 很多研究者试图解释这种显著的性别差异。Robinson认为，女性的性别本身有特殊的保护效应，在症状出现时可以更好地保护自己；⑤ Karen认为女性可以自身防御孤独症谱系障碍；⑥ 但是，这些观点还需要大量实证研究进一步验证。本研究结果显示较低的家庭月收入是孤独症谱系障碍儿童患病的风险因素，与陈强和Rai等人的研究结果一致，⑦ 其原因可能是与高收入家庭相比，低收入家庭没有太多精力关注儿童出生前后的家庭环境、母亲孕期情况、儿童成长过程中

---

① 王馨、杨文翰、金宇等：《广州市幼儿园儿童孤独症谱系障碍患病率和相关因素》，《中国心理卫生杂志》2011年第6期；邓琪玮：《衡阳市学龄前儿童孤独症谱系障碍患病率及相关因素研究》，硕士学位论文，南华大学，2014年；陈强、黄丽霞、徐文娟等：《珠海市1.5—3岁孤独症谱系障碍患病率及危险因素研究》，《中国儿童保健杂志》2014年第6期。

② 魏春艳、周艳、李月华：《儿童孤独症临床高危因素相关研究与进展》，《中国妇幼保健》2012年第7期。

③ L. A. Maramara, W. He, X. Ming, "Pre-and perinatal risk factors for autism spectrum disorder in a New Jersey cohort", *Journal of Child Neurology*, Vol. 29, No. 12, 2014, pp. 1645 – 1651.

④ N. L. Kreiser, S. W. White, "ASD in females: are we overstating the gender difference in diagnosis?", *Clinical Child and Family Psychology Review*, Vol. 17, No. 1, 2014, pp. 67 – 84.

⑤ E. B. Robinson, P. Lichtenstein, H. Anckarsäter, et al., "Examining and interpreting the female protective effect against autistic behavior", *Proceedings of the National Academy of Sciences*, Vol. 110, No. 13, 2013, pp. 5258 – 5262.

⑥ R. Karen, Testosterone may bump autism rates in males, Mental health on NBC news. com, 2011 – 2 – 18.

⑦ 陈强、黄丽霞、徐文娟等：《珠海市1.5—3岁孤独症谱系障碍患病率及危险因素研究》，《中国儿童保健杂志》2014年第6期；D. Rai, G. Lewis, M. Lundberg, et al., "Parental socioeconomic status and risk of offspring autism spectrum disorders in a Swedish population-based study", *Journal of the American Academy of Child & Adolescent Psychiatry*, Vol. 51, No. 5, 2012, pp. 467 – 476.

的教育和抚养等问题，且低收入家庭的父母受教育程度相对较低，无法给儿童提供良好的成长环境，接受或者获得与孤独症谱系障碍相关的额外教育服务和咨询的途径较少。

此外，肖晓等人指出：孤独症儿童父母及其他家庭成员多具有冲动、焦虑、孤僻、过度敏感等人格特质。[①] 在本研究中，父亲没有精神病史是孤独症谱系障碍儿童患病的保护性因素，与冼丹霞等人的研究结果一致，也支持了 Khaiman 等人的研究结果，即孤独症谱系障碍更多可能来自有神经或精神疾病历史的父亲一方，这些儿童受父亲的影响较大。[②] 本研究中另外一个保护性因素是母亲怀孕时长为34—36周，与 Maramara 的研究结果不一致。[③] 其原因可能是本研究各分组变量过少的问题。熊超等人的研究结果表明：过期产和早产是孤独症谱系障碍的危险因素；但是，临床医学领域对于过期产和早产的时间尚存在较大争议，所以此结果在本研究内暂不做深入讨论。[④]

另外，除了在回归分析中得到的影响因素之外，本研究在对比孤独症谱系障碍儿童与正常发展儿童的人口学和发育史资料时，发现孤独症谱系障碍儿童与正常发展儿童在年龄、母亲职业、父亲职业、母亲孕期抑郁、分娩情况、儿童出生时症状、分娩胎位、怀孕时长上均存在显著差异，但是这些变量并没有能进入回归分析。在年龄中，本研究中的孤独症谱系障碍儿童在9—11岁阶段所占比例较大，这是因为孤独症谱系障碍儿童整体认知能力普遍低于正常发展儿童，即使他们能够正常入学，年龄也会比同伴大1—2岁，有些孤独症谱系障碍儿童甚至会因为学业成绩达不到平均水平而被留级。除此之外，肖晓、刘文文、马居飞

---

① 肖晓、杨娜、钱乐琼等：《自闭症儿童父母人格与共情及泛自闭症表型的关系》，《中国临床心理学杂志》2014 年第 1 期。

② 冼丹霞、金宇、谢笑英等：《儿童孤独症发病危险因素的病例对照研究》，《中国儿童保健杂志》2014 年第 1 期；C. Khaiman, K. Onnuam, S. Photchanakaew, et al., "Risk factors for autism spectrum disorder in the Thai population", *European Journal of Pediatrics*, Vol. 174, No. 10, 2015, pp. 1365–1372.

③ L. A. Maramara, W. He, X. Ming, "Pre-and perinatal risk factors for autism spectrum disorder in a New Jersey cohort", *Journal of Child Neurology*, Vol. 29, No. 12, 2014, pp. 1645–1651.

④ 熊超、金迪、刘娜等：《孕产期及新生儿期危险因素与儿童孤独症关系的 meta 分析》，《中国妇幼卫生杂志》2011 年第 5 期。

和 Lyall 等人的研究结果表明：在与孤独症谱系障碍患病率相关的诸多因素中，父亲生育年龄过大、父母的职业、父亲的社交反馈方式、母亲的妊娠周数低于 35 周、母亲的人工流产史、母亲的孕期抑郁、儿童的低出生体量、儿童的过期产、儿童的人工喂养、儿童的新生儿黄疸等都被证明是孤独症谱系障碍儿童患病的危险性因素；[1] 母亲的文化程度较高、母亲的孕期情绪良好、良好的家庭教育方式等因素是孤独症谱系障碍儿童患病的保护性因素。[2] 但是到目前为止，涉及这些因素的病因学研究还没有得出具有因果关系的结论，即这些因素只是相关，并不具有直接的因果关系。因此，未来还需要对孤独症谱系障碍的病因学研究进行深入的探索，以便进一步了解其发生机制。

总体来说，本研究在孤独症谱系障碍患病率影响因素上的结果与先前研究既有相同，也有不同，其原因可能是本研究最后确诊的样本量相对较小，各变量的分组又多，每组例数非常有限，统计学效力不够。所以，本研究中关于危险因素或保护性因素的结果带有偶然性，不足以下结论，未来研究需要扩大样本量，进一步验证这些研究结果。

第六节 结论

第一，我国孤独症谱系障碍儿童在普通人群中患病率为 27.9/10000（95% CI 14.6/10000—41.1/10000），在高比例人群中为 65.9%（95% CI 56.2%—75.7%），总体患病率为 124.5/10000（95% CI 96.8/10000—152.1/10000），与国外筛查研究结果相似。

第二，儿童性别为男性、家庭月收入≤1999 元、怀孕时长为 34—36 个周、父亲没有精神病史为孤独症谱系障碍儿童的相关因素。

---

[1] 肖晓、杨娜、钱乐琼等：《自闭症儿童父母人格与共情及泛自闭症表型的关系》，《中国临床心理学杂志》2014 年第 1 期；刘文文、杨曹骅、张林娜等：《父母生育年龄及围生期因素与孤独症的关系》，《临床精神医学杂志》2013 年第 5 期。

[2] 马居飞、匡桂芳、衡中玉、赵永生、马爱国、韩秀霞：《孤独症谱系障碍病因影响因素分析》，《中国儿童保健杂志》2015 年第 6 期；K. Lyall, J. N. Constantino, M. G. Weisskopf, et al., "Parental social responsiveness and risk of autism spectrum disorder in offspring", $JAMA\ Psychiatry$, Vol. 71, No. 8, 2014, pp. 936–942.

第四章　研究2：孤独症谱系障碍儿童社会规则的认知特点

第一节　研究目的

在研究1的基础上，基于社会认知领域理论，在控制生理年龄、性别和言语能力（Verbal Intelligence Quotient，VIQ）的条件下，采用问题—故事法深入了解轻度孤独症谱系障碍儿童社会规则的认知特点，描述该类儿童与正常发展儿童在社会规则认知上的差异。具体研究目的如下：

1. 轻度孤独症谱系障碍儿童是否可以在允许性、严重性、权威依赖性和普遍性这4个判断标准上识别道德规则、习俗规则和个人规则，他们的判断标准与判断理由是否与正常发展儿童有显著差异。

2. 通过失言任务考察心理理论发展水平是否与轻度孤独症谱系障碍儿童识别道德规则、习俗规则和个人规则的能力有关系。

第二节　研究假设

1. 轻度孤独症谱系障碍儿童可以在允许性、严重性、权威依赖性和普遍性这4个判断标准上识别道德规则、习俗规则和个人规则；除了严重性之外，轻度孤独症谱系障碍儿童的判断标准与正常发展儿童无显著差异。

2. 轻度孤独症谱系障碍儿童与正常发展儿童在道德规则、习俗规则和个人规则的合理性的解释上存在显著差异。

3. 轻度孤独症谱系障碍儿童的社会规则判断标准中的严重性与心理理论发展水平显著相关。

第三节 研究方法

一 研究对象

共有 38 名儿童参与本研究，其中 19 名轻度孤独症谱系障碍儿童，19 名正常发展儿童。在 19 名轻度孤独症谱系障碍儿童中，17 名来自研究 1 中的普通小学，2 名来自特教机构（平时在其他地区普通小学就读，假期在特教机构接受感统训练）；19 名正常发展儿童（研究 1 中已经排除了正常发展儿童患有精神病理或神经障碍）为控制组，全部来自普通小学。所有轻度孤独症谱系障碍儿童均获得临床诊断，并且与正常发展儿童在生理年龄、性别、言语能力（VIQ）上要达到匹配。所有参与本研究的儿童的母语均为汉语，视力和听力正常，都要接受认知能力测验，且一般认知能力测验结果要在 70 分以上。匹配结果显示：整体上，轻度孤独症谱系障碍儿童与正常发展儿童在性别（$\chi^2 = 0.230$，$p = 0.631$）、生理年龄（$t = 0.008$，$p = 0.994$）和言语能力（$t = -1.041$，$p = 0.305$）上均没有显著差异，达到了匹配标准。本研究被试基本人口学变量和认知能力测验结果见表 4 - 1。

表 4 - 1 两组儿童基本人口学变量和认知能力测验得分的基本情况

人口学及认知能力测验	ASD 儿童（$n=19$）			TD 儿童（$n=19$）		
	Mean	*SD*	*Range*	*Mean*	*SD*	*Range*
性别（男：女）	16：3			17：2		
生理年龄	9.6	2.2	6.4—13.0	9.6	2.1	6.2—12.3
认知能力（IQ）	92.8	11.0	71—118	97.8	10.8	78—124
言语能力（VIQ）	93.6	11.7	70—111	97.2	9.7	83—116
操作能力（PIQ）	90.4	9.3	72—104	99.3	12.6	75—130

注：表中 ASD 儿童代表孤独症谱系障碍儿童，TD 儿童代表正常发展儿童。

二 研究工具

（一）社会规则任务

以社会认知领域理论所给出的分类标准为基础，基于学龄儿童日常学习生活，参考 Nucci、Zalla、Shulman 等人和肖丽华等人在研究中使用的材料，选择9个学龄儿童非常熟悉的社会规则事件，包括3个道德规则事件，3个习俗规则事件，3个个人规则事件。[①] 3个道德规则事件包括"一个儿童偷偷改考试分数、一个儿童打另一个儿童、一个儿童偷钱"；3个习俗规则事件包括"两个儿童本应该认真听课却笑出声音、穿睡衣去学校、叫校长的大名"；3个个人规则事件包括"自己报名参加画画小组、喜欢粉色、喜欢自己玩"。所有社会规则事件都配有相应图片辅助儿童理解，见附录4。

道德规则事件涉及影响他人利益、伤害他人感情，习俗规则事件涉及社会秩序和社会规范。因此，本研究中的道德规则事件和习俗规则事件都属于违规行为。个人规则事件涉及个人喜好和个人选择，由主人公自己决定该行为是否可以接受。每个社会规则事件之后都要跟随关于允许性、严重性、合理性、普遍性和权威依赖性的问题。其中，允许性、严重性、普遍性和权威依赖性是社会规则任务的判断标准，对合理性的解释则是社会规则任务的判断理由。

例如，在一个道德规则故事中，给被试展现故事和问题。小明今天数学测验没及格，他偷偷把分数改成了98分，然后才把成绩单交给了爸爸和妈妈。

①小明偷偷改分数的做法好吗？（允许性）

②小明这种偷偷改分数的做法有多不好？（严重性）

[①] L. Nucci, E. Turiel, "Capturing the complexity of moral development and education", *Mind, Brain, and Education*, Vol. 3, No. 3, 2009, pp. 151 – 159; T. Zalla, L. Barlassina, M. Buon, M. Leboyer, "Moral judgment in adults with autism spectrum disorders", *Cognition*, Vol. 121, No. 1, 2011, pp. 115 – 126; C. Shulman, A. Guberman, N. Shiling, N. Bauminger, "Moral and social reasoning in autism spectrum disorders", *Journal of Autism and Developmental Disorders*, Vol. 42, No. 7, 2012, pp. 1364 – 1376; 肖丽华：《8—17岁儿童道德、习俗和个人领域认知的发展研究》，硕士学位论文，南京师范大学，2013年。

③为什么小明这样做不好？（合理性）

④如果小明这种偷偷改分数的做法发生在美国或者其他地方，你认为对不对？（普遍性）

⑤如果老师说，任何数学测验不及格的同学都可以偷偷改分数，你认为小明可以这样做吗？（权威依赖性）

使用 Zalla 等研究者在先前研究中使用的计分标准对被试的反馈进行计分。① 社会规则判断标准的计分方法如下：在问题1（允许性）中采取2点计分（0—1），维度累计分数为0—3；问题2通过1—7编码，考虑到违规的严重性，每个维度的累计分数范围为0—21；问题4（普遍性）采取5点计分（0—4），维度累计分数为0—12；问题5（权威依赖性）采取3点计分（0—2），维度累计分数分别为0—6。在合理性上，要根据被试给出的理由进行编码，编码标准参考 Yau 和肖丽华等人的先前研究。②

（二）认知能力测验

采用林传鼎等修订的《中国韦氏儿童智力测验》了解孤独症谱系障碍儿童的认知能力水平。③ 该智力测验适用年龄范围为6—16岁，可以提供总智商（Full intelligence quotient，FIQ）、言语智商（Verbal intelligence quotient，VIQ）、操作智商（Performance intelligence quotient，PIQ）以及常识、类同、算术、词汇、理解、填图、排列、积木、拼图、译码十个分测验分数，能反映儿童一般认知能力的整体和各个侧面，具有较高的信度。④

---

① T. Zalla, L. Barlassina, M. Buon, M. Leboyer, "Moral judgment in adults with autism spectrum disorders", *Cognition*, Vol. 121, No. 1, 2011, pp. 115 – 126.

② J. Yau, J. G. Smetana, "Conceptions of moral, social-conventional, and personal events among Chinese preschoolers in Hong Kong", *Child Development*, Vol. 74, No. 3, 2003, pp. 647 – 658；肖丽华：《8—17岁儿童道德、习俗和个人领域认知的发展研究》，硕士学位论文，南京师范大学，2013年。

③ 林传鼎、张厚粲：《韦氏儿童智力量表中国修订本测验指导书》，北京师范大学心理测量中心，1986年版。

④ 张海丛、许家成、方平、张旭、李长青：《韦氏儿童智力测验与认知评估系统对轻度智力障碍儿童测试的比较分析》，《中国特殊教育》2010年第2期。

（三）儿童心理理论任务

失言识别任务改编自 Zalla 和刘希平等人在研究中使用的实验材料，共包括两个故事，每个故事后附有 8 个问题；① 其中，问题 1 至问题 4 是失言问题，问题 5 和问题 6 则主要考察儿童对移情的理解，其余 2 个问题是控制性问题。该任务可以用来测量 7—11 岁儿童的心理理论水平。每正确回答一个问题计 1 分，控制问题不计分，见附录 5。②

例如：丽丽买了一个玻璃杯送给好朋友飞飞作为生日礼物，飞飞过生日时收到了许多礼物。过了很长时间，丽丽去飞飞家玩。她不小心把桌子上的玻璃杯打碎了。丽丽说："对不起，我把玻璃杯打碎了。"飞飞说："没关系，我根本不喜欢那个杯子，那是别人给我的生日礼物。"

在呈现完故事后，主试提问被试：

①是否有人说了不该说的话？（该问题考察了儿童对失言情境的觉察能力）

②谁说了不该说的话？（该问题考察了儿童对失言情境的理解能力）

③为什么他不该说？（要求儿童理解听话者的心理状态）

④飞飞为什么会这么说？（要求儿童理解说话者的心理状态）

⑤飞飞记得那个玻璃杯是丽丽送的吗？（考察儿童对行为意图归因的理解）

⑥你认为丽丽会有怎样的感受？（要求儿童发生移情）

此外，为了帮助儿童加深对故事的理解，主试可适当提问被试一些关于故事细节的问题，如丽丽送了飞飞什么作为生日礼物。

三 研究程序

所有被试都在各自学校或机构中一个安静的房间里进行测试

---

① T. Zalla, A. M. Sav, A. Stopin, et al., "Faux pas detection and intentional action in Asperger Syndrome. A replication on a French sample", *Journal of Autism and Developmental Disorders*, Vol. 39, No. 2, 2009, pp. 373–382.

② 刘希平、安晓娟：《研究心理理论的新方法——失言识别任务》，《心理科学进展》2010 年第 3 期。

（因为要筛查匹配组儿童，一般认知能力测验要提前一周完成）。失言识别任务和社会规则任务故事都要伴随出示相应图片，以便辅助儿童理解故事内容。故事的顺序要随机呈现，2个失言识别故事和3个社会规则事件类型的顺序要保持平衡。在描述完失言识别任务和社会规则事件后，主试要询问被试失言识别任务和社会规则任务的相关问题。

整个访谈过程由两名主试完成，一名主试负责给儿童讲故事、提问题；另一名主试负责记录儿童在整个访谈过程中的反馈，并对整个访谈过程给予录音，以确保后期计分和编码的准确性。

四 数据整理

访谈结束后，由两名主试共同检查访谈录音和访谈记录，将访谈录音转译为电子文字版，进一步核对儿童的反馈，然后分别对儿童的合理性反馈进行编码。编码类别见表4-2。

表4-2　　　　　　　　合理性解释的编码类别

编码类别	内容	例子
他人利益和公平	行为是错误的，会影响他人，包括身体伤害，心理伤害，失去或消极的情感或不公平，不公正	他会受伤，他会伤心
避免惩罚和权威禁止	行为是错误的，会违反规则，包括主人公会遇到的问题或权威禁止或违反现存标准	会被爸爸揍，上课要认真听讲
习俗行为和社会规范	行为是错误的，会违反规则，包括在礼仪、地位和文化要求上不合适	不尊重，不礼貌
个人选择	能认知到行为是个人的，包括任何涉及个人选择和个人偏好的行为	自己做主，想自己玩就自己玩
实用性结果或谨慎	能认识到行为是个人的，但会考虑个人选择可能带来的后果	一个人玩没意思，别人不会理他

续表

编码类别	内容	例子
简单重复	简单重复故事内容,不清楚原因,但可以认识到行为是不好的,包括任何重复事件内容的陈述	偷偷改就不行,上课笑
异常反应	其他异常反馈,包括儿童没有反应,说不知道或者给出无关理由	不知道

对每个理由的类别要给出两个反馈,分别计为 1 分和 0 分。1 分进入该分类,0 分则不进入该类别,整理各个类别后获得每个合理性解释类别的反馈分数。由两个独立的编码者对儿童给出的合理性解释进行评分,评分者内部一致性信度较高(道德事件为 89.3%,习俗事件为 98.1%,个人事件为 91.8%)。

五 统计分析

符合参数检验条件的用参数检验,不符合参数检验条件的用非参数检验对数据进行分析,所有分析采用 SPSS 16.0 进行。

第四节 结果与分析

一 孤独症谱系障碍儿童社会规则的判断标准

轻度孤独症谱系障碍儿童和正常发展儿童在 3 个社会规则事件类型的判断标准上的平均数和标准差已经在表 4-3 中列出。

表 4-3　　两组儿童在社会规则事件类型上的判断标准的平均数(标准差)

判断标准	道德		习俗		个人	
	ASD 儿童	TD 儿童	ASD 儿童	TD 儿童	ASD 儿童	TD 儿童
允许性	3.0 (0.0)	3.0 (0.0)	3.0 (0.0)	2.9 (0.2)	2.9 (0.2)	2.7 (0.6)
严重性	19.6 (2.0)	19.1 (3.1)	18.2 (3.6)	17.9 (3.6)	16.1 (4.7)	13.2 (5.3)

续表

判断 标准	道德		习俗		个人	
	ASD 儿童	TD 儿童	ASD 儿童	TD 儿童	ASD 儿童	TD 儿童
普遍性	10.8 (2.0)	10.7 (1.3)	10.5 (2.3)	10.4 (2.3)	9.5 (2.6)	8.5 (3.2)
权威性	5.3 (1.1)	4.9 (1.3)	5.4 (1.6)	4.4 (2.2)	4.5 (1.7)	3.2 (2.4)

注：表中 ASD 儿童代表孤独症谱系障碍儿童，TD 儿童代表正常发展儿童。

其中，允许性是 2 点计分（0，1），为非正态分布，所以需要采用非参数检验。在允许性上，非参数卡方检验显示，轻度孤独症谱系障碍儿童和正常发展儿童的组间（$\chi^2 = 2.273$，$p = 0.321$）不存在显著差异；Friedman test 揭示两组儿童在 3 个社会规则事件类型（$\chi^2 = 9.5$，$p = 0.009$）上存在显著差异；Wilcoxon Signed Ranks test 进一步配对比较显示：三个社会规则事件类型之间的显著差异是因为个人违规（$z = -2.236$，$p = 0.025$）显著比习俗违规（$z = -2.236$，$p = 0.025$）和道德违规（$z = -2.121$，$p = 0.0034$）更可以被允许，习俗违规和道德违规（$z = -1.0$，$p = 0.317$）之间没有发现存在显著差异。

在严重性上，T 检验结果显示：两组儿童在严重性总分（$t = 31.793$，$p < 0.01$）、习俗违规（$t = 31.294$，$p < 0.01$）和个人违规（$t = 17.467$，$p < 0.01$）严重性的分数上均存在显著差异；Mann-Whitney U tests 结果显示：两组儿童在道德违规（$z = 0.641$，$p = 0.521$）上的严重性分数（$z = 1.710$，$p = 0.091$）不存在显著差异。使用 Friedman test 分别对比严重性分数的组内模式，比较道德规则、习俗规则和个人规则场景下的严重性判断分数，轻度孤独症谱系障碍儿童（$\chi^2 = 17.472$，$p < 0.01$）存在显著差异；正常发展儿童（$\chi^2 = 24.947$，$p < 0.01$）存在显著差异，两组儿童都认为在严重性上，道德违规最严重，习俗违规其次，最后是个人违规。

在普遍性上，T 检验结果显示：两组儿童在普遍性总分（$t = 0.659$，$p = 0.492$）和个人违规（$t = 1.781$，$p = 0.083$）普遍性的分数上均不存在显著差异；Mann-Whitney U tests 结果显示：两组儿童在道德违规（$z=1.160$，$p=0.246$）和习俗违规（$z=0.065$，$p=0.948$）上的普遍性分数也不存在显著差异。使用 Friedman test 分别对比两组儿童普遍性分数的组内模式，比较道德违规、习俗违规和个人违规上的普遍性分数，轻度孤独症谱系障碍儿童（$\chi2=7.091$，$p=0.029$）存在显著差异；正常发展儿童（$\chi2=12.491$，$p=0.002$）存在显著差异，两组儿童都认为道德违规更不普遍，其次是习俗违规，最后是个人违规。

在权威依赖性上，T 检验结果显示：两组儿童在权威依赖性总分（$t=1.866$，$p=0.071$）上不存在显著差异；Mann-Whitney U tests 结果显示：两组儿童在道德违规（$z=1.013$，$p=0.31$）、习俗违规（$z=1.696$，$p=0.090$）和个人违规（$z=1.741$，$p=0.082$）上的权威依赖性分数也不存在显著差异。使用 Friedman test 分别对比两组儿童权威依赖性分数的组内模式，比较道德违规、习俗违规和个人违规上的权威依赖性分数，轻度孤独症谱系障碍儿童（$\chi2=7.350$，$p=0.025$）存在显著差异，认为习俗违规更不依赖权威，其次是道德违规，最后是个人违规；正常发展儿童（$\chi2=13.830$，$p=0.001$）存在显著差异，认为道德违规更不依赖权威，其次是习俗违规，最后是个人违规。

二 孤独症谱系障碍儿童社会规则的合理性解释

在本研究中，道德违规事件中的理由可分为"他人利益和公平、避免惩罚和权威禁止、习俗行为和社会规范、个人选择、简单重复和异常反应"6 类，如图 4-1a 所示。

轻度孤独症谱系障碍儿童与正常发展儿童在道德违规事件中给出的涉及他人利益和公平的理由所占比例最高，其次是避免惩罚和权威禁止，然后是习俗和社会规范。需要特别注意的是，轻度孤独症谱系障碍儿童并没有给出涉及个人选择的理由，而正常发展儿童给出的理由中却有 3% 涉及了个人选择。在道德违规事件上，轻度孤独症谱系障碍儿童和正常发展儿童差异较大的理由是简单重复和异常反应。轻度孤独症谱系障碍儿童给出的简单重复为 19%，异常反应为 16%；

正常发展儿童给出的简单重复为9%，异常反应为5%。Mann-Whitney U tests结果显示：轻度孤独症谱系障碍儿童和正常发展儿童在所有给出的理由类别上均不存在显著差异：他人利益和公平（$z = -1.069$, $p = 0.285$）、避免惩罚和权威禁止（$z = 0.128$, $p = 0.898$）、习俗行为和社会规范（$z = -1.279$, $p = 0.201$）、个人选择（$z = 1.434$, $p = 0.152$）、简单重复（$z = 1.427$, $p = 0.154$）、异常反应（$z = 1.560$, $p = 0.119$）。

ASD儿童

- 异常反应，16%
- 他人利益和公平，26%
- 简单重复，19%
- 习俗行为和社会规范，16%
- 避免惩罚和权威禁止，23%

TD儿童

- 简单重复，9%
- 异常反应，5%
- 个人选择，3%
- 他人利益和公平，34%
- 习俗行为和社会规范，24%
- 避免惩罚和权威禁止，25%

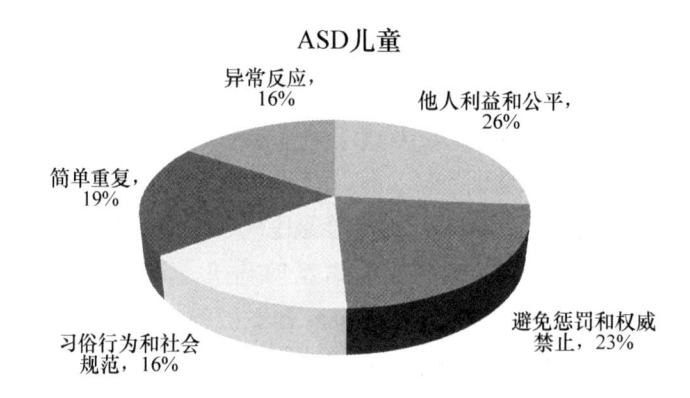

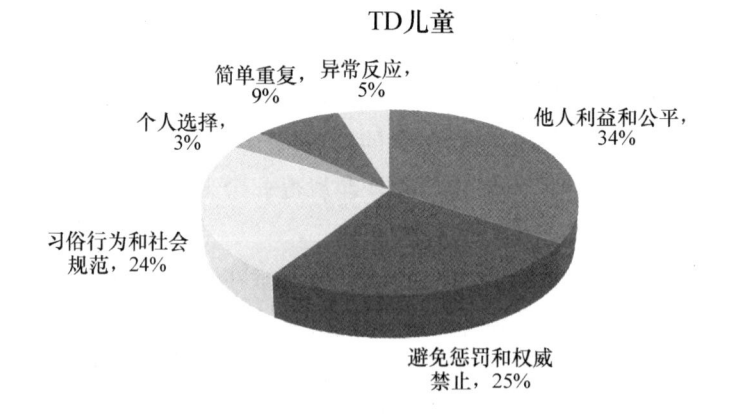

图4-1a　两组儿童在道德违规上给出的合理性理由

注：ASD儿童代表孤独症谱系障碍儿童，TD儿童代表正常发展儿童。

习俗违规事件中的理由可分为"他人利益和公平、避免惩罚和权威禁止、习俗行为和社会规范、个人选择、实用性结果和谨慎、简单重复和异常反应"7类,如图4-1b所示。轻度孤独症谱系障碍儿童与正常发展儿童在习俗违规理由中涉及习俗行为和社会规范的理由所占比例最高,轻度孤独症谱系障碍儿童为33%,正常发展儿童为62%,存在较大差异。简单重复和异常反应的差异较大。轻度孤独症谱系障碍儿童的简单重复占22%,异常反应占8%;正常发展儿童的简单重复占3%,异常反应占5%。在两组儿童给出的理由中,他人利益和公平所占比例不大,分别为14%和10%;避免惩罚和权威禁止所占比例差异不大,分别为21%和16%。需要特别注意的是,轻度孤独症谱系障碍儿童给出的实用性结果和谨慎所占比例为2%,正常发展儿童给出的个人选择所占比例为4%。Mann-Whitney U tests结果显示:轻度孤独症谱系障碍儿童和正常发展儿童在他人利益和公平($z=0.865$,$p=0.384$)、避免惩罚和权威禁止($z=0.443$,$p=0.658$)、个人选择($z=1.434$,$p=0.152$)、实用性结果和谨慎($z=1$,$p=0.317$)、异常反应($z=0.069$,$p=0.945$)这5个理由类别上均不存在显著差异,仅在简单重复($z=2.584$,$p=0.01$)上存在显著性差异。T检验显示:两组儿童的习俗和社会规范($t=-0.302$,$p=0.004$)也存在显著差异。

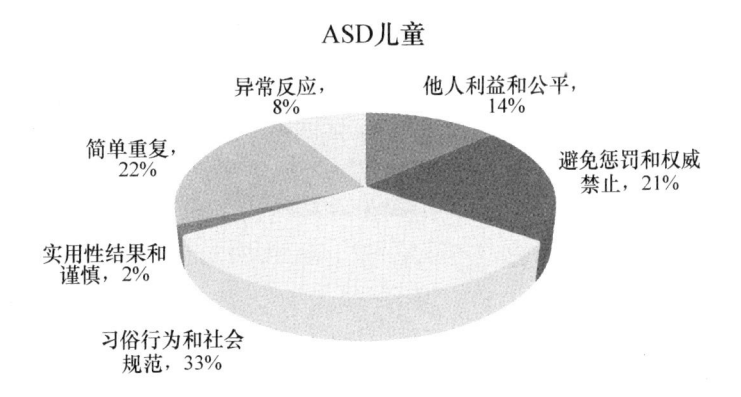

ASD儿童

- 异常反应,8%
- 他人利益和公平,14%
- 简单重复,22%
- 避免惩罚和权威禁止,21%
- 实用性结果和谨慎,2%
- 习俗行为和社会规范,33%

TD儿童

- 他人利益和公平，10%
- 避免惩罚和权威禁止，16%
- 习俗行为和社会规范，62%
- 个人选择，4%
- 简单重复，3%
- 异常反应，5%

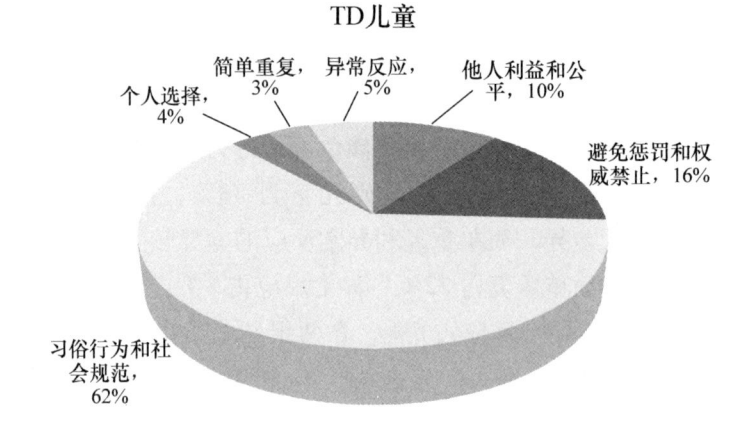

图4-1b 两组儿童在习俗违规上给出的合理性理由

注：ASD 儿童代表孤独症谱系障碍儿童，TD 儿童代表正常发展儿童。

个人违规事件中的理由可分为"他人利益和公平、避免惩罚和权威禁止、习俗行为和社会规范、个人选择、实用性结果和谨慎、简单重复和异常反应"7类，如图4-1c所示。轻度孤独症谱系障碍儿童与正常发展儿童的实用性结果和谨慎所占比例相似，分别为23%和21%；个人选择所占比例相似，分别为9%和12%；习俗行为和社会规范所占比例相等，都是10%；避免惩罚和权威禁止所占比例差异较大，分别为17%和35%；简单重复所占比例存在差异，分别为16%和11%；异常反应所占比例差异较大，分别为25%和9%。需要特别注意的是，轻度孤独症谱系障碍儿童并没有提到他人利益和公平，而正常发展儿童却提到了该理由类别，所占比例为2%。Mann-Whitney U tests 结果显示：轻度孤独症谱系障碍儿童和正常发展儿童在所有给出的理由类别上均不存在显著差异：他人利益和公平（$z=1$, $p=0.317$）、避免惩罚和权威禁止（$z=1.954$, $p=0.051$）、习俗行为和社会规范（$z=0$, $p=1$）、个人选择（$z=0.472$, $p=0.637$）、实用性结果和谨慎（$z=0.098$, $p=0.922$）、异常反应（$z=1.561$, $p=0.119$）、简单重复（$z=0.733$, $p=0.463$）。

第四章 研究2：孤独症谱系障碍儿童社会规则的认知特点

ASD儿童

- 异常反应，25%
- 避免惩罚和权威禁止，17%
- 习俗行为和社会规范，10%
- 个人选择，9%
- 实用性结果和谨慎，23%
- 简单重复，16%

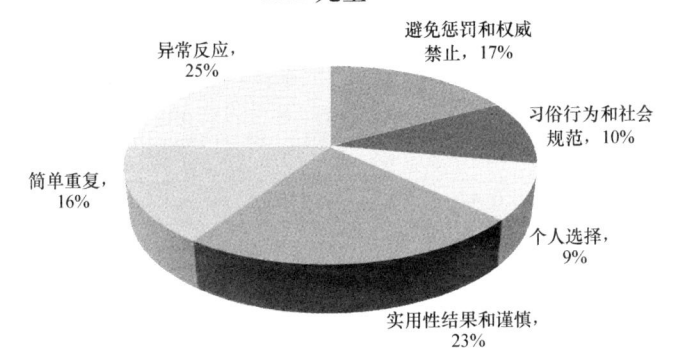

TD儿童

- 异常反应，他人利益和公平，2%
- 简单重复，11%
- 避免惩罚和权威禁止，35%
- 习俗行为和社会规范，10%
- 个人选择，12%
- 实用性结果和谨慎，21%
- 异常反应，9%

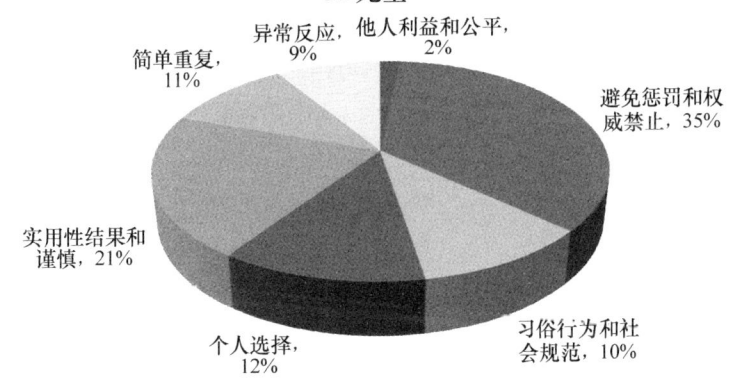

图4-1c　两组儿童在习俗违规上给出的合理性理由

注：ASD儿童代表孤独症谱系障碍儿童，TD儿童代表正常发展儿童。

两组儿童在三个社会规则类型上给出的合理性理由的平均数、标准差和反馈得分见表4-4。

表4-4　两组儿童的合理性理由的平均数、标准差和反馈得分

合理性理由		ASD儿童（$n=26$）			TD儿童（$n=29$）		
		Mean	*SD*	*Responses*	*Mean*	*SD*	*Responses*
他人利益和公平	道德	0.8	0.9	15	1.1	0.9	20
	习俗	0.4	0.5	8	0.3	0.6	6
	个人	0.0	0.0	0	0.5	0.2	1

续表

合理性理由		ASD 儿童（$n=26$）			TD 儿童（$n=29$）		
		Mean	SD	Responses	Mean	SD	Responses
避免惩罚和权威禁止	道德	0.7	0.8	13	0.8	1.0	15
	习俗	0.6	0.8	12	0.5	0.5	9
	个人	0.5	0.8	10	1.1	0.8	20
习俗行为和社会规范	道德	0.5	0.8	9	0.7	0.8	14
	习俗	1	0.8	19	1.9	1.0	36
	个人	0.3	0.5	6	0.3	0.5	6
个人选择	道德	0	0	0	0.1	0.3	2
	习俗	0	0	0	0.1	0.3	2
	个人	0	0	5	0.4	0.9	7
实用性结果和谨慎	道德	0	0	0	0	0	0
	习俗	0.1	0.2	1	0	0	0
	个人	0.7	0.8	13	0.6	0.6	12
简单重复	道德	0.6	0.8	11	0.3	0.6	5
	习俗	0.7	0.8	13	0.1	0.3	2
	个人	0.5	0.7	9	0.3	0.6	6
其他	道德	0.5	0.8	9	0.2	0.5	3
	习俗	0.3	0.7	5	0.2	0.4	3
	个人	0.7	1.0	14	0.3	0.5	5

进一步，使用 Friedman test 分别对比两组儿童提供的所有理由在三个社会规则事件类型内的组内模式，比较所有理由在道德违规、习俗违规和个人违规上的差异。

在他人利益和公平上，轻度孤独症谱系障碍儿童（$\chi2 = 13.087$，$p = 0.001$）在规则类型上存在显著差异，正常发展儿童（$\chi2 = 19.870$，$p < 0.01$）在规则类型上存在显著差异。两组儿童在该理由上给出的反馈都是在道德违规上最多，其次是习俗违规，最后是个人违规。在避免惩罚和权威禁止上，轻度孤独症谱系障碍儿童在规则类型上（$\chi2 = 0.950$，$p = 0.622$）不存在显著差异，正常发展儿童

($\chi^2 = 7.240$，$p = 0.027$）在规则类型上存在显著差异；正常发展儿童在该理由上给出的反馈在个人违规上最多，其次是道德违规，最后是习俗违规。

在习俗行为和社会规范上，轻度孤独症谱系障碍儿童（$\chi^2 = 9.686$，$p = 0.008$）在规则类型上存在显著差异，正常发展儿童（$\chi^2 = 22.525$，$p < 0.01$）在规则类型上存在显著差异；两组儿童在该理由上给出的反馈都在习俗违规上最多，其次是道德违规，最后是个人违规。在个人选择上，轻度孤独症谱系障碍儿童（$\chi^2 = 10.0$，$p = 0.007$）在规则类型上存在显著差异，他们在该理由上给出的反馈在个人违规上最多，习俗违规和道德违规一致；正常发展儿童（$\chi^2 = 2.0$，$p = 0.368$）则在规则类型上不存在显著差异。

在实用性结果和谨慎上，轻度孤独症谱系障碍儿童（$\chi^2 = 16.545$，$p < 0.01$）在规则类型上存在显著差异，正常发展儿童组（$\chi^2 = 22.0$，$p < 0.01$）在规则类型上存在显著差异；两组儿童在该理由上给出的反馈都在个人违规上最多；有趣的是，在轻度孤独症谱系障碍儿童给出的反馈中，习俗违规的反馈要多于道德违规；而正常发展儿童在道德违规和习俗违规上给出的反馈则没有差异。

在简单重复上，轻度孤独症谱系障碍儿童（$\chi^2 = 2.214$，$p = 0.33$）和正常发展儿童（$\chi^2 = 2.545$，$p = 0.280$）在规则类型上均不存在显著差异。在异常反馈上，轻度孤独症谱系障碍儿童（$\chi^2 = 6.686$，$p = 0.035$）在规则类型上存在显著差异，他们在该理由上给出的反馈在个人违规上最多，其次是道德违规，最后是习俗违规；正常发展儿童组（$\chi^2 = 1.182$，$p = 0.554$）则在规则类型上不存在显著差异。

三 孤独症谱系障碍儿童社会规则的判断与心理理论之间的关系

两组儿童在失言识别任务上的得分基本情况见表4-5。T检验结果显示：轻度孤独症谱系障碍儿童在失言识别任务总分上的表现显著低于正常发展儿童（$t = -2.633$，$p = 0.012$）；在失言任务的各维度上，轻度孤独症谱系障碍儿童在对失言情境的觉察能力（$t = -0.68$，$p = 0.501$）、理解能力（$t = -1.508$，$p = 0.140$），理解听话者的心理状态（$t = -1.96$，$p = 0.058$）和移情（$t = -1.04$，$p = 0.305$）上均不存在显著差异；但是，两组儿童在理解说话者的心理状态（$t = -2.165$，$p = 0.037$）和意图（$t = -2.029$，$p = 0.05$）上存在显著差异，轻度孤独症谱系障碍儿童得分显著低于正常发展儿童。

表4-5　　两组儿童在失言识别任务上的平均数和标准差

	ASD 儿童			TD 儿童		
	Mean	SD	Range	Mean	SD	Range
失言任务（TOM）	5.7	2.4	0—9	7.7	2.3	3—10
探测	1.7	0.6		1.8	0.4	
理解	1.5	0.6		1.7	0.5	
说者心理状态	0.4	0.7		0.9	0.8	
听者心理状态	0.3	0.5		0.6	0.7	
意图	0.7	0.7		1.2	0.7	
移情	1.2	0.9		1.5	0.7	

注：表中 ASD 儿童代表孤独症谱系障碍儿童，TD 儿童代表正常发展儿童。

对失言识别任务总分及其维度分数和社会规则类型（道德、习俗、个人）判断标准中的严重性分数进行相关分析，轻度孤独症谱系障碍儿童对失言情境的理解能力（$r = 0.467$，$p = 0.044$）和失言识别任务总分（$r = 0.473$，$p = 0.041$）与道德违规中的严重性存在显著相关。正常发展儿童对失言情境的觉察（$r = 0.333$，$p = 0.041$）、对失言情境的理解能力（$r = 0.396$，$p = 0.014$）与严重性总分存在显著相关；正常发展儿童的失言任务总分与道德违规（$r = 0.383$，$p = 0.017$）和习俗违规（$r = 0.342$，$p = 0.036$）中的严重性存在显著相关。

第五节　讨论

一　孤独症谱系障碍儿童社会规则的判断标准

社会规则的三个领域起源不同，分别构建于不同的社会互动系统。① Avolio 等很多研究者支持社会认知领域理论对儿童社会规则的划分。② 该主题也成为孤独症谱系障碍儿童社交互动研究领域内的热点之一。③ 但是，先前研究仅仅探索了孤独症谱系障碍儿童的道德规则和习俗规则在判断标准上的认知发展特点，并没有对其个人规则认知进行考察。

本研究除了探索轻度孤独症谱系障碍儿童的道德违规和习俗违规在判断标准上的差异之外，把个人违规事件引入进来，从社会领域理论的角度整体上考察轻度孤独症谱系障碍儿童与正常发展儿童在社会规则认知上存在的不同。研究结果显示：轻度孤独症谱系障碍儿童可以识别并区分3种类型的社会规则，他们在允许性、普遍性和权威依赖性这3个判断标准上与正常发展儿童都不存在显著的组间差异，但是在严重性上存在显著的组间差异，他们认为违规行为更严重，支持了 Zalla 等人在 2011 年的研究结果。④ 有趣的是，在道德违规上，轻度孤独症谱系障碍儿童与正常发展儿童对严重性判断上的这种组间差异却消失了，其原因可能是由于两组儿童对三个领域社会规则事件的移情反应和心理理论能力不同所致。Davis 指出：认知移情和情感移情代表了个体移情系统中两个既独立又相关的成分。⑤ Baron-Cohen 等研究者认为：认知移情是理解他人观点或感觉的能力，而心理理论则是归因他人意图和信念的能力，心理理论可以看作认知

---

① J. G. Smetana, N. Schlagman, P. W. Adams, "Preschool children's judgments about hypothetical and actual transgressions", *Child Development*, Vol. 64, No. 1, 1993, pp. 202 – 214.

② B. J. Avolio, M. Rotundo, F. O. Walumbwa, "RETRACTED: Early life experiences as determinants of leadership role occupancy: The importance of parental influence and rule breaking behavior", *The Leadership Quarterly*, Vol. 20, No. 3, 2009, pp. 329 – 342.

③ C. Shulman, A. Guberman, N. Shiling, N. Bauminger, "Moral and social reasoning in autism spectrum disorders", *Journal of Autism and Developmental Disorders*, Vol. 42, No. 7, 2012, pp. 1364 – 1376.

④ T. Zalla, L. Barlassina, M. Buon, M. Leboyer, "Moral judgment in adults with autism spectrum disorders", *Cognition*, Vol. 121, No. 1, 2011, pp. 115 – 126.

⑤ M. H. Davis, "A multidimensional approach to individual differences in empathy", *JSAS Catalog of Selected Documents in Psychology*, 1980, Vol. 10, p. 85.

移情的基本成分。① 轻度孤独症谱系障碍个体存在的心理理论缺陷更可能与他们的认知移情缺陷有关，而对社会规则事件中情感线索的移情以让他们在判断标准上区分三个领域的规则。

另外，与正常发展儿童相比，轻度孤独症谱系障碍儿童认为习俗违规和个人违规更严重，这可能是由于心理理论在两组儿童进行严重性判断时所发挥的作用不同。孤独症谱系障碍儿童的道德判断需要心理理论能力，而习俗判断则与训练和社会化有关。② 而本研究中的轻度孤独症谱系障碍儿童的年龄为6—11岁，他们的个人规则认知能力还没有完全发展，很有可能混淆习俗和个人规则。因此，虽然轻度孤独症谱系障碍儿童能够借助情感移情区分道德、习俗和个人规则。但是因为存在心理理论缺陷，他们可能无法在习俗和个人违规的严重性判断上摆脱先前训练和社会化的影响，刻板地认为习俗和个人违规更严重。同理，在权威依赖性上，轻度孤独症谱系障碍儿童和正常发展儿童都可以区分道德违规、习俗违规和个人违规，但是他们更重视习俗规则，认为习俗违规更不依赖权威。由此，我们可以联系到轻度孤独症谱系障碍儿童在社会生活中经常不会灵活地运用习俗规则，他们不会采取恰当的方式谈话、交朋友，会表现出奇怪的、不恰当的行为。其原因是这些儿童存在心理理论缺陷，且无法摆脱先前训练和社会化的影响，更倾向于刻板地执行社会规则。

二 孤独症谱系障碍儿童社会规则的合理性解释

本研究结果表明：在合理性的解释上，轻度孤独症谱系障碍儿童与正常发展儿童的差异也存在于习俗违规事件中，他们在习俗违规事件中给出的习俗和社会规范的理由显著少于正常发展儿童，给出简单重复的解释显著多于正常发展儿童。这表明：与正常发展儿童一样，

---

① S. Baron-Cohen, S. Wheelwright, "The empathy quotient: an investigation of adults with Asperger syndrome or high functioning autism, and normal sex differences", *Journal of Autism and Developmental Disorders*, Vol. 34, No. 2, 2004, pp. 163 – 175.

② 冯源、苏彦捷：《孤独症儿童对道德和习俗规则的判断》，《中国特殊教育》2005年第6期。

轻度孤独症谱系障碍儿童已经获得社会规则的知识，在要求他们将这种知识应用于真实的生活场景中时，他们可以根据社会规则的判断标准进行正常的推理活动，但是他们无法在习俗违规事件或习俗规则场景下灵活地运用已经获得的规则知识，只能刻板地复述或执行。这支持了 Blair、Zalla、Shulman、Loveland 和 Nah 等人的研究结果。[1] 除了心理理论缺陷的影响之外，Callenmark 等人认为，轻度孤独症谱系障碍儿童在合理性的解释上给出更多简单重复或异常理由的原因在于社会规则的判断标准是封闭式的选择题，更多反映的是外显的社会认知；[2]而合理性的解释是开放式的质化编码分类问题，更倾向于反映内隐社会认知，而轻度孤独症谱系障碍儿童的社会认知缺陷主要是内隐的。

此外，本研究发现：与正常发展儿童相比，轻度孤独症谱系障碍儿童在社会规则的合理性的解释上会表现出不同的反馈模式：两组儿童在他人利益和公平、习俗行为和社会规范这两个理由上的反馈模式是相同的；在避免惩罚和权威禁止、个人选择、实用性后果和异常的反馈这 4 个理由上的反馈模式有所不同。

避免惩罚和权威禁止是属于习俗规则领域内的反馈类型，由于存在心理理论缺陷，无法摆脱训练和社会化的影响，轻度孤独症谱系障碍儿童在该反馈类型上无法理解不同社会规则之间的差异，无法灵活地处理不同的社会规则事件，因而他们在避免惩罚和权威禁止的反馈

---

[1] R. J. R. Blair, "Brief report: morality in the autistic child", *Journal of Autism and Developmental Disorders*, Vol. 26, No. 5, 1996, pp. 571–579; T. Zalla, L. Barlassina, M. Buon, M. Leboyer, "Moral judgment in adults with autism spectrum disorders", *Cognition*, Vol. 121, No. 1, 2011, pp. 115–126; C. Shulman, A. Guberman, N. Shiling, N. Bauminger, "Moral and social reasoning in autism spectrum disorders", *Journal of Autism and Developmental Disorders*, Vol. 42, No. 7, 2012, pp. 1364–1376; K. A. Loveland, D. A. Pearson, B. Tunali-Kotoski, et al., "Judgments of social appropriateness by children and adolescents with autism", *Journal of Autism and Developmental Disorders*, Vol. 31, No. 4, 2001, pp. 367–376; Y. H. Nah, K. K. Poon, "The perception of social situations by children with autism spectrum disorders", *Autism*, Vol. 15, No. 2, 2011, pp. 185–203.

[2] B. Callenmark, L. Kjellin, L. Rönnqvist, S. Bölte, "Explicit versus implicit social cognition testing in autism spectrum disorder", *Autism*, Vol. 18, No. 6, 2014, pp. 684–693.

上会无法区分3个社会规则事件。

个人选择、实用性结果和谨慎属于个人领域内的反馈类型，其区别是实用性结果和谨慎要考虑到事件可能发生的后果。在个人选择反馈类型上，轻度孤独症谱系障碍儿童给出的理由在个人领域最多，在道德领域和习俗领域却没有差异；正常发展儿童则在3个社会规则领域上都没有差异。这说明：与道德和习俗规则相比，轻度孤独症谱系障碍儿童更倾向于依照自己的喜好和兴趣行事，支持了前文中提到的他们可能更看重个人规则的观点。在实用性结果和谨慎的反馈类型上，两组儿童都可以区分3个社会规则类型，但是与道德规则相比，轻度孤独症谱系障碍儿童在给出实用性结果和谨慎的反馈上更看重习俗规则；但是正常发展儿童对道德和习俗规则的反馈却不存在差异，该结果同样支持了冯源等人的观点：轻度孤独症谱系障碍儿童存在心理理论缺陷，他们的心理理论水平与道德判断有关，社会习俗规则却更多与训练和社会化有关。[1]

异常反馈主要包括不知道或无反应等类型，轻度孤独症谱系障碍儿童在个人规则领域给出的异常反馈最多，其次是道德规则，最后是习俗规则；而正常发展儿童给出的异常反馈在3个社会规则领域内则没有差异。同前文所述，轻度孤独症谱系障碍儿童存在心理理论缺陷。与道德规则相比，由于训练和社会化的影响，他们可能更重视习俗规则，因而这些儿童对习俗规则更熟悉，所以在习俗规则上给出的异常反馈最少。轻度孤独症谱系障碍儿童虽然存在心理理论缺陷，但是并不表示他们的心理理论能力在进行道德规则判断时完全不起作用，所以他们在道德规则上给出的异常反馈要多于习俗规则、少于个人规则。而在个人规则上给出的异常反馈要多于道德规则，与正常发展儿童相比，他们虽然更倾向于依照自己的喜好和兴趣行事。但是，心理理论与训练和社会化对个人规则的影响都比较小，所以他们无法给出恰当的解释。

---

[1] 冯源、苏彦捷：《孤独症儿童对道德和习俗规则的判断》，《中国特殊教育》2005年第6期。

三 孤独症谱系障碍儿童社会规则判断的严重性与心理理论的关系

本研究发现：轻度孤独症谱系障碍儿童对失言情境的理解能力和失言识别任务总分与道德违规中的严重性存在显著相关；正常发展儿童的失言识别任务总分与道德违规和习俗违规中的严重性存在显著相关，他们对失言情境的觉察、理解能力与严重性总分存在显著相关。该结果表明：与正常发展儿童相比，轻度孤独症谱系障碍儿童具有一定的心理理论能力，但是这种心理理论能力仅在道德规则领域内起作用，在习俗规则中却消失了。在社会规则判断中，轻度孤独症谱系障碍儿童的心理理论缺陷进一步获得了失言识别任务中正常发展儿童的失言任务总分与道德和习俗违规的严重性相关的支持，该结果同样支持了冯源等人的研究发现，也进一步支持了本研究在前文中对轻度孤独症谱系障碍儿童社会规则判断和合理性反馈异常的解释。[①] 再一次表明：轻度孤独症谱系障碍的道德判断与心理理论有关，习俗判断与训练和社会化有关。由于轻度孤独症谱系障碍儿童本身的刻板、局限性的行为、兴趣及思维方式，他们在习俗违规中可能只是记住了"规则"，可以严格地遵守社会规则，但不能在具体社会规则场景中恰当地应用习得的"规则"。

综上所述，轻度孤独症谱系障碍儿童的心理理论能力与道德判断有关，他们在日常生活和学习中接受的训练和社会化与习俗规则判断有关。但是，由于轻度孤独症谱系障碍儿童的心理理论能力偏低，且喜欢依照自己的喜好行事；与道德规则相比，他们更固着于习俗规则，所以他们在社会规则判断和合理性反馈上与正常发展儿童存在差异。除了心理理论之外，轻度孤独症谱系障碍儿童在执行功能、共同注意和意图归因等其他方面的能力不足也可能对他们的社会规则认知判断和解释有影响，未来研究还需要在这些方面进行深入探索。

---

① 冯源、苏彦捷：《孤独症儿童对道德和习俗规则的判断》，《中国特殊教育》2005年第6期。

第六节　结论

第一,轻度孤独症谱系障碍儿童可以在允许性、普遍性和权威依赖性这3个判断标准上区分道德规则、习俗规则和个人规则;他们认为习俗规则和个人规则的违规行为更严重,习俗规则更不依赖权威。

第二,在合理性的解释上,轻度孤独症谱系障碍儿童在习俗违规事件中倾向于给出更少习俗和社会规范的理由,给出更多简单重复的理由;且他们在避免惩罚和权威禁止、个人选择、实用性后果和异常的反馈这4个理由上的领域内反馈模式与正常发展儿童有所不同。

第三,轻度孤独症谱系障碍儿童具有一定的心理理论能力,但是这种心理理论能力仅在道德规则领域内起作用。

第五章 研究 3：孤独症谱系障碍儿童社会规则的认知机制

第一节 研究目的

基于研究 2 的结果，根据社会信息加工的 SIP 模型，采用改编后的社会信息加工 SIP 访谈任务，系统探索轻度孤独症谱系障碍儿童社会规则背后的内隐社会认知机制，并深入了解该群体儿童与正常发展儿童在社会规则上的内隐社会认知差异。具体研究目标：

1. 了解轻度孤独症谱系障碍儿童在社会信息加工 SIP 模型各阶段的内隐社会认知特点。

2. 探索轻度孤独症谱系障碍儿童的社会信息加工能力不足是否与其社交和心理理论的缺陷有关。

第二节 研究假设

1. 与正常发展儿童相比，在意图模糊的社会规则事件中，轻度孤独症谱系障碍儿童的编码能力显著较差。

2. 与正常发展儿童相比，轻度孤独症谱系障碍儿童更容易在意图模糊的社会规则事件中进行敌意的意图归因。

3. 与正常发展儿童相比，轻度孤独症谱系障碍儿童对社会问题解决的建构反应显著更少，他们的攻击反应、退缩反应、求助他人反应及其他反应显著多于正常发展儿童，主动、果断反应和情感反应显著少于正常发展儿童。

4. 与正常发展儿童相比，轻度孤独症谱系障碍儿童对主动果断反应质量的评估显著更不积极，对主动果断反应后果的评估更不积极；轻度孤独症谱系障碍儿童对攻击反应质量和退缩反应质量的评估更积极，对攻击反应后果和退缩反应后果的评估更积极。

5. 与正常发展儿童相比，轻度孤独症谱系障碍儿童的心理理论能力显著较差；但心理理论能力与父母评估社交情绪能力、同伴提名分数及其社会信息加工能力显著相关。

第三节 研究方法

一 研究对象

72名6—13岁儿童参与本研究，其中包括28名轻度孤独症谱系障碍儿童，44名正常发展儿童。28名轻度孤独症谱系障碍儿童中有19名来自研究2，新增9名轻度孤独症谱系障碍儿童（通过特教机构、特教学校和儿童医院招募）；所有轻度孤独症谱系障碍儿童都有临床诊断结果，都在普通小学就读（4名因攻击、情绪问题短时在机构接受干预；2名在儿童医院接受感统训练；3名来自其他城区普通学校）。44名正常发展儿童作为控制组，其中19名来自研究2，新增25名正常发展儿童（招募自参与研究1的普通小学）。所有参与本研究的儿童的母语都是汉语，都说普通话；没有听力、视力等问题；都要接受一般认知能力的评估。最后进入本研究的两组儿童的匹配标准同研究2，轻度孤独症谱系障碍儿童有26名，正常发展儿童有29名，被试基本情况见表5-1。

表5-1　　　　　　　两组儿童的基本人口学变量

人口学变量	ASD儿童（$n=26$）			TD儿童（$n=29$）		
	Mean	*SD*	*Range*	*Mean*	*SD*	*Range*
生理年龄（月）	9.33	2.1	6—13	9.44	2.0	6—13
智力（FIQ）	91.8	12.3	71—121	98.3	12.0	78—124

续表

人口学变量	ASD 儿童（$n=26$)			TD 儿童（$n=29$)		
	Mean	SD	Range	Mean	SD	Range
言语智商（VIQ）	92.9	12.2	70—122	97.5	10.6	83—117
操作智商（PIQ）	90.0	10.8	72—115	99.7	13.8	75—130
性别（男:女）	26（21:5）			29（24:5）		

注：表中 ASD 儿童代表孤独症谱系障碍儿童，TD 儿童代表正常发展儿童。

二 研究工具

（一）心理理论任务

本任务与研究2相同。

（二）认知能力测验

本认知能力测验任务与研究2相同。

（三）情绪调节和社交能力问卷

修订 Beaumont 和 Sofronoff 在 2008 年发展的《情绪调节和社交能力问卷》，该问卷有 27 个社交行为项目，计分范围从 0 到 4，第 6 项和第 15 项反向计分，对所有项目的回答相加得到情绪和社交能力总分数，该问卷内部一致性系数为 0.89，父母在该问卷上的评估和 Spence 的社交能力问卷相关较好。[①] 修订后，该问卷内部一致性系数为 0.92，见附录6。

（四）同伴提名

采用 Asher 和 Dodge 提出的同伴提名法考察儿童的同伴关系，涉及积极提名和消极提名；要求儿童写出 3 位最喜欢在一起玩的朋友和 3 位最不喜欢在一起玩的朋友。然后，计算每个儿童被其他儿童提名的积极分数和消极分数，并在班级内标准化，得到积极提名和消极提

---

① R. Beaumont, K. Sofronoff, "A multi-component social skills intervention for children with Asperger syndrome: The Junior Detective Training Program", *Journal of Child Psychology and Psychiatry*, Vol. 49, No. 7, 2008, pp. 743 - 753; S. H. Spence, "Social skills training with children and young people: Theory, evidence and practice", *Child and Adolescent Mental Health*, Vol. 8, No. 2, 2003, pp. 84 - 96.

名的标准分,见附录7。① 同伴提名分别在每位目标儿童所在班级进行,以每个班级为单位,全班同学参与。

(五)社会信息加工访谈任务

参考Flood和Ziv等采用的社会规则事件和社会信息加工SIP访谈故事内容,② 本研究改编了6个全部都是意图模糊的社会规则事件,分为3个类型(2个道德事件、2个习俗事件、2个个人事件),每个事件之后引出一系列问题,这些问题是关于编码、线索解释、反应建构和反应评估的,见附录8。

具体问题如下:

1. 编码问题:请告诉我故事中发生了什么,从开始到最后?

2. 线索解释问题:意图归因——故事中发生的事情是他人故意的吗?

3. 建构反应问题:要求被试描述在这样的场景中他们接下来会怎么做,并对被试反馈进行编码分类,编码类别包括:

(1)攻击:涉及身体或言语攻击或威胁、报复行为。

(2)主动:涉及儿童要求信息,商量,再次尝试或努力的行为。

(3)非社会退缩:涉及什么也不做,责备,乞求,放弃,退出情境或等待。

(4)亲社会退缩:涉及退出情境,参与寻找他人或与他人社会活动。

(5)情感:反应特征是被试的感觉而不是被试的行为。

(6)成人干预:反应特征是被试认为他们应该告诉成人或寻求成人帮助。

(7)其他:反应不符合其他类型。

---

① 谷传华、周宗奎、种明慧:《小学儿童社会创造性与其同伴关系、学业成绩的关系》,《心理发展与教育》2009年第3期。

② A. M. Flood, D. Julian Hare, P. Wallis, "An investigation into social information processing in young people with Asperger syndrome", *Autism*, Vol. 15, No. 5, 2011, pp. 601 – 624; Y. Ziv, B. S. Hadad, Y. Khateeb, "Social information processing in preschool children diagnosed with autism spectrum disorder", *Journal of Autism and Developmental Disorders*, Vol. 44, No. 4, 2014, pp. 846 – 859.

4. 反应评估问题：在 3 个不同的反应结果评估类型（主动果断、攻击或退缩）下询问被试关于反应质量和积极后果的问题。

（1）反应质量问题：这样做好不好？

（2）积极后果问题 1：如果你这样做了，你认为其他孩子还会喜欢你吗？

（评估他人对自己反应的后果）

（3）积极后果问题 2：如果你这样做了，你认为自己会怎么样？

（评估自己对自己反应的后果）

改编后的社会信息加工 SIP 访谈计分标准参考 Flood 等人的研究，[①] 编码为 2 点计分（0—3），每个规则类型分数为 0—6，总分为 0—18；意图归因为 3 点计分（0—4），每个规则类型分数为 0—8，总分为 0—24；建构反应按各类型编码，如果符合该类型则计入 1 分，编码后每个类型建构反应分数为 2—4，总分为 6—12；反应评估为 4 点计分（1—4），主动果断反应质量、攻击反应质量、退缩反应质量在各规则类型上的分数为 2—8，总分为 6—24；主动果断反应积极后果、攻击反应积极后果、退缩反应积极后果评估的两个问题在各个规则类型上的分数分别为 2—8 分，总分为 6—24 分。

三 研究程序

所有被试都在各自学校或机构中一个安静的教室内进行测试（因为要筛查匹配组正常发展儿童，一般认知能力测验要提前一周完成）。失言识别任务和社会信息加工 SIP 访谈的故事都会伴随呈现相应图片，以便辅助儿童理解。在描述完故事后，要询问被试失言任务和社会信息加工 SIP 访谈的问题。

整个访谈过程由两名主试完成，一名主试负责给儿童讲故事、提问题；另一名主试负责记录儿童在整个访谈过程中的反馈，并对儿童的所有反馈给予录音，以确保后期计分和编码的准确性。

[①] A. M. Flood, D. Julian Hare, P. Wallis, "An investigation into social information processing in young people with Asperger syndrome", *Autism*, Vol. 15, No. 5, 2011, pp. 601–624.

四 统计分析

使用 SPSS 16.0 进行数据分析。符合参数检验条件的变量用 T 检验和重复测量方差进行数据分析，不符合参数检验条件的变量用两个独立样本非参数检验中的 Mann-Whitney U tests 进行组间对比，采用多个相关样本中的 Friedman test 进行配对分析。

第四节 结果与分析

一 研究对象的基本描述统计

28 名轻度孤独症谱系障碍儿童中，只有 26 人完成了访谈和所有测验，其他两人因故中途退出；44 名正常发展儿童中，剔除 15 名与轻度孤独症谱系障碍儿童在一般认知能力上不匹配（言语智商和智力测验总分不匹配）的被试，只有 29 人全部完成了访谈和测验。最后进入统计分析的轻度孤独症谱系障碍儿童为 26 人，正常发展儿童为 29 人，独立样本 T 检验显示：两组儿童在生理年龄（$t = -0.204$，$p = 0.839$）、言语智商（$t = -1.506$，$p = 0.138$）和总体智商（$t = -1.999$，$p = 0.051$）上不存在显著差异；卡方检验结果显示：轻度孤独症谱系障碍儿童和正常发展儿童在性别上不存在显著差异（$\chi^2 = 2.0$，$p = 0.368$）；两组儿童达到匹配标准，被试基本情况见表 5-1。

二 社会信息加工 SIP 访谈结果

社会信息加工 SIP 访谈数据涉及编码、解释（意图归因）、建构反应和反应评估 4 个阶段。

（一）编码阶段

在编码阶段，两组儿童的编码总分存在显著的组间差异（$t = 2.844$，$p = 0.006$），轻度孤独症谱系障碍儿童的编码得分显著高于正常发展儿童。采用 Mann-Whitney U tests 分析每个社会规则类型场景下编码分数的组间差异，结果显示：虽然轻度孤独症谱系障碍儿童的编码得分都高于正常发展儿童，但在习俗规则（$z = 3.149$，$p = 0.002$）

和个人规则（$z=2.306$，$p=0.018$）场景下的编码分数存在显著的组间差异，道德规则场景下的编码分数不存在显著的组间差异（$z=1.408$，$p=0.159$）。表5-2为两组儿童在编码阶段的平均数和标准差的分布情况。

表5-2　　　　两组儿童在编码阶段的平均数（标准差）

编码阶段	ASD儿童（$n=26$）			TD儿童（$n=29$）		
	Mean	SD	Range	Mean	SD	Range
道德	2.4	1.1	1—5	2.1	1.0	1—5
习俗	2.3	1.7	0—6	1.2	1.5	0—6
个人	1.7	1.6	0—6	0.8	1.1	0—6

注：表中ASD儿童代表孤独症谱系障碍儿童，TD儿童代表正常发展儿童。

使用Friedman test分别对比编码分数的组内模式，比较道德规则、习俗规则和个人规则场景下两组儿童的编码反应，轻度孤独症谱系障碍儿童（$\chi2=8.575$，$p=0.014$）和正常发展儿童（$\chi2=28.722$，$p<0.01$）均存在显著差异，两组儿童的编码反应一致，都认为道德规则场景下的编码分数最高，其次是习俗规则场景，最后是个人规则场景。

（二）解释阶段（意图归因）

在解释阶段即意图归因上，重复测量方差分析结果显示：社会规则场景的主效应（$F=7.309$，$p=0.001$）存在显著差异，社会规则场景和组之间的交互效应（$F=0.333$，$p=0.717$）不存在显著差异，组间主效应（$F=0.012$，$p=0.912$）不存在显著差异。进一步进行事后分析，结果发现：道德规则场景下的意图归因分数显著低于个人规则场景下的意图归因分数（mean diff：-1.025，$p=0.001$）；道德规则场景下的意图归因分数低于习俗规则场景下的意图归因分数（mean diff：-0.410，$p=0.304$），习俗规则场景下的意图归因分数低于个人规则场景下的意图归因分数（mean diff：-0.614，$p=0.117$），但均不存在显著差异。两组儿童在解释阶段的平均数和标准差见表5-3。

表 5-3　　两组儿童在解释阶段的平均数（标准差）

解释阶段	ASD 儿童（$n=26$）			TD 儿童（$n=29$）		
	Mean	SD	Range	Mean	SD	Range
道德	2.2	1.5	0—6	2.0	1.4	0—6
习俗	2.5	1.8	0—6	2.6	1.8	0—6
个人	3.0	2.1	0—6	3.3	2.2	0—6

注：表中 ASD 儿童代表孤独症谱系障碍儿童，TD 儿童代表正常发展儿童。

（三）建构反应阶段

建构反应可分为 7 种具体的反应类型。因此，在此阶段，要先对两组儿童的建构反应总分进行统计分析，然后在对两组儿童的 7 种具体建构反应类型进行统计分析。

在建构反应阶段的总分上，Mann-Whitney U tests 结果显示：虽然轻度孤独症谱系障碍儿童的建构反应得分均低于正常发展儿童，但两组儿童在建构反应总分（$z=0.940$，$p=0.347$），道德规则（$z=0.288$，$p=0.774$）、习俗规则（$z=0.440$，$p=0.150$）和个人规则场景下的建构反应分数（$z=0.112$，$p=0.911$）上均不存在显著差异。

使用 Friedman test 分别对比建构反应分数的组内模式，比较道德规则、习俗规则和个人规则场景下的建构反应，轻度孤独症谱系障碍儿童（$\chi2=0.5$，$p=0.779$）不存在显著差异；正常发展儿童（$\chi2=9.071$，$p=0.011$）存在显著差异，他们在习俗规则场景下的建构反应得分最高，道德规则场景和个人规则场景则没有显著差异。两组儿童的建构反应平均数及标准差见表 5-4。

表 5-4　　两组儿童在建构反应阶段的平均数（标准差）

建构反应阶段	ASD 儿童（$n=26$）			TD 儿童（$n=29$）		
	Mean	SD	Range	Mean	SD	Range
道德	2.1	0.4	2—4	2.1	0.3	2—3
习俗	2.2	0.5	2—4	2.3	0.6	2—4
个人	2.1	0.4	2—4	2.1	0.4	2—4

注：表中 ASD 儿童代表孤独症谱系障碍儿童，TD 儿童代表正常发展儿童。

进一步比较 7 个建构反应具体类型之间的差异。在攻击反应上，Mann-Whitney U tests 结果显示：虽然轻度孤独症谱系障碍儿童的得分均高于正常发展儿童，但两组在攻击反应总分（$z = 1.358$，$p = 0.174$）、习俗规则（$z = 1.499$，$p = 0.134$）和个人规则（$z = 0.092$，$p = 0.927$）场景下的攻击反应分数均不存在显著差异；在道德规则场景下的攻击反应分数（$z = 2.173$，$p = 0.030$）存在显著差异。使用 Friedman test 分别对比攻击反应分数的组内模式，比较道德规则、习俗规则和个人规则场景下的攻击反应分数，轻度孤独症谱系障碍儿童（$\chi^2 = 1.385$，$p = 0.5$）不存在显著差异；正常发展儿童（$\chi^2 = 9.071$，$p = 0.011$）存在显著差异，他们在个人场景下的攻击反应分数最高，其次是习俗规则场景，最后是道德规则场景。

在主动反应上，Mann-Whitney U tests 结果显示：主动反应总分（$z = 2.790$，$p = 0.005$）、道德规则（$z = 2.440$，$p = 0.015$）和习俗规则（$z = 2.888$，$p = 0.04$）场景下的主动反应分数存在显著差异，轻度孤独症谱系障碍儿童得分显著低于正常发展儿童；个人规则场景下的主动反应分数（$z = 1.592$，$p = 0.111$）不存在显著差异。使用 Friedman test 分别对比主动反应分数的组内模式，比较道德规则、习俗规则和个人规则场景下的主动反应分数，轻度孤独症谱系障碍儿童（$\chi^2 = 7.179$，$p = 0.028$）存在显著差异，他们在个人规则场景下的主动反应得分最高，其次是道德规则场景，最后是习俗规则场景；正常发展儿童组（$\chi^2 = 838$，$p = 0.658$）则不存在显著差异。

在非社会退缩反应上，Mann-Whitney U tests 结果显示：虽然轻度孤独症谱系障碍儿童得分均高于正常发展儿童，但是两组儿童在非社会性退缩反应总分（$z = 1.885$，$p = 0.005$）、道德规则（$z = 0.187$，$p = 0.852$）和习俗规则（$z = 1.597$，$p = 0.110$）场景下的非社会退缩反应分数均不存在显著差异；个人规则场景下的非社会退缩反应分数（$z = 2.617$，$p = 0.009$）存在显著差异。使用 Friedman test 分别对比非社会退缩反应分数的组内模式，比较道德规则、习俗规则和个人规则场景下的非社会退缩反应分数，轻度孤独症谱系障碍儿童（$\chi^2 = $

2.981，$p=0.225$）不存在显著差异；正常发展儿童（$\chi2=6.167$，$p=0.046$）存在显著差异，他们的非社会退缩反应得分在道德场景下最高，其次是习俗场景，最后是个人场景。

在亲社会退缩反应上，Mann-Whitney U tests 结果显示：虽然轻度孤独症谱系障碍儿童得分均高于正常发展儿童，但是两组儿童在道德规则（$z=1.508$，$p=0.132$）、习俗规则（$z=1.508$，$p=0.132$）和个人规则场景下的亲社会退缩反应分数（$z=1.864$，$p=0.062$）上均不存在显著差异；在亲社会退缩反应总分（$z=2.617$，$p=0.009$）上存在显著差异，轻度孤独症谱系障碍儿童显著高于正常发展儿童。使用 Friedman test 分别对比两组儿童的亲社会退缩反应分数的组内模式，比较道德规则、习俗规则和个人规则场景下的亲社会退缩反应分数，轻度孤独症谱系障碍儿童（$\chi2=0.4$，$p=0.891$）不存在显著差异；正常发展儿童则没有进入统计分析程序。

在情感反应上，Mann-Whitney U tests 结果显示：两组儿童在道德规则（$z=0.286$，$p=0.775$）、习俗规则（$z=0.786$，$p=0.426$）、个人规则（$z=1.586$，$p=0.062$）以及情感反应总分（$z=1.586$，$p=0.113$）上均不存在显著差异。使用 Friedman test 分别对比情感反应分数的组内模式，比较道德规则、习俗规则和个人规则场景下的情感反应分数，轻度孤独症谱系障碍儿童（$\chi2=2.364$，$p=0.307$）和正常发展儿童（$\chi2=0.167$，$p=0.920$）均不存在显著差异。

在求助成人反应上，Mann-Whitney U tests 结果显示：两组儿童在道德规则（$z=0.932$，$p=0.351$）、习俗规则（$z=0.987$，$p=0.323$）和求助成人反应总分（$z=0.268$，$p=0.789$）上均不存在显著差异。使用 Friedman test 分别对比求助成人反应分数的组内模式，比较道德规则、习俗规则和个人规则场景下的求助成人反应分数，轻度孤独症谱系障碍儿童（$\chi2=5.643$，$p=0.060$）不存在显著差异；正常发展儿童（$\chi2=8.0$，$p=0.018$）存在显著差异，他们的求助成人反应分数在习俗规则场景下最高，其次是道德规则场景，最后是个人规则场景。

在异常反应上，Mann-Whitney U tests 结果显示：两组儿童在道德规则（$z=1.056$，$p=0.291$）、习俗规则（$z=0.686$，$p=0.493$）、个人规则（$z=1.508$，$p=0.132$）和其他反应总分（$z=1.539$，$p=0.124$）上均不存在显著差异。使用 Friedman test 分别对比其他反应分数的组内模式，比较道德规则、习俗规则和个人规则场景下的其他反应分数，轻度孤独症谱系障碍儿童（$\chi2=0.5$，$p=0.779$）和正常发展儿童（$\chi2=2.0$，$p=0.368$）均不存在显著差异。表5-5是两组儿童在建构反应阶段7个具体反应类型的平均数、标准差和反馈百分比。

表5-5 **两组儿童在建构反应阶段具体反应类型的平均数、标准差和百分比**

反应类型	ASD 儿童（$n=26$）			TD 儿童（$n=29$）		
	Mean	SD	% Responses	Mean	SD	% Responses
攻击	1.0	1.4	16.3	0.6	1.1	9.5
主动	2.1	1.8	33.1	3.6	1.8	54.7
非社会退缩	1.6	1.6	25.3	0.8	1.4	12.6
亲社会退缩	0.3	0.6	4.2	0.0	0.0	0.0
情感	0.7	1.1	10.8	1.1	1.6	16.3
成人干预	0.5	0.8	7.2	0.4	0.5	6.3
其他	0.2	0.5	3.0	0.0	0.2	0.5

注：表中 ASD 儿童代表孤独症谱系障碍儿童，TD 儿童代表正常发展儿童。

(四) 反应评估阶段

反应评估阶段可以分为主动果断、攻击和退缩3种反应类型，要分别从反应质量、他人对自己反应的积极后果评估和自己对自己反应的积极后果评估三个方面对这3种反应类型进行评估。

1. 主动果断反应的评估

轻度孤独症谱系障碍儿童和正常发展儿童在主动果断反应的质量总分（$t=-2.279$，$p=0.027$）、习俗规则（$t=-2.299$，$p=0.025$）、道德规则（$z=1.980$，$p=0.048$）场景下的主动果断反应质量得分上存在显著的组间差异，轻度孤独症谱系障碍儿童的评分显著低于正常发展儿童；两组儿童在个人场景下的主动果断反应质量（$z=1.528$，$p=0.127$）上不存在显著差异。使用 Friedman test 分别对比主动果断反应质量的组内模式，比较道德规则、习俗规则和个人规则场景下的主动果断反应质量分数，轻度孤独症谱系障碍儿童（$\chi2=5.636$，$p=0.060$）不存在显著差异；正常发展组儿童（$\chi2=9.509$，$p=0.009$）存在显著差异，他们认为主动反应质量得分在道德场景下最高，其次是习俗场景，最后是个人场景。

两组儿童在他人对自己主动果断反应的积极后果评估总分（$t=-2.271$，$p=0.027$）、习俗规则场景下他人对自己主动果断反应积极后果评估的得分（$t=-2.299$，$p=0.025$）上存在显著的组间差异，轻度孤独症谱系障碍儿童的得分显著低于正常发展儿童；两组儿童在道德规则场景（$z=1.550$，$p=0.121$）和个人规则场景（$z=1.605$，$p=0.109$）下他人对自己主动果断反应的积极后果评估上不存在显著差异。使用 Friedman test 分别对比他人对自己主动果断反应积极后果评估的组内模式，比较道德规则、习俗规则和个人规则场景下他人对自己主动果断反应积极后果评估的分数，轻度孤独症谱系障碍儿童（$\chi2=3.841$，$p=0.147$）和正常发展儿童（$\chi2=3.027$，$p=0.220$）均不存在显著差异。

两组儿童在自己对自己主动果断反应的积极后果评估的总分（$t=-0.560$，$p=0.578$）、道德规则（$z=0.726$，$p=0.468$）和习俗规则（$z=1.479$，$p=0.139$）场景下自己对自己主动果断反应积极后果的评估分数均不存在显著的组间差异；在个人规则场景（$z=2.417$，$p=0.016$）下自己对自己主动果断反应积极后果评估的分数存在显著差异，轻度孤独症谱系障碍儿童的评分显著高于正常发展儿童；使用 Friedman test 分别对比自己对自己主动果断反应积极后果评估的组内模式，比较道德规则、习俗规则和个人规则场景下自己对自己主动果断反应积极后果评估的分数，轻度孤独症谱系障碍儿童（$\chi2=7.924$，$p=0.019$）存在显著差异，他们认为自己对自己主动果断反应积极后果评估的分数在习俗规则场景下最高，其次是个人规则场景，最后是道德规则场景；正常发展儿童（$\chi2=25.083$，$p=<0.01$）存在显著差异，他们认为自己对自己主动果断反应积极后果评估的分数在习俗规则场景下

最高，其次是道德场景，最后是个人场景。表 5-6 为两组儿童主动果断反应评估的平均数和标准差的分布情况。

表 5-6 两组儿童主动果断反应评估的平均数（标准差）

主动果断反应评估		ASD 儿童（$n=26$）			TD 儿童（$n=29$）		
		Mean	SD	Range	Mean	SD	Range
主动反应质量	道德	6.4	1.8	2—8	7.2	1.2	5—8
	习俗	5.8	1.5	3—8	6.7	1.5	3—8
	个人	6.7	1.7	2—8	7.3	1.3	4—8
主动积极后果（他人）	道德	5.8	2.1	2—8	6.7	1.4	4—8
	习俗	5.3	1.8	3—8	6.4	1.6	3—8
	个人	5.9	2.3	0—8	6.9	1.8	2—8
主动积极后果（自己）	道德	3.3	1.5	2—8	3.2	1.7	2—8
	习俗	4.3	1.5	2—7	4.9	1.1	3—8
	个人	3.9	1.8	0—8	2.9	1.3	2—6

注：表中 ASD 儿童代表孤独症谱系障碍儿童，TD 儿童代表正常发展儿童。

2. 攻击反应的评估

虽然轻度孤独症谱系障碍儿童的攻击反应质量得分均高于正常发展儿童，但是两组儿童在攻击反应的质量总分（$z=0.067$，$p=0.946$）、道德规则（$z=0.067$，$p=0.946$）和个人规则场景下攻击反应质量分数（$t=-2.299$，$p=0.025$）上均不存在显著差异；在习俗规则场景下攻击反应质量（$z=2.034$，$p=0.042$）存在显著的组间差异。使用 Friedman test 分别对比攻击反应质量的组内模式，比较道德规则、习俗规则和个人规则场景下的攻击反应质量分数，轻度孤独症谱系障碍儿童（$\chi2=0.933$，$p=0.627$）不存在显著差异；正常发展儿童（$\chi2=6.333$，$p=0.042$）存在显著差异，他们的攻击反应质量得分在道德场景下最高，其次是个人场景，最后是习俗场景。

两组儿童在他人对自己攻击反应的积极后果评估的总分（$t=-0.701$，$p=0.487$）、道德规则（$z=0.164$，$p=0.870$）和个人规则

（$z=0.115$，$p=0.908$）场景下他人对自己攻击反应积极后果评估的分数上均不存在显著的组间差异；在习俗场景下他人对自己攻击反应积极后果评估的分数（$z=3.206$，$p=0.001$）存在显著的组间差异，轻度孤独症谱系障碍儿童得分显著高于正常发展儿童。使用 Friedman test 分别对比他人对自己攻击反应积极后果评估的组内模式，比较道德规则、习俗规则和个人规则场景下的他人对自己攻击反应积极后果评估的分数，轻度孤独症谱系障碍儿童（$\chi2=0.727$，$p=0.695$）不存在显著差异；正常发展儿童（$\chi2=10.839$，$p=0.004$）存在显著差异，正常发展儿童认为道德与习俗规则场景下他人对自己攻击反应的积极后果评估的分数没有差异，但是高于个人规则场景下他人对自己攻击反应的积极后果评估的分数。

两组儿童在自己对自己攻击反应的积极后果评估的总分（$t=-0.998$，$p=0.323$）、道德规则（$t=-0.643$，$p=0.303$）、习俗规则（$z=1.087$，$p=0.280$）和个人规则（$t=-0.710$，$p=0.523$）场景下均不存在显著的组间差异。使用 Friedman test 分别对比自己对自己攻击反应积极后果评估的组内模式，比较道德规则、习俗规则和个人规则场景下自己对自己攻击反应积极后果评估的分数，轻度孤独症谱系障碍儿童（$\chi2=1.634$，$p=0.442$）和正常发展儿童得分（$\chi2=0.063$，$p=0.969$）均不存在显著差异。表 5-7 为两组儿童攻击反应评估的平均数和标准差的分布情况。

表 5-7　　　　**两组儿童攻击反应评估的平均数（标准差）**

攻击反应评估		ASD 儿童（$n=26$）			TD 儿童（$n=29$）		
		Mean	*SD*	*Range*	*Mean*	*SD*	*Range*
攻击反应质量	道德	2.6	0.8	2—4	2.7	1.1	2—6
	习俗	2.6	1.3	2—8	2.2	0.7	2—5
	个人	2.8	1.3	0—5	2.5	0.9	2—6
攻击积极后果（他人）	道德	2.8	1.0	2—6	3.1	1.7	2—8
	习俗	3.3	1.3	2—6	2.4	1.1	2—7
	个人	3.3	1.7	0—7	3.3	1.4	2—6

续表

攻击反应评估		ASD 儿童（$n=26$）			TD 儿童（$n=29$）		
		Mean	*SD*	*Range*	*Mean*	*SD*	*Range*
攻击积极后果（自己）	道德	4.4	1.7	2—8	4.8	2.1	2—8
	习俗	4.5	1.9	2—8	4.9	1.4	2—8
	个人	4.2	2.1	0—8	4.6	2.0	2—8

注：表中 ASD 儿童代表孤独症谱系障碍儿童，TD 儿童代表正常发展儿童。

3. 退缩反应的评估

虽然轻度孤独症谱系障碍儿童的退缩反应质量得分均低于正常发展儿童，但是两组儿童在退缩反应的质量总分（$t=-0.420$，$p=0.676$）、道德规则（$t=-0.306$，$p=0.761$）、习俗规则（$z=0.053$，$p=0.957$）和个人规则（$z=0.018$，$p=0.986$）场景下攻击反应质量分数上均不存在显著的组间差异。使用 Friedman test 分别对比退缩反应质量的组内模式，比较道德规则、习俗规则和个人规则场景下的退缩反应质量分数，轻度孤独症谱系障碍儿童（$\chi2=4.247$，$p=0.120$）不存在显著差异；正常发展儿童（$\chi2=6.557$，$p=0.038$）存在显著差异，他们认为退缩反应质量得分在道德规则场景下最高，其次是习俗规则场景，最后是个人规则场景。

在他人对自己的退缩反应的积极后果的评估上，重复测量方差分析结果显示：社会规则类型主效应（$F=7.385$，$p=0.001$）存在显著差异，社会规则类型和组之间的交互效应（$F=2.680$，$p=0.073$）不存在显著差异，两组儿童组间主效应（$F=2.943$，$p=0.092$）不存在显著差异。进一步进行事后分析发现：道德规则场景下他人对自己的退缩反应积极后果评估分数显著小于习俗规则场景（*mean diff*：0.903，$p=0.004$）；道德规则（*mean diff*：0.044，$p=1$）和习俗规则（*mean diff*：-0.416，$p=0.512$）场景下他人对自己退缩反应积极后果评估的分数小于个人场景，差异均不显著。

两组儿童在自己对自己退缩反应积极后果评估的总分（$t=-2.313$，$p=0.025$）、道德规则（$t=-2.259$，$p=0.028$）、习俗规则（$z=-1.990$，$p=0.047$）上存在显著差异，轻度孤独症谱系障碍儿童得分均高于正常发展儿童；个人规则（$t = -1.234$，$p = 0.223$）场景下不存在显著的组间差异。使用 Friedman test 分别对比自己对自己退缩反应积极后果评估的组内模式，比较道德规则、习俗规则和个人规则场景下的自己对自己退缩反应积极后果的分数，轻度孤独症谱系障碍儿童（$\chi^2 = 4.333$，$p = 0.115$）和正常发展儿童（$\chi^2 = 4.473$，$p = 0.107$）均不存在显著差异。表 5-8 为两组儿童退缩反应评估的平均数和标准差分布情况。

表 5-8 两组儿童退缩反应评估的平均数（标准差）

退缩反应评估		ASD 儿童（$n = 26$）			TD 儿童（$n = 29$）		
		Mean	SD	Range	Mean	SD	Range
退缩反应质量	道德	3.8	1.6	2—7	3.9	1.4	2—6
	习俗	3.2	0.9	2—5	3.3	1.1	2—6
	个人	3.2	1.4	0—6	3.3	1.5	2—6
退缩积极后果（他人）	道德	4.0	1.6	2—7	4.8	1.6	2—7
	习俗	3.6	1.3	2—6	3.4	1.5	2—7
	个人	3.8	2.0	0—8	4.9	1.9	2—8
退缩积极后果（自己）	道德	3.7	1.6	2—7	4.8	2.0	2—8
	习俗	4.2	1.4	2—7	4.9	1.2	2—7
	个人	4.6	2.2	0—8	5.3	2.0	2—8

注：表中 ASD 儿童代表孤独症谱系障碍儿童，TD 儿童代表正常发展儿童。

三 孤独症谱系障碍儿童社交能力、心理理论与社会信息加工能力的关系

在心理理论（失言识别任务）上，轻度孤独症谱系障碍儿童的心理理论分数显著低于正常发展儿童（$t = -4.884$，$p < 0.01$），在心理理论各分维度上，轻度孤独症谱系障碍儿童和正常发展儿童在理解（$t = -2.979$，$p = 0.004$）、说话者的心理状态（$t = -2.988$，$p = 0.004$）、听话者的心理状态（$t = -3.444$，$p = 0.001$）、意图（$t = -3.344$，$p = 0.002$）、移情（$t = -2.129$，$p < 0.01$）上均存在显著

差异，但是在探测上不存在显著差异（$t = -1.721$，$p = 0.091$），两组儿童心理理论及各维度平均分和标准差见表 5-9；表 5-10 为两组儿童社交情绪得分和同伴提名情况。T 检验结果显示：两组儿童在社交情绪总分（$t = -5.712$，$p < 0.01$）上存在显著差异，轻度孤独症谱系障碍儿童的分数显著低于正常发展儿童。独立样本 Mann-Whitney test 结果显示：在同伴关系上，喜欢一起玩的朋友提名（$z = 5.274$，$p < 0.01$）存在显著组间差异，提名轻度孤独症谱系障碍儿童为喜欢一起玩的朋友的得分显著较少；不喜欢一起玩的朋友（$z = 5.603$，$p < 0.01$）提名存在显著组间差异，提名轻度孤独症谱系障碍儿童为不喜欢一起玩的朋友的得分显著较多。

表 5-9　　两组儿童失言识别任务的平均数（标准差）

心理理论	ASD 儿童（$n = 26$）			TD 儿童（$n = 29$）		
	Mean	SD	Range	Mean	SD	Range
失言任务/TOM 总分	5.0	2.3	0—9	7.9	2.1	3—11
探测	1.7	0.5	0—2	1.9	0.3	1—2
理解	1.2	0.7	0—2	1.7	0.5	1—2
说者心理状态	0.3	0.7	0—2	0.9	0.8	0—2
听者心理状态	0.2	0.4	0—1	0.7	0.7	0—2
意图	0.6	0.7	0—2	1.2	0.7	0—2
移情	1.1	0.8	0—2	1.5	0.7	0—2

注：表中 ASD 儿童代表孤独症谱系障碍儿童，TD 儿童代表正常发展儿童。

表 5-10　两组儿童社交情绪能力和同伴提名上的平均数（标准差）

社交情绪 同伴提名	ASD 儿童（$n = 26$）			TD 儿童（$n = 29$）		
	Mean	SD	Range	Mean	SD	Range
社交情绪能力	47.4	12.6	19—71	69.3	15.5	45—97
喜欢一起玩的朋友	2	1.3	0—5	4.7	2.6	0—11
不喜欢一起玩的朋友	10	6.5	1—29	1.5	1.7	0—6

注：表中 ASD 儿童代表孤独症谱系障碍儿童，TD 儿童代表正常发展儿童。

采用 Pearson product-moment correlation coefficient 来分别计算父母评估社交和情绪能力分数、同伴提名分数与心理理论总分及其各分维度的关系，结果发现：轻度孤独症谱系障碍儿童的社交和情绪能力与心理理论总分（$r=0.408$，$p=0.038$）和探测能力分数（$r=0.569$，$p=0.002$）显著相关；喜欢一起玩的朋友提名得分与心理理论任务总分（$r=0.408$，$p=0.038$）和说话者的心理状态（$r=0.391$，$p=0.048$）显著相关，不喜欢一起玩的朋友提名得分与听话者的心理状态显著相关（$r=0.447$，$p=0.022$）。

轻度孤独症谱系障碍儿童的父母评估社交情绪分数、同伴提名分数和社会信息加工 SIP 总分不存在显著相关。在社会信息加工 SIP 模型的各分维度上，编码与父母评估社交情绪分数（$r=-0.497$，$p=0.01$）、喜欢一起玩的同学提名分数（$r=-0.615$，$p=0.001$）存在显著相关；主动反应积极后果（自己）与不喜欢一起玩的同学提名分数存在显著相关（$r=-0.554$，$p=0.003$）；退缩反应积极后果（他人）与喜欢一起玩的同学提名分数存在显著相关（$r=0.482$，$p=0.013$）；退缩反应积极后果（自己）与喜欢一起玩的同学提名分数存在显著相关（$r=0.397$，$p=0.045$）。

心理理论任务总分与社会信息加工的 SIP 总分不存在显著相关，与 SIP 的编码（$r=-0.393$，$p=0.0047$）、主动果断反应质量（$r=0.415$，$p=0.035$）、主动果断反应积极后果（他人）（$r=0.404$，$p=0.040$）存在显著相关。在心理理论任务的各分维度上，理解与社会信息加工 SIP 模型的主动果断反应质量（$r=0.473$，$p=0.015$）和主动果断反应积极后果（他人）（$r=0.476$，$p=0.014$）存在显著相关；听者心理状态与 SIP 的攻击反应积极后果（他人）（$r=-0.408$，$p=0.039$）存在显著相关。

第五节　讨论

一　孤独症谱系障碍儿童的社会信息加工特点

（一）编码阶段

在编码阶段，本研究发现：与正常发展儿童相比，在整体上，轻度孤独症谱系障碍儿童有效的编码能力显著较弱,支持了 Meyer 和 Ziv 等人的研究结果。① 在分别比较两组儿童在 3 个社会规则类型场景内的编码能力之后,本研究发现两组儿童在编码阶段表现出了较为一致的趋势,没有明显的区别。SIP 的编码阶段是感知觉操作的过程,儿童在此阶段要有选择性地注意特定情境中的内部和外部线索,并储存在短时记忆里。② 与正常发展儿童相比,轻度孤独症谱系障碍儿童的共同注意能力、情绪情感识别能力和心理理论能力不足,会影响他们在编码过程中的表现。例如,在本研究中,轻度孤独症谱系障碍儿童在复述事件内容的时候往往会忽略规则事件中的有效信息(如人名、事件的关键信息等)或者只记得事件的开头和结尾(如插队了)。③

(二)解释阶段

虽然意图归因能力较弱,但是本研究并没有发现轻度孤独症谱系障碍儿童和正常发展儿童在意图归因上存在显著的组间差异,支持了 Flood 等人的研究结果,但与 Meyer 等人的研究结果不同。这种冲突的结果可能是由不同研究的样本量、目标儿童的一般认知能力及心理理论水平等因素的差异导致的。④ 在分别比较了两组儿童在 3 个社会

---

① J. A. Meyer, P. C. Mundy, A. V. Van Hecke, et al., "Social attribution processes and comorbid psychiatric symptoms in children with Asperger syndrome", *Autism*, Vol. 10, No. 4, 2006, pp. 383 – 402; Y. Ziv, B. S. Hadad, Y. Khateeb, "Social information processing in preschool children diagnosed with autism spectrum disorder", *Journal of Autism and Developmental Disorders*, Vol. 44, No. 4, 2014, pp. 846 – 859.

② N. R. Crick, K. A. Dodge, "A review and reformulation of social information-processing mechanisms in children's social adjustment", *Psychological Bulletin*, Vol. 115, No. 1, 1994, pp. 74 – 101.

③ J. L. Bean, I. M. Eigsti, "Assessment of joint attention in school-age children and adolescents", *Research in Autism Spectrum Disorders*, Vol. 6, No. 4, 2012, pp. 1304 – 1310; A. Downs, T. Smith, "Emotional understanding, cooperation, and social behavior in high-functioning children with autism", *Journal of Autism and Developmental Disorders*, Vol. 34, No. 6, 2004, pp. 625 – 635.

④ A. M. Flood, D. Julian Hare, P. Wallis, "An investigation into social information processing in young people with Asperger syndrome", *Autism*, Vol. 15, No. 5, 2011, pp. 601 – 624; J. A. Meyer, P. C. Mundy, A. V. Van Hecke, et al., "Social attribution processes and comorbid psychiatric symptoms in children with Asperger syndrome", *Autism*, Vol. 10, No. 4, 2006, pp. 383 – 402.

规则类型场景内的意图归因能力之后，本研究发现：轻度孤独症谱系障碍儿童与正常发展儿童在3个社会规则类型场景内的意图归因能力发展趋势不同；与道德规则和个人规则场景相比，正常发展儿童在习俗规则场景下更容易做出敌意的归因；轻度孤独症谱系障碍儿童的意图归因却没有出现规则领域内的差异。本研究的发现不能支持先前研究的结果：轻度孤独症谱系障碍儿童很难归因意图，且存在意图归因损伤的观点。[1] 与正常发展儿童相比，尽管轻度孤独症谱系障碍儿童的心理理论分数偏低，他们也没有更倾向于在意图模糊的社会规则场景中进行恶意的意图归因。Steele等人认为其原因在于轻度孤独症谱系障碍儿童认知和语言能力相对较好，所以他们在意图归因上的表现也较好。[2]但是，Steele等人的观点不能完整解释本研究中轻度孤独症谱系障碍儿童在意图归因上的表现。这些儿童的意图归因能力比较复杂，研究材料、儿童教育经验等因素都会影响其意图归因能力，需要在未来研究中深入探讨。

（三）建构反应阶段

在建构反应阶段，虽然轻度孤独症谱系障碍儿童的建构反应能力低于正常发展儿童，但是本研究并没有发现两组之间存在显著的差异，与Flood和Embregts等人的结果不一致，[3]这可能是因为本研究中轻度孤独症谱系障碍儿童的言语能力相对较高，反馈率也相对较高所致。在建构反应具体类型上，轻度孤独症谱系障碍儿童的攻击反应、非社会退缩反应、亲社会退缩反应得分显著高于正常发展儿童，主动反应得分显著低于正常发展儿童，支持了前面提到的Flood和Yair Ziv

---

[1] S. Baron-Cohen, "Is Asperger syndrome/high-functioning autism necessarily a disability?", *Development and psychopathology*, Vol. 12, No. 3, 2000, pp. 489–500.

[2] S. Steele, R. M. Joseph, H. Tager-Flusberg, "Brief report: Developmental change in theory of mind abilities in children with autism", *Journal of Autism and Developmental Disorders*, Vol. 33, No. 4, 2003, pp. 461–467.

[3] A. M. Flood, D. Julian Hare, P. Wallis, "An investigation into social information processing in young people with Asperger syndrome", *Autism*, Vol. 15, No. 5, 2011, pp. 601–624; P. J. C. M. Embregts, M. Van Nieuwenhuijzen, "Social information processing in boys with autistic spectrum disorder and mild to borderline intellectual disabilities", *Journal of Intellectual Disability Research*, 2009, pp. 922–931.

等人的先前研究结果。①

轻度孤独症谱系障碍儿童参与社会交往的机会有限,这会导致他们体验社会问题解决的机会大大减少,自传体记忆受损会导致他们很难回忆先前的社会反应。② 另外,在分别比较两组儿童在3个社会规则类型场景内的建构反应能力之后,本研究发现:正常发展儿童的建构反应能力存在社会规则领域内的差异,他们在习俗规则场景下的建构反应显著多于道德规则场景和个人规则场景下的建构反应;轻度孤独症谱系障碍儿童的建构反应则不存在显著的领域内差异。在建构反应7个具体类型上,正常发展儿童只在主动果断反应上不存在显著的领域内差异;而轻度孤独症谱系障碍儿童则只在主动果断反应上存在显著的领域内差异。正常发展儿童的主动果断反应是跨领域的;轻度孤独症谱系障碍儿童的主动果断反应却更偏向个人规则场景,其次是道德规则场景,最后才是习俗规则场景。该结果与研究2中发现的两组儿童在社会规则认知上的差异主要与习俗规则场景有关。根据研究2的结果,轻度孤独症谱系障碍儿童能够区分3个领域的社会规则,能够意识到自己在个人领域事件上是可以自己做主的,所以他们在个人规则场景下的主动反应最多;由于心理理论能力和道德判断能力有关,后天训练和社会化与习俗规则有关,轻度孤独症谱系障碍儿童更重视习俗规则场景,所以他们可能在习俗规则场景中会有更少的主动反应,更怕犯错。

(四)反应评估阶段

分别从反应质量和反应的积极后果评估(他人对自己反应的积极后果评估、自己对自己反应的积极后果评估)两方面来进行反应评估阶段的讨论。

---

① Y. Ziv, B. S. Hadad, Y. Khateeb, "Social information processing in preschool children diagnosed with autism spectrum disorder", *Journal of Autism and Developmental Disorders*, Vol. 44, No. 4, 2014, pp. 846–859.

② D. M. Bowler, J. M. Gardiner, N. Berthollier, "Source memory in adolescents and adults with Asperger's syndrome", *Journal of Autism and Developmental Disorders*, Vol. 34, No. 5, 2004, pp. 533–542.

1. 反应质量评估

在反应质量评估上，与正常发展儿童相比，轻度孤独症谱系障碍儿童有明显不同，他们评估的主动果断反应质量得分显著较低，攻击反应质量得分显著较高，支持了 Meyer、Flood 和 Ziv 等人的先前研究结果。[①] Koning 和 Magill-Evans 报告了轻度孤独症谱系障碍青少年在社交情境中存在"肯定自己"的困难。[②] 因此，本研究中的轻度孤独症谱系障碍儿童可能在模糊的社会规则场景下对主动果断反应量的评估会更不积极，他们对自己真实执行这种反应的能力更不自信，自我效能感偏低。另外，Kuusikko 等人发现：轻度孤独症谱系障碍儿童经常将模糊刺激作为消极刺激，他们在模糊的社会规则场景下对攻击反应评估较为积极。这可能受他们自己先前的经验所影响，这些儿童可能认为攻击行为更有效。[③] 同时，这也提示了我们，这些儿童的意图归因能力与对自己真实执行反应能力之间存在较为复杂的关系，需要进一步探讨。

有趣的是，在分别比较两组儿童在 3 个社会规则类型场景内的反应质量评估时，正常发展儿童的反应质量评估却存在领域差异，他们普遍认为在道德规则场景下的反应质量得分最高，其次是习俗规则场景，最后是个人规则场景；而轻度孤独症谱系障碍儿童在所有反应质量评估上却表现出了跨领域的模式，其原因可能是轻度孤独症谱系障碍儿童在执行反应时，仅凭后果估计反应质量，不会根据社会规则不

[①] J. A. Meyer, P. C. Mundy, A. V. Van Hecke, et al. , "Social attribution processes and co-morbid psychiatric symptoms in children with Asperger syndrome", *Autism*, Vol. 10, No. 4, 2006, pp. 383 – 402; A. M. Flood, D. Julian Hare, P. Wallis, "An investigation into social information processing in young people with Asperger syndrome", *Autism*, Vol. 15, No. 5, 2011, pp. 601 – 624; Y. Ziv, B. S. Hadad, Y. Khateeb, "Social information processing in preschool children diagnosed with autism spectrum disorder", *Journal of Autism and Developmental Disorders*, Vol. 44, No. 4, 2014, pp. 846 – 859.

[②] C. Koning, J. Magill-Evans, "Social and language skills in adolescent boys with Asperger syndrome", *Autism*, Vol. 5, No. 1, 2001, pp. 23 – 36.

[③] S. Kuusikko, H. Haapsamo, E. Jansson-Verkasalo, et al. , "Emotion recognition in children and adolescents with autism spectrum disorders", *Journal of Autism and Developmental Disorders*, Vol. 39, No. 6, 2009, pp. 938 – 945.

同场景灵活地进行评估,他们能够认识到社会规则的不同,却在实际执行时无法区分。

2. 反应的积极后果评估

在反应的积极后果评估上,与正常发展儿童相比,轻度孤独症谱系障碍儿童更倾向于对主动果断反应的积极后果给出较低的分数,对攻击反应和退缩反应的积极后果给出较高的分数,与反应质量的评估结果大致相同。由于存在肯定自己的困难,所以他们认为自己的主动果断反应不会带来积极的结果,可能会犯错误或给自己带来麻烦。与反应质量评估的结果相似,轻度孤独症谱系障碍儿童对攻击反应和退缩反应的积极后果的评估分数较高。Kuusikko等人也发现:轻度孤独症谱系障碍儿童经常将模糊刺激视为消极刺激,他们在模糊的社会规则场景下对攻击和退缩反应评估较为积极,这可能受他们自己先前的经验所影响,这些儿童认为攻击或退缩行为更有效。[①]

在他人对自己反应的积极后果的评估上,轻度孤独症谱系障碍儿童在主动果断反应、攻击反应和退缩反应上均没有表现出领域内差异。在自己对自己反应的积极后果的评估上,轻度孤独症谱系障碍儿童在主动果断反应上出现了领域内的差异,认为在习俗规则上的主动果断反应后果最积极,其次是个人规则,最后是道德规则。由于训练和社会化的影响与习俗规则有关,心理理论与道德判断有关,轻度孤独症谱系障碍儿童可能更看重习俗规则,认为在习俗规则场景下的主动果断反应会得到积极的效果。他们在学龄阶段很可能将个人规则与习俗规则混淆,所以对个人规则场景下的主动果断反应的积极效果评价会更消极。另外,由于这些儿童存在心理理论缺陷,所以他们对道德规则下的主动果断反应积极后果的评估最消极。

综合来讲,在反应评估阶段,组间和组内分析显示了有趣的结果,尽管反应评估阶段发现了一些组间差异,轻度孤独症谱系障碍儿

---

① S. Kuusikko, H. Haapsamo, E. Jansson-Verkasalo, et al., "Emotion recognition in children and adolescents with autism spectrum disorders", *Journal of Autism and Developmental Disorders*, Vol. 39, No. 6, 2009, pp. 938–945.

童表现出了对场景类型反应相似的模式,他们更倾向于对主动果断反应给出消极的评估,对攻击和退缩反应给出积极的评估。

二 孤独症谱系障碍儿童社交情绪能力、同伴提名与心理理论和社会信息加工的关系

本研究结果表明,与正常发展儿童相比,轻度孤独症谱系障碍儿童的心理理论能力严重不足,且与教师评估轻度孤独症谱系障碍儿童社交情绪能力和同伴提名存在显著相关,与 Flood 和 Ziv 等人的研究结果不一致。其原因可能是先前研究多采用父母评估轻度孤独症谱系障碍儿童的社交情绪能力,[①] 而本研究采用教师评估其社交情绪能力。轻度孤独症谱系障碍儿童长期在学校就读或参与训练,父母与他们在一起的时间相对较少;且父母大多数会高估这些儿童的能力,教师评估可能会更加客观、准确。

另外,本研究结果表明:轻度孤独症谱系障碍儿童的社交情绪能力、同伴提名与社会信息加工 SIP 内部的编码、反应积极后果评估有关。轻度孤独症谱系障碍儿童的心理理论总分与 SIP 的编码、主动果断反应质量、他人对自己主动果断反应的积极后果评估有关;心理理论中对失言情境的理解与 SIP 中的主动果断反应质量和他人对自己主动果断反应的积极后果评估有关;心理理论中的说话者心理状态水平与他人对自己攻击反应的积极后果评估有关。但是,轻度孤独症谱系障碍儿童的社交情绪能力、同伴提名和心理理论能力与 SIP 的总分相关均不显著,这说明 SIP 与心理理论和轻度孤独症谱系障碍儿童社交功能的相关有限,支持了上文中提到的 Flood 和 Ziv 等人的研究结果。社会信息加工 SIP 模型是一个内隐的社会认知模型,整合了执行功能、心理理论和共同注意等孤独症谱系障碍儿童存在缺陷的认知能

[①] A. M. Flood, D. Julian Hare, P. Wallis, "An investigation into social information processing in young people with Asperger syndrome", *Autism*, Vol. 15, No. 5, 2011, pp. 601 – 624; Y. Ziv, B. S. Hadad, Y. Khateeb, "Social information processing in preschool children diagnosed with autism spectrum disorder", *Journal of Autism and Developmental Disorders*, Vol. 44, No. 4, 2014, pp. 846 – 859.

力。在轻度孤独症谱系障碍儿童中，作为一个内隐的社会认知模型，SIP 模型各阶段中只有编码和主动反应评估阶段的能力与心理理论及同伴关系和社交能力有关，该结果与 Li 等人的观点发生了冲突。Li 等人认为，在提高儿童社交能力的干预研究中，要采取综合的方式使用 SIP 理论，应该避免没有纳入所有 SIP 步骤的干预研究。[①]

第六节　结　论

第一，在社会信息加工理论 SIP 模型的编码阶段，轻度孤独症谱系障碍儿童有效编码社会信息的能力较差，但是他们在社会规则领域内的认知发展模式上与正常发展儿童一致，都是道德规则得分最高，其次是习俗规则，最后是个人规则；在意图归因阶段，轻度孤独症谱系障碍儿童在道德规则下的意图归因能力最差。

第二，在社会信息加工理论 SIP 模型的建构反应阶段，轻度孤独症谱系障碍儿童的建构反应能力不存在显著的社会规则领域内差异，且他们的攻击反应、非社会退缩反应、亲社会退缩反应显著较多，主动果断反应显著较少；轻度孤独症谱系障碍儿童只在主动果断反应上存在显著的领域内差异。

第三，在社会信息加工理论 SIP 模型的反应评估阶段，在反应质量的评估上，轻度孤独症谱系障碍儿童对主动果断反应质量的评估显著消极，对攻击反应质量的评估显著积极，且他们在所有反应类型的反应质量上都表现出了跨领域的模式。

第四，在社会信息加工理论 SIP 模型的反应评估阶段，在反应积极后果的评估上，轻度孤独症谱系障碍儿童更倾向于低估主动果断反应的积极后果，高估攻击反应和退缩反应的积极后果。在他人对自己反应的积极后果的评估上，轻度孤独症谱系障碍儿童在主动果断反

---

① J. Li, M. W. Fraser, T. L. Wike, "Promoting social competence and preventing childhood aggression: A framework for applying social information processing theory in intervention research", *Aggression and Violent Behavior*, Vol. 18, No. 3, 2013, pp. 357-364.

应、攻击反应上均没有出现社会规则领域内差异，仅在退缩反应上出现了领域内差异；在自己对自己反应的积极后果的评估上，轻度孤独症谱系障碍儿童在主动果断反应、攻击反应上出现了社会规则领域内的差异，在退缩反应上则表现出了跨领域的模式。

第五，轻度孤独症谱系障碍儿童的心理理论能力显著较差，心理理论能力与教师评估社交和情绪能力、同伴提名存在显著相关；他们的社交和情绪能力、同伴提名与社会信息加工 SIP 模型内部的编码、反应积极后果评估有关，但其社会信息加工整体能力与心理理论和社交能力的相关有限。

第六章　研究4：孤独症谱系障碍儿童社会规则认知的干预

第一节　研究目的

基于研究3结果和现存社会信息加工SIP模型相关的干预研究，设计干预方案提高轻度孤独症谱系障碍儿童的社交能力，并验证其干预效果。

具体研究目标：

1. 探索干预方案是否可以显著提高轻度孤独症谱系障碍儿童的社交与情绪能力，改善其同伴提名情况和孤独症谱系障碍儿童症状；

2. 探索干预方案是否可以显著提高其SIP阶段内的内隐社会认知能力。

第二节　研究假设

1. 轻度孤独症谱系障碍儿童的社交与情绪能力可能会得到显著提高，其同伴提名情况和孤独症谱系障碍症状可能会得到显著改善，并且具有维持效果。

2. 轻度孤独症谱系障碍儿童的社会信息加工SIP模型各阶段能力可能会得到显著提高，并且具有维持效果。

第三节 研究方法

一 研究对象

所有被试来自研究3的轻度孤独症谱系障碍儿童组,年龄在7—11岁之间,将被试随机分配进入干预组($n = 8$)和控制组($n = 7$)。多元方差显示两组儿童在年龄($F = 2.813$,$p = 0.117$)、FIQ($F = 0.055$,$p = 0.818$)、VIQ($F = 0.493$,$p = 0.495$)、PIQ($F = 0.060$,$p = 0.811$)上不存在显著差异,达到匹配标准。卡方检验显示两组儿童不存在显著的性别差异($\chi2 = 0.268$,$p = 0.605$),被试人口学的基本情况见表6-1。

表6-1　干预组和控制组儿童人口学变量基本分布情况

人口学变量	干预组($n=8$)			控制组($n=7$)		
	Mean	SD	Range	Mean	SD	Range
生理年龄(月)	8.88	1.46	7—11	10.1	1.5	7—11
智力(IQ)	95.0	13.1	73—118	93.7	6.4	83—102
言语智商(VIQ)	93.9	11.2	76—106	97.3	6.8	90—106
操作智商(PIQ)	91.6	11.6	72—103	90.4	6.0	79—97
性别(男:女)	8(6:2)			7(6:1)		

二 研究工具

(一)认知能力测验

认知能力测验任务,同研究2和研究3。

(二)同伴关系提名

同伴关系提名,同研究3。

(三)社交和情绪量表

社交和情绪量表,同研究3。

(四)儿童孤独症谱系障碍测验

儿童孤独症谱系障碍测验(CAST),同研究1。

（五）社会信息加工访谈任务

社会信息加工 SIP 访谈，同研究 3。

三 研究程序

7 周干预，每周 3 次团体活动课，共 20 次团体活动课，每次课 35 分钟。在干预前 1 周和干预后 1 周内进行前后测，分别在后测 6 周和 3 个月后进行短期追踪。参考 Bauminger、Lopata 和 Koning 等先前研究者使用的干预方案，根据 SIP 模型的相应阶段设计 20 个单元的团体课程，包括"第 1 单元：课程介绍——建立活动规则""第 2 至第 19 单元：SIP 六阶段的相应课程训练。"SIP 每个阶段的课程训练都包括 3 个单元的内容。[①]

具体内容如下：

（一）SIP 第一阶段：关注情绪和各种情绪、情感线索

具体内容包括认识和表达情绪、情感；如何恰当地表达情绪和情感；通过团体游戏练习并恰当地表达情绪和情感，识别他人的情绪和情感线索。

（二）SIP 第二阶段：观点采择——理解他人意图的困难

具体内容包括认识和理解"相同"和"不同"；认识和理解人的"相同"与"不同"；通过社交团体游戏练习并恰当地感受人的"相同"与"不同"。

（三）SIP 第二阶段：价值澄清——明确社交目标

具体内容包括认识并理解目标；了解自己的社交目标；在团体社交游戏中练习并恰当地感受不同的社交目标。

[①] N. Bauminger, "The facilitation of social-emotional understanding and social interaction in high-functioning children with autism: Intervention outcomes", *Journal of Autism and Developmental Disorders*, Vol. 32, No. 4, 2002, pp. 283 – 298; C. Lopata, M. L. Thomeer, M. A. Volker, et al., "Effectiveness of a cognitive-behavioral treatment on the social behaviors of children with Asperger disorder", *Focus on Autism and Other Developmental Disabilities*, Vol. 21, No. 4, 2006, pp. 237 – 244; C. Koning, J. Magill-Evans, J. Volden, et al., "Efficacy of cognitive behavior therapy-based social skills intervention for school-aged boys with autism spectrum disorders", *Research in Autism Spectrum Disorders*, Vol. 7, No. 10, 2013, pp. 1282 – 1290.

（四）SIP 第四阶段：问题解决的方式

具体内容包括认识问题解决是什么；怎样才能交到更多的朋友；在团体社交游戏中练习并恰当地感受不同社交问题解决方法带来的感觉和效果。

（五）SIP 第五阶段：后果认知训练

具体内容包括认识行为的后果；怎样才能更好地预测行为的后果；团体讨论不同行为出现不同后果的原因。

（六）SIP 第六阶段：问题解决的步骤

具体内容包括认识问题解决的步骤；讨论问题解决的步骤和方法；如何恰当地解决不同的社交问题，教儿童一个一般的解决社交问题模式。

团体游戏活动包括交谈、与他人做游戏、处理攻击行为和欺辱行为、关爱他人、交朋友和表达喜欢他人的恰当方式等。

每个阶段都包括一个完整的团体游戏活动单元，引导并奖励儿童在游戏中体验并练习自己学到的 SIP 方面的知识和能力，每堂课都要准备与课程内容匹配的 PPT 和活动材料，及时奖励表现进步的儿童。轻度孤独症谱系障碍儿童一般在课堂上注意力不集中、表现不稳定、手上的小动作较多、高兴和不高兴的时候都会发出奇怪的声音；他们的规则意识较弱，经常会无意识地攻击其他儿童，被其他儿童孤立或自己主动地游离在团体活动之外。另外，要根据每个轻度孤独症谱系障碍儿童的特点进行奖励。例如：一个在课堂上经常游离在团体活动边缘的孩子，突然想参加团体游戏，主试这时候要及时关注该儿童的行为，给予机会，进行鼓励，并引导班级其他儿童改变对他的看法。

在干预活动进行前，要与班主任讨论活动内容，确保活动的趣味性，以便吸引儿童的注意。在整个干预活动进行中，大部分班主任都能全程参与活动，帮助主试观察轻度孤独症谱系障碍儿童的反应。

四 统计分析

同研究 3，采用 SPSS 16.0 进行统计分析，采用重复测量方差分析评估干预组和控制组在 4 个时间点上的孤独症谱系障碍症状、社交和情绪能力以及同伴提名情况的变化。

第四节 结果与分析

一 干预前后两组儿童在社交与情绪能力、孤独症谱系障碍症状以及同伴提名上的变化

干预组和控制组在社交与情绪能力和同伴提名上的基本得分情况见表6-2。

表6-2 干预组和控制组测量结果

变量得分		干预组（n=8）			控制组儿童（n=7）		
		Mean	SD	Range	Mean	SD	Range
社交和情绪	T1	35.6	12.4	20—51	39.9	9.2	26—51
	T2	46.4	12.9	26—64	38.0	6.0	28—45
	T3	50.1	10.8	34—64	36.4	5.4	27—45
	T4	46.3	8.6	29—56	33.6	5.6	25—43
同伴提名	喜欢一起玩的朋友 T1	1.5	1.7	0—4	1.7	1.1	0—3
	T2	4.6	2.3	2—8	1.1	1.3	0—3
	T3	3.8	1.3	2—6	0.9	1.1	0—3
	T4	2.8	1.4	1—5	1.1	1.2	0—3
	不喜欢一起玩的朋友 T1	12.3	8.5	0—29	7.9	8.2	1—22
	T2	6.9	4.4	2—16	9.1	8.0	1—21
	T3	5.6	4.2	1—14	9.7	7.6	1—20
	T4	5.8	4.9	1—13	9.4	7.3	3—20
孤独症谱系障碍症状	T1	24.6	3.6	19—31	18.9	3.7	15—25
	T2	18.3	2.3	16—22	19.3	3.9	15—25
	T3	17.3	1.4	15—19	21.0	1.6	18—24
	T4	19.6	3.1	15—24	19.1	2.0	16—22

重复测量方差分析表明：干预组和控制组在时间上的主效应（$F=5.169$, $P=0.004$）存在显著差异，社交与情绪能力与时间交互

效应（$F = 14.449$，$P < 0.01$）存在显著差异，组间主效应（$F = 2.852$，$p = 0.115$）则不存在显著差异；事后分析表明：在社交与情绪能力上，时间点 T3 的得分显著高于 T1（$mean\ diff$：10.088，$p < 0.01$），其他均不显著，见图 6-1。进一步通过事后分析对比各组内 4 个时间点的变化趋势，结果显示：干预组在时间点 T1 上的得分显著低于 T2（$mean\ diff$：-10.750，$p < 0.01$）、T3（$mean\ diff$：-14.500，$p = 0.002$）和 T4（$mean\ diff$：-10.625，$p = 0.023$）；其他均不显著；控制组在时间点 T3 上的得分显著高于时间点 T4（$mean\ diff$：2.857，$p = 0.002$），其他均不显著。

在孤独症谱系障碍症状上，重复测量方差分析表明：两组在时间上的主效应（$F = 5.356$，$p = 0.014$）存在显著差异，组别与时间交互效应（$F = 11.810$，$p < 0.01$）存在显著差异，组别主效应（$F = 0.107$，$p = 0.749$）不存在显著差异。事后分析结果表明：在孤独症谱系障碍症状上，时间点 T1 的得分显著高于 T2（$mean\ diff$：2.973，$p = 0.001$）和 T3（$mean\ diff$：2.616，$p = 0.022$）。进一步，通过事后

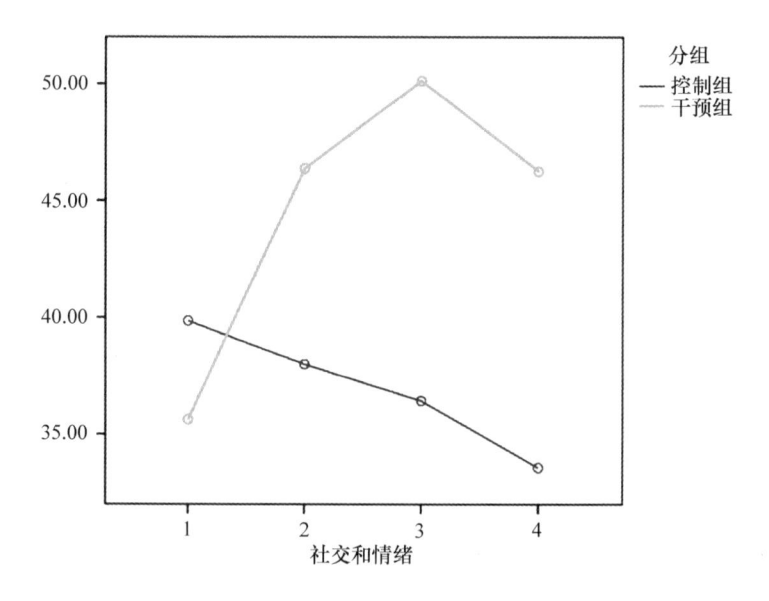

图 6-1 干预组和控制组在社交与情绪能力上的时间和分组的交互轮廓图

分析对比各组内 4 个时间点的变化趋势，结果显示：干预组在时间点 T1 上的得分显著高于 T2（$mean\ diff$：6.375，$p = 0.002$）和 T3（$mean\ diff$：7.375，$p = 0.003$），其他均不显著；控制组在 4 个时间点上均不存在显著差异，见图 6-2。

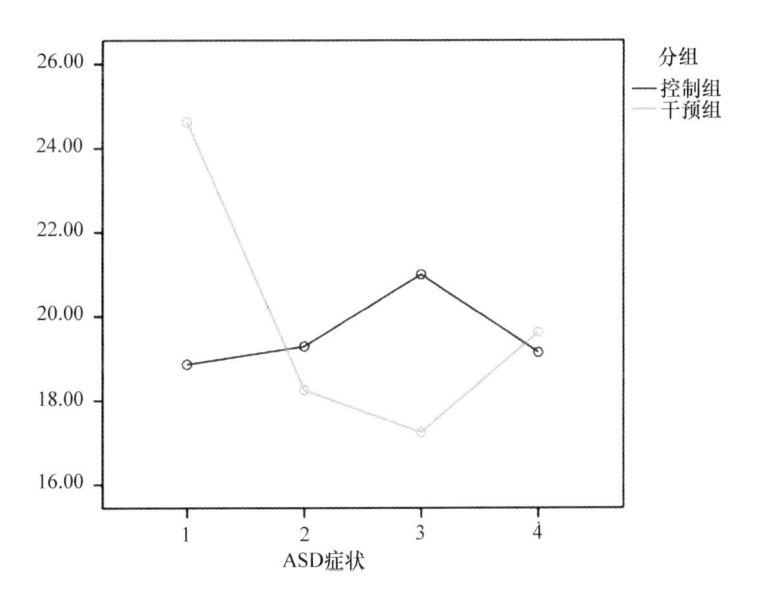

图 6-2　干预组和控制组在孤独症谱系障碍症状上的
时间和分组的交互轮廓图

在同伴提名上，干预组和控制组在喜欢一起玩的朋友上的重复测量方差分析表明：两组在时间上的主效应（$F = 10.088$，$p < 0.01$）存在显著差异，喜欢一起玩的朋友提名与时间交互效应（$F = 22.691$，$p < 0.01$）存在显著差异，组别主效应（$F = 7.495$，$p = 0.017$）存在显著差异。事后分析结果表明：在喜欢一起玩的朋友的提名分数上，时间点 T2 的得分显著高于 T1（$mean\ diff$：1.277，$p < 0.01$），见图 6-3。进一步，通过事后分析对比各组内 4 个时间点的变化趋势，结果显示：干预组在时间点 T1 上的得分显著低于 T2（$mean\ diff$：-3.125，$P < 0.01$）、T3（$mean\ diff$：-2.250，$p = 0.006$）、T4（$mean\ diff$：-1.250，$p = 0.009$），在时间点 T2 上的得分显著高于 T4（$mean\ diff$：1.875，$p = 0.013$），其他

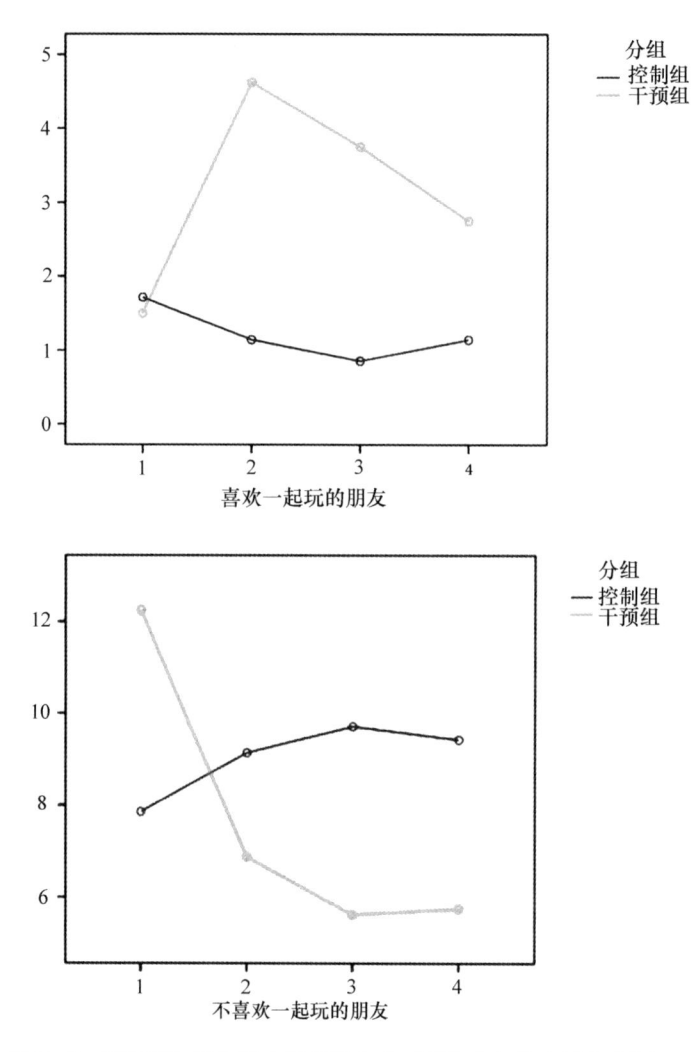

图 6-3 干预组和控制组在同伴提名上时间和分组的交互轮廓图

均不显著。控制组在各时间点上均不显著。

在不喜欢一起玩的朋友上的重复测量方差分析表明：两组在时间上的主效应（$F=4.023$，$p=0.042$）存在显著差异，不喜欢一起玩的同学提名与时间交互效应（$F=11.608$，$p=0.001$）存在显著差异，组别主效应（$F=0.177$，$p=0.680$）不存在显著差异。事后分析结果表明：在不喜欢一起玩的同学的提名分数上，时间点 T1 的得分显著高于 T3（*mean diff*：2.384，$p = 0.033$），见图 6-2。进一步，通过事后分析对比各组内 4 个时间点的变化趋势，结果显示：干预组在时间点 T1 上的得分显著高于 T3（*mean diff*：1.711，$p = 0.037$），其他均不显著；控制组在各时间点上均不显著。

二 干预前后两组儿童在社会信息加工访谈任务上的变化

在社会信息加工 SIP 模型的各阶段上，重复测量方差分析表明：干预组和控制组在编码、建构反应（攻击反应、主动反应、亲社会退缩反应、情绪反应、求助成人、其他反应）、攻击反应质量、退缩反应质量、自己对自己主动果断反应的积极后果评估、他人对自己攻击反应的积极后果评估、自己对自己攻击反应积极后果评估、他人对自己退缩反应的积极后果评估和自己对自己退缩反应的积极后果评估上，在时间主效应、时间和组别交互效应以及分组主效应上均不存在显著差异。

在意图归因上，重复测量方差分析表明：干预组和控制组在时间上的主效应（$F = 0.028$，$p = 0.993$）不存在显著差异，意图归因与时间交互效应（$F = 1.163$，$p = 0.336$）不存在显著差异，组别主效应（$F = 5.854$，$p = 0.031$）则存在显著差异。进一步使用 T 检验分别对比两组在 4 个时间点的差异，结果显示：在时间点 T3（$t = 1.813$，$p = 0.014$）和 T4（$t = 3.160$，$p = 0.008$）上，控制组的得分显著高于干预组。

在非社会退缩反应上，重复测量方差分析表明：干预组和控制组在时间上的主效应（$F = 2.381$，$p = 0.084$）不存在显著差异，非社会退缩反应与时间交互效应（$F = 0.302$，$p = 0.823$）不存在显著差异，组别主效应（$F = 13.182$，$p = 0.003$）则存在显著差异。进一步使用 T 检验分别对比两组在 4 个时间点的差异，结果显示：在时间点 T3（$t = 2.228$，$p = 0.044$）和 T4（$t = 2.349$，$p = 0.035$）上，控制组的得分显著高于干预组。

在主动反应质量的评估上，重复测量方差分析表明：干预组和控制组在时间上的主效应（$F = 3.054$，$p = 0.040$）存在显著差异，主动反应质量评估与时间的交互效应（$F = 11.879$，$p < 0.01$）存在显著差异，组别主效应（$F = 6.527$，$p = 0.024$）存在显著差异。进一

步通过事后分析对比各组内 4 个时间点的变化趋势，结果显示：干预组在时间点 T1 上的得分显著低于 T2 ($mean\ diff$：-6.0，$p=0.005$) 和 T4 ($mean\ diff$：-5.0，$p=0.017$)，其他均不显著；控制组在 4 个时间点上均不显著，见图 6-3。

在他人对自己主动果断反应的积极后果评估上，重复测量方差分析表明：干预组和控制组在时间上的主效应 ($F=12.217$，$p<0.01$) 存在显著差异，主动果断反应的积极后果评估与时间交互效应 ($F=7.724$，$p=0.002$) 存在显著差异，组别主效应 ($F=7.157$，$p=0.019$) 存在显著差异；事后分析表明：在他人对自己主动果断反应的积极后果评估上，在时间点 T1 上的得分显著低于 T2 ($mean\ diff$：-1.696，$p=0.046$) 和 T4 ($mean\ diff$：-4.750，$p=0.002$)，在 T3 上的得分显著低于 T4 ($mean\ diff$：-3.009，$p=0.018$)，其他均不显著，见图 6-3。进一步通过事后分析对比各组内 4 个时间点的变化趋势，结果显示：干预组在时间点 T1 上的得分显著低于 T2 ($mean\ diff$：-5.250，$p=0.001$)、T3 ($mean\ diff$：-4.650，$p=0.008$) 和 T4 ($mean\ diff$：-7.500，$p=0.014$)，其他均不显著；控制组在时间点 T2 上的得分显著低于时间点 T4 ($mean\ diff$：-3.857，$p=0.015$)，在 T3 上的得分显著低于时间点 T4 ($mean\ diff$：-3.143，$p=0.005$)，其他均不显著，见图 6-4。

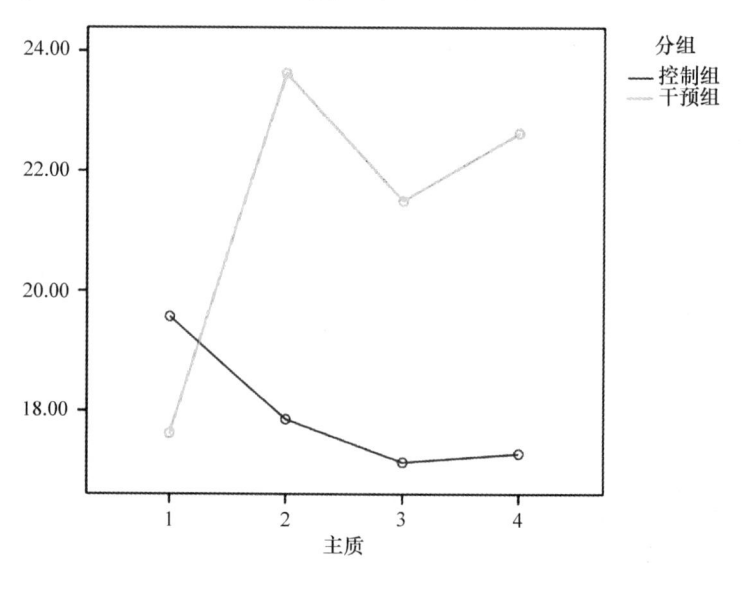

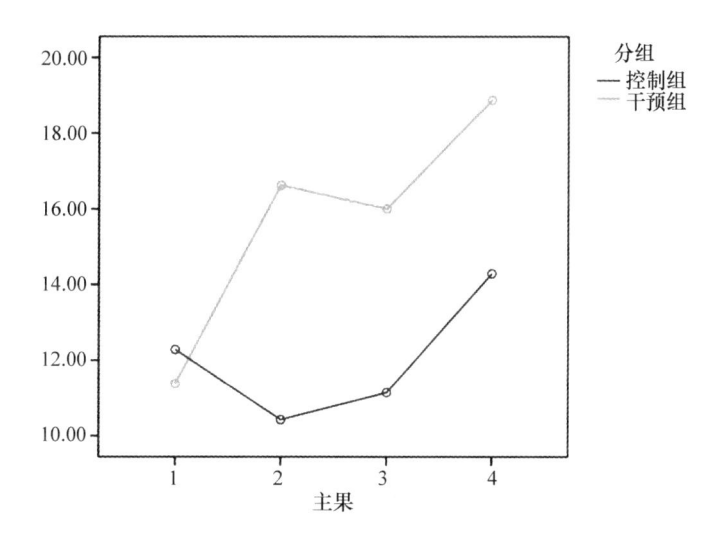

图 6-4　干预组和控制组在主动果断反应质量和他人对自己的
主动果断反应积极后果评估上时间和分组的交互轮廓图

第五节　讨论

一　干预前后两组儿童在社交和情绪能力、孤独症谱系障碍症状以及同伴提名上的变化

本研究被试为 7—11 岁轻度孤独症谱系障碍儿童，尽管样本量较小，但结果显示：自编干预课程具有积极的效果，干预组的社交和情绪能力得到显著提高，且孤独症谱系障碍相关症状和在班级的同伴提名情况也得到了改善。在同伴提名上，干预组儿童在喜欢一起玩的朋友的提名得分上显著提高，在不喜欢一起玩的朋友的提名得分上显著下降。在维持时间上，干预组的社交和情绪能力的提高可以维持到干预 3 个月之后，孤独症谱系障碍相关症状的改善可以维持到干预 6 周之后。在同伴提名上，干预组在喜欢一起玩的朋友的提名上的改善可以维持到干预 3 个月之后，但是其即时后测的结果显著好于干预 3 个月之后的结果；在不喜欢一起玩的朋友的提名上，本研究并没有获得即时效果的改善，而是在干预后 6 周发现延

迟的干预效果。与基线期相比，干预组是有显著变化的。但是，与控制组相比，干预组只在喜欢一起玩的朋友上表现出了显著的组间差异，干预组在喜欢一起玩的朋友上的提名得分显著高于控制组。这可能是由于干预活动是在全班进行的，在活动中主试经常会引导全班儿童与目标儿童一起参与活动，在活动中有意识地引导其他儿童改变对目标儿童的固有看法，给他们提供了更多社交互动的机会。而与喜欢一起玩的同伴提名相比，社交和情绪能力与不喜欢一起玩的同伴提名相对来说更稳定，更不易变化，所以没有表现出显著的组间差异。

在社交与情绪能力、孤独症谱系障碍相关症状及同伴提名的测量上，本研究结果显示：自编干预方案具有干预实效，孤独症谱系障碍儿童在以上变量的得分上都获得了不同程度的提高或改善，与Bauminger的研究结果基本一致。[1] 这说明，针对轻度孤独症谱系障碍儿童的社交能力来说，社会信息加工SIP模型是可以作为一个干预理论基础的，从某种程度上来说，支持了该模型可以预测儿童社交行为的观点。[2]

二 干预前后两组儿童在SIP模型内各阶段的变化

在社会信息加工SIP模型各阶段，本研究发现：除了意图归因、非社会退缩、主动果断反应质量和他人对自己主动果断反应的积极后果的评估之外，干预组和控制组在编码、建构反应（攻击反应、主动反应、亲社会退缩反应、情绪反应、求助成人、其他反应）、攻击反应质量、退缩反应质量、自己对自己主动果断反应的积极后果评估、他人对自己攻击反应的积极后果评估、自己对自己攻击反应的积极后

---

[1] N. Bauminger, "The facilitation of social-emotional understanding and social interaction in high-functioning children with autism: Intervention outcomes", *Journal of Autism and Developmental Disorders*, Vol. 32, No. 4, 2002, pp. 283–298; N. Bauminger, "Brief report: Individual social-multi-modal intervention for HFASD", *Journal of Autism and Developmental Disorders*, Vol. 37, No. 8, 2007, pp. 1593–1604.

[2] J. E. Lansford, P. S. Malone, K. A. Dodge, et al., "A 12-year prospective study of patterns of social information processing problems and externalizing behaviors", *Journal of Abnormal Child Psychology*, Vol. 34, No. 5, 2006, pp. 709–718.

果评估、他人对自己退缩反应的积极后果评估和自己对自己退缩反应的积极后果评估上,在时间主效应、时间和组别交互效应以及分组主效应上均不存在显著差异。

但是在意图归因和非社会退缩反应上,干预组和控制组儿童却在干预6周后出现了显著的变化,干预组儿童在模糊情境下的敌意归因倾向显著低于控制组,非社会退缩反应显著低于控制组儿童。由于T3和T4时间点是干预6周后和干预3个月后,这种显著的组间差异有可能是干预的延迟效果所致。另外,在主动果断反应质量上,干预组的即时后测效果显著,时间点T1的结果显著低于时间点T2和T4的结果,说明干预组在主动果断反应质量上的进步也可以维持到3个月后。在他人对自己的主动果断反应积极后果的评估上,时间点T1的得分显著低于T2和T4的测量结果;T3显著小于T4的结果,却和T2的结果之间没有出现显著差异。这说明在他人对自己主动果断反应积极后果的评估上,干预效果也可以维持到3个月以后。

鉴于到目前为止还没有以社会信息加工SIP模型为理论基础,针对孤独症谱系障碍儿童的社交能力进行干预的研究,本研究根据认知行为疗法理论,参考其他相关干预研究自编的干预方案可能并不完全符合社会信息加工SIP模型各阶段。大部分SIP阶段,干预组在干预前后都没有表现出显著的变化,被试的整体社会认知能力并没有发生显著的变化。其原因可能是因为干预方案在设计和执行时更偏重改善孤独症谱系障碍儿童的社交行为和社交能力,儿童自己认知、体验的过程较短,时间较少。再有,本研究的实际干预时间只有7周,虽然一周有3次活动,但是每次活动只能持续35分钟,整体活动时间太短。本研究的样本量过少,可能会影响统计结果。

综合来说,本研究中的干预方案可以提高轻度孤独症谱系障碍儿童的社交和情绪能力,缓解其孤独症谱系障碍症状和同伴关系。Koning等人强调了干预研究中的测量需要社会效度。[1] 同伴提名的结

---

[1] C. Koning, J. Magill-Evans, J. Volden, et al., "Efficacy of cognitive behavior therapy-based social skills intervention for school-aged boys with autism spectrum disorders", *Research in Autism Spectrum Disorders*, Vol. 7, No. 10, 2013, pp. 1282–1290.

果可以表明本研究具有社会效度，说明该干预是有价值的。但是，本研究的干预内容在设计和执行过程中可能并没有完全符合 SIP 模型各阶段的内容。未来研究需要延长干预时间，基于 SIP 模型各阶段设计更精细的干预活动，使用大样本来进一步探索 SIP 模型与轻度孤独症谱系障碍儿童社会认知能力之间的关系。

第六节　结论

第一，基于 SIP 理论模型自编的社会认知团体干预课程对轻度孤独症谱系障碍儿童具有积极的结果。

第二，干预组儿童的社交和情绪能力显著提高，其孤独症谱系障碍相关症状和在班级的同伴提名情况也得到了改善，干预效果可以维持到 6 周—3 个月之后。

第三，干预组儿童在社会信息加工 SIP 模型各阶段的内隐社会认知能力上的提高有限，仅在主动果断反应质量和他人对自己的主动果断反应积极后果的评估上得到显著改善，且干预效果也可以维持到 3 个月以后。

第七章 综合讨论

本研究以轻度孤独症谱系障碍儿童社会规则的认知能力为核心变量，依据社会领域理论和社会信息加工理论，系统探索了轻度孤独症谱系障碍儿童社会规则的认知特点和认知机制，进一步发现了轻度孤独症谱系障碍儿童与正常发展儿童在社会规则认知上的差异。并在此基础上，有针对性地设计并实施干预方案，其目的在于提高轻度孤独症谱系障碍儿童的社交能力及社会信息加工各阶段的内隐社会认知能力。

在研究 1 中，基于我国孤独症谱系障碍儿童的流行病学研究现状，采用问卷法、教师提名及专家诊断对孤独症谱系障碍儿童进行了大样本的筛查，以 6—11 岁儿童为研究对象，系统描述了孤独症谱系障碍儿童的地区患病率及其影响因素，结果发现：我国孤独症谱系障碍儿童的患病率与国外近期患病率筛查研究结果相似，并不明显低于国外研究结果；且儿童性别为男性、家庭月收入低于 1999 元、父亲患有精神病史和母亲怀孕时长为 34 周—36 周是孤独症谱系障碍的相关因素，与国内外先前研究结果基本一致。

基于研究 1 的筛查结果和轻度孤独症谱系障碍儿童在社会规则认知方面表现出的异常，我们将社会规则这个变量引入研究 2，在允许性、严重性、合理性、普遍性和权威依赖性这 5 个判断标准上系统探讨轻度孤独症谱系障碍儿童社会规则的认知特点。结果发现：轻度孤独症谱系障碍儿童可以识别并区分社会规则的 3 种类型，他们在允许性、普遍性和权威依赖性这 3 个判断标准上与正常发展儿童均不存在显著的组间差异。但是在严重性上存在显著的组间差异，除了对道德领域的严重性判断与正常发展儿童一致之外，他们认为违规行为更严重；在权威依赖性上，两组儿童在社会规则类型的识别模式上有所不同；在合理性的解释上，轻度孤独症谱系障碍儿童在习俗违规事件中倾向于给出更少的习俗和社会规范的解释，给出更多简单重复的解释。另外，心理理论在轻度孤独症谱系障碍儿童和正常发展儿童识别社会规则过程中发挥着不同的作用。对于两组儿童在合理性解释上的差异，先前研究指出：这种差异的原因主要是由于其他判断标准是封闭式的选择题，更多反映的是外显的社会认知；而合理性的解释是开放式的质化编码分类问题，更倾向于反映内隐的社会认知。[1]

基于研究2的结果，在研究3中引入内隐社会认知模型——社会信息加工 SIP 模型，系统探索轻度孤独症谱系障碍儿童社会规则认知特点背后的内隐社会认知机制及其与儿童社交能力、心理理论的关系问题。结果显示：与正常发展儿童相比，在 SIP 模型的编码阶段，轻度孤独症谱系障碍儿童的编码能力显著较差，但是他们可以在编码阶段区分所有的社会规则类型，且模式一致；在意图归因阶段，两组儿童的表现并没有显著差异；在建构反应阶段的具体类型上，轻度孤独症谱系障碍儿童的攻击反应、非社会退缩反应、亲社会退缩反应显著较多、主动果断反应显著较少，且两组儿童的建构反应能力在整体上存在社会规则领域内的差异；在反应评估阶段，轻度孤独症谱系障碍儿童评估的主动果断反应质量显著较低，攻击反应质量显著较高，且轻度孤独症谱系障碍儿童在所有反应质量上都表现出了跨领域的模式；而正常发展儿童的反应质量评估却存在社会规则类型的领域内差异。在反应的积极后果的整体评估上，轻度孤独症谱系障碍儿童更倾向于对主动果断反应的积极后果给出较低的分数，对攻击反应和退缩反应的积极后果给出较高的分数；在他人对自己反应的积极后果的评估上，轻度孤独症谱系障碍儿童在主动果断反应、攻击反应上均没有出现社会规则领域内差异；在退缩反应上出现了社会规则领域内的差异，并且其领域内差异的方向与正常发展儿童一致。在自己对自己反

---

[1] A. M. Flood, D. Julian Hare, P. Wallis, "An investigation into social information processing in young people with Asperger syndrome", *Autism*, Vol. 15, No. 5, 2011, pp. 601–624.

应的积极后果的评估上,轻度孤独症谱系障碍儿童在主动果断反应、攻击反应上出现了社会规则领域内的差异,在退缩反应上则没有出现社会规则的领域内差异。另外,与正常发展儿童相比,虽然轻度孤独症谱系障碍儿童的心理理论能力显著较差,且与社交和情绪能力存在显著相关,但其心理理论能力与 SIP 模型各阶段及社交和情绪能力的相关有限。

随后,根据研究 3 的结果,本研究依据轻度孤独症谱系障碍儿童在社会规则上的内隐社会认知机制和先前 SIP 模型相关干预研究设计干预方案,制定并实施了具有本研究特色的干预方案。干预结果表明:干预方案可以有效提高轻度孤独症谱系障碍儿童的社交和情绪能力、改善其同伴关系和孤独症谱系障碍的相关症状,且可以得到维持效果,但是其内隐社会认知能力的提高有限。

综合上述结果,讨论围绕以下几个方面展开。

第一节 孤独症谱系障碍儿童的患病率及其影响因素

孤独症谱系障碍表现为持续的社交和沟通互动缺陷,发展、理解和维持人际关系缺陷,同时还伴随着异常的、固着的兴趣和重复性行为及活动。[1] 70 多年来,许多国家对孤独症谱系障碍的患病率进行了调查研究,其结果表明:孤独症谱系障碍的患病率呈现上升趋势,从 20 世纪的 5/10000 到最近的 1/68。[2]但是,到目前为止,孤独症谱系障碍的准确病因还有待深入探究,研究者普遍认为其病因是遗传和环境因素的交互作用。[3]

---

[1] American Psychiatric Association, *Diagnostic and statistical manual of mental disorders* (*Dsm*-5), Washington, D. C.: American Psychiatric Publishing, 2013.

[2] B. K. Lee, J. J. McGrath, "Advancing parental age and autism: multifactorial pathways", *Trends in Molecular Medicine*, Vol. 21, No. 2, 2015, pp. 118 – 125.

[3] M. D. Kogan, S. J. Blumberg, L. A. Schieve, et al., "Prevalence of parent-reported diagnosis of autism spectrum disorder among children in the US.", *Pediatrics*, Vol. 124, No. 5, 2007, pp. 1395 – 1403.

从 2000 年到 2016 年，我国进行了 30 余项孤独症谱系障碍患病率的筛查研究，结果显示：我国孤独症谱系障碍患病率显著低于西方发达国家的患病率。值得注意的是我国的孤独症谱系障碍患病率筛查对象主要关注 2—6 岁的学前儿童，筛查方法和筛查工具陈旧、诊断标准不一、定义过于狭窄以及社会大众的误解等原因可能影响患病率筛查结果。轻度孤独症谱系障碍儿童虽然能够在普通学校就读，[①] 但是，他们的社交能力和社会认知能力存在严重问题，往往会因为同伴关系不良、无法建立或者维持社交、攻击行为、学业成绩不佳等原因被同伴排斥或孤立。国外很多研究显示：对这些儿童进行有针对性的干预可以显著提高他们的社会认知能力，改善他们的社交功能缺陷。但是，我国先前的筛查研究却忽视了这些轻度的孤独症谱系障碍儿童。

本研究采用问卷法和教师提名法，辅助专家诊断和评估等方法筛查了 7554 名 6—11 岁学龄儿童，结果发现：孤独症谱系障碍儿童的患病率与发达国家的筛查结果基本一致，并且高于所有国内先前研究的筛查结果，其原因在于上文中提到的筛查对象年龄范围狭窄，筛查方法、筛查工具陈旧、诊断标准不一、定义过于狭窄、社会支持不足等问题。

在孤独症谱系障碍患病率的影响因素上，本研究发现：儿童性别为男性、父亲没有精神病史、家庭月收入≤1999 元和母亲怀孕时长为 34—36 周是其相关因素。其中，儿童性别为男性、家庭月收入≤1999 元是孤独症谱系障碍的风险性因素；父亲没有精神病史和母亲怀孕时长为 34—36 周是孤独症谱系障碍的保护性因素。在孤独症谱系障碍患病的相关因素上，国内外先前研究结果总体表明：父亲生育年龄过大、父母职业、父亲社交反馈方式、母亲妊娠周数低于 35 周、母亲人工流产史、母亲孕期抑郁、儿童的低出生体量、过期产、人工喂养、新生黄疸等都是孤独症谱系障碍的危险因素；母亲文化程度较高、母亲孕期情绪良好、家庭教育等因素是孤独症谱系障碍的保护性

---

① X. Sun, C. Allison, F. E. Matthews, et al., "Exploring the Underdiagnosis and Prevalence of Autism Spectrum Conditions in Beijing", *Autism Research*, Vol. 8, No. 3, 2015, pp. 250–260.

因素。但是到目前为止，就研究结果而言，还没有研究可以得出具有因果关系的结论，且因为样本量、评估工具、地域特点、经济发展水平的不同……研究结果出现不一致的可能性极大。在本研究中，由于最后确诊的样本量相对较小、各变量的分组又多、每组例数又非常有限等原因极有可能影响研究结果的统计学效力。所以，本研究中关于风险性因素或保护性因素的结果带有偶然性，可能不足以下结论，未来研究需要扩大样本量，进一步验证这些研究结果。

总体来说，本研究结果表明：我国孤独症谱系障碍儿童的患病率与国外类似研究结果相当，且普通小学存在一定数量未经识别的孤独症谱系障碍儿童。虽然这些儿童症状较轻，且认知发展水平可以"随班就读"，但是他们在社交功能和社会认知能力等方面存在不同程度的"质"的缺陷，需要获得有针对性的帮助，简单的"随班就读"并不能满足他们的需要。本研究结果需要引起教育等相关部门的重视，可以为国内孤独症谱系障碍儿童的"系统筛查"和"融合教育"模式的建立提供实证支持。

第二节 孤独症谱系障碍儿童社会规则的认知特点

在社交互动中，轻度孤独症谱系障碍儿童经常会表现出对社会规则的认知异常，他们不能像正常发展儿童那样理解并遵守社会规则。Blair 等研究者发现：除了认为违规行为更严重之外，轻度孤独症谱系障碍儿童与正常发展儿童在道德违规和习俗违规判断标准上的表现基本一致，他们可以在判断标准上区分道德规则和习俗规则。但是，在合理性的解释上，轻度孤独症谱系障碍儿童倾向于给出更多异常的、简单重复的理由，且他们的心理理论在判断标准上所发挥的作用与正常发展儿童有所不同。[1] 另外，轻度孤独症谱系障碍儿童的社会认知

---

[1] R. J. R. Blair, "Brief report: morality in the autistic child", *Journal of Autism and Developmental Disorders*, Vol. 26, No. 5, 1996, pp. 571–579.

更多基于他们自己的个人经历和个人喜好，他们可能在某种程度上更看重个人规则。

本研究除了探索轻度孤独症谱系障碍儿童的道德违规和习俗违规在判断标准上的差异之外，把个人违规事件引入进来，从社会领域理论的角度整体考察轻度孤独症谱系障碍儿童与正常发展儿童在社会规则认知上存在的差异，研究结果显示：轻度孤独症谱系障碍儿童可以识别并区分3种类型的社会规则，他们在允许性、普遍性和权威依赖性这3个判断标准上与正常发展儿童一致，但是他们认为道德违规行为明显更严重，其原因可能是其认知移情反应和心理理论能力不足。[①]在权威依赖性上，轻度孤独症谱系障碍儿童和正常发展儿童都可以区分道德违规、习俗违规和个人违规，但是他们更重视习俗规则，认为习俗违规更不依赖权威。另外，这些儿童的道德判断与心理理论能力相关，而习俗判断则与训练和社会化有关。

本研究结果表明：在合理性的解释上，轻度孤独症谱系障碍儿童与正常发展儿童的差异也存在于习俗违规事件中。他们在习俗违规事件中给出符合习俗和社会规范的理由显著少于正常发展儿童，给出简单重复的理由显著多于正常发展儿童，支持了Blair等人的研究结果。[②] 与正常发展儿童一样，轻度孤独症谱系障碍儿童已经获得社会规则的相关知识，但是他们无法在习俗违规事件或习俗规则场景下灵活运用已经获得的规则知识，只能刻板地复述或执行。

此外，本研究发现：与正常发展儿童相比，轻度孤独症谱系障碍儿童在违规行为合理性的解释上会表现出不同的反馈模式，涉及避免惩罚和权威禁止、个人选择、实用性后果和异常的反馈这4个理由。避免惩罚和权威禁止是属于习俗规则领域内的反馈类型，由于存在心理理论缺陷，无法摆脱训练和社会化的影响，轻度孤独症谱系障碍儿

[①] M. H. Davis, "A multidimensional approach to individual differences in empathy", *JSAS Catalog of Selected Documents in Psychology*, 1980, Vol. 10, p. 85.

[②] R. J. R. Blair, "Brief report: morality in the autistic child", *Journal of Autism and Developmental Disorders*, Vol. 26, No. 5, 1996, pp. 571–579.

童在该反馈类型上无法区分3个社会规则事件。个人选择、实用性结果和谨慎属于个人领域内的反馈类型，其区别是实用性结果和谨慎要考虑到事件可能发生的后果。在个人选择反馈类型上，轻度孤独症谱系障碍儿童给出的反馈在个人领域最多，道德领域和习俗领域却没有差异；正常发展儿童则在3个社会规则领域上都没有差异。与道德和习俗规则相比，轻度孤独症谱系障碍儿童更倾向于依照自己的喜好和兴趣行事，支持了前文中提到的他们可能更看重个人规则的观点。在实用性结果和谨慎的反馈类型上，轻度孤独症谱系障碍儿童和正常发展儿童都可以区分3个社会规则类型，但是与道德规则相比，轻度孤独症谱系障碍儿童在给出实用性结果和谨慎的反馈上更看重习俗规则；正常发展儿童却在道德和习俗规则的反馈上没有差异。该结果同样支持了"孤独症谱系障碍儿童存在心理理论缺陷，他们的心理理论水平与道德判断有关，社会习俗规则却更多与训练和社会化有关"的观点。轻度孤独症谱系障碍儿童在个人规则领域给出的异常反馈最多，其次是道德规则，最后是习俗规则；而正常发展儿童在3个社会规则领域内则没有差异。同前文所述，轻度孤独症谱系障碍儿童心理理论能力偏低，且与道德规则判断有关，习俗规则判断则与训练和社会化有关。因此，他们可能更重视习俗规则，所以在习俗规则上给出的异常反馈最少，在道德规则上给出的异常反馈其次。与正常发展儿童相比，轻度孤独症谱系障碍儿童虽然更倾向于依照自己的喜好和兴趣行事。但是，心理理论和训练与社会化对个人规则的影响都比较小，所以他们无法给出恰当的解释，在个人规则上给出的异常反馈最多。

本研究还发现：轻度孤独症谱系障碍儿童对失言情境的理解能力和失言识别任务总分与道德违规中的严重性存在显著相关；正常发展儿童的失言识别任务总分与道德违规和习俗违规中的严重性存在显著相关，他们对失言情境的觉察、理解能力与严重性总分存在显著相关。该结果表明，与正常发展儿童相比，轻度孤独症谱系障碍儿童具有一定的心理理论能力，但是这种心理理论能力仅在道德规则领域内起作用，在习俗规则中却消失了，与冯源等人的研究结果一致，① 也进一步支持了本研究在前文中对轻度孤独症谱系障碍儿童社会规则判断和合理性反馈异常的解释。由于轻度孤独症谱系障碍儿童本身的局限性行为、兴趣、思维方式的刻板，他们在习俗违规中可能只是记住了"规则"，可以严格地遵守社会规则，但不能在具体社会规则场景中合适地应用习得的"规则"。

综上所述，轻度孤独症谱系障碍儿童的心理理论能力与道德判断有关，他们在日常生活和学习中接受的训练和社会化与习俗判断有关。由于轻度孤独症谱系障碍儿童的心理理论能力偏低，且喜欢依照自己的喜好行事；与道德规则相比，他们更固着于习俗规则，所以他们在社会规则判断和合理性反馈上与正常发展儿童存在差异。但是，除了心理理论之外，轻度孤独症谱系障碍儿童在执行功能、共同注意、意图归因等其他方面的能力不足也可能对他们的社会规则认知判断和解释有影响，所以未来研究还需要在这些方面进行深入探索。

第三节 孤独症谱系障碍儿童社会规则的认知机制

社会认知缺陷会影响轻度孤独症谱系障碍儿童的社会规则判断和解释，从而进一步影响他们的社交行为。大部分探讨轻度孤独症谱系障碍儿童社会认知缺陷的先前研究更关注心理理论、共同注意和执行功能，且已经针对性地解释了轻度孤独症谱系障碍儿童异常的社会规则判断和社交行为表现，但是并没有解释清楚这些社会认知缺陷与轻度孤独症谱系障碍儿童理解并参与真实社会规则场景之间的关系。社会信息加工 SIP 模型可以加强孤独症谱系障碍儿童研究的理论基础，

---

① 冯源、苏彦捷：《孤独症儿童对道德和习俗规则的判断》，《中国特殊教育》2005年第6期。

进一步拓宽对其社会认知缺陷特征类型的理解。[1] Embregts 和 Meyer 等人发现：与正常发展儿童相比，轻度孤独症谱系障碍儿童在编码、反应建构、反应评估等社会信息加工模型阶段上的认知能力不足，且他们的社会信息加工能力与心理理论和社交功能的相关有限。[2]

本研究将社会规则与社会信息加工的 SIP 模型相结合，改编了先前研究中的社会信息加工 SIP 任务的访谈材料，系统探索了轻度孤独症谱系障碍儿童在社会规则领域内的社会信息加工 SIP 模型的发展，目的在于进一步了解轻度孤独症谱系障碍儿童社会规则的内隐社会认知机制。

社会信息加工 SIP 模型的编码阶段是感知觉的操作过程，儿童在此阶段要有选择性地注意特定情境中的内部和外部线索，并储存在短时记忆里。[3] 本研究发现：与正常发展儿童相比，在整体上，轻度孤独症谱系障碍儿童有效的编码能力显著较差，且具有领域一致性，即两组儿童在 3 个社会规则类型场景内的编码能力没有明显的区别。轻度孤独症谱系障碍儿童的共同注意能力、情绪情感识别能力和心理理论能力显著较差，会影响他们在编码过程中的表现。[4] 本研究发现轻度孤独症谱系障碍儿童和正常发展儿童在意图归因上不存在显著的组间差异，但两组儿童在 3 个社会规则类型场景内的意图归因能力的发

---

[1] J. A. Meyer, P. C. Mundy, A. V. Van Hecke, et al., "Social attribution processes and comorbid psychiatric symptoms in children with Asperger syndrome", *Autism*, Vol. 10, No. 4, 2006, pp. 383 – 402.

[2] P. J. C. M. Embregts, M. Van Nieuwenhuijzen, "Social information processing in boys with autistic spectrum disorder and mild to borderline intellectual disabilities", *Journal of Intellectual Disability Research*, 2009, pp. 922 – 931; J. A. Meyer, P. C. Mundy, A. V. Van Hecke, et al., "Social attribution processes and comorbid psychiatric symptoms in children with Asperger syndrome", *Autism*, Vol. 10, No. 4, 2006, pp. 383 – 402.

[3] N. R. Crick, K. A. Dodge, "A review and reformulation of social information-processing mechanisms in children's social adjustment", *Psychological Bulletin*, Vol. 115, No. 1, 1994, pp. 74 – 101.

[4] J. L. Bean, I. M. Eigsti, "Assessment of joint attention in school-age children and adolescents", *Research in Autism Spectrum Disorders*, Vol. 6, No. 4, 2012, pp. 1304 – 1310; A. Downs, T. Smith, "Emotional understanding, cooperation, and social behavior in high-functioning children with autism", *Journal of Autism and Developmental Disorders*, Vol. 34, No. 6, 2004, pp. 625 – 635.

展模式不同。与道德规则和个人规则场景相比,正常发展儿童在习俗规则场景下更容易做出敌意的归因;轻度孤独症谱系障碍儿童的意图归因却没有表现出明显的领域内差异。这可能是由于本研究中孤独症谱系障碍儿童的认知和语言能力相对较好,所以他们在意图归因上的表现也较好。① 但是,孤独症谱系障碍儿童的意图归因能力比较复杂,研究材料、儿童教育经验等很多因素都会影响他们的意图归因能力。因此,还需要在未来研究中深入探讨此主题。

本研究并没有发现两组儿童在建构反应能力上存在显著的组间差异,与先前研究不一致,这可能是因为本研究中轻度孤独症谱系障碍儿童的言语能力相对较高,反馈率也相对较高所致。在建构反应具体类型上,轻度孤独症谱系障碍儿童的攻击反应、非社会退缩反应、亲社会退缩反应显著多于正常发展儿童,主动果断反应显著少于正常发展儿童,支持了 Flood 等人的研究结果。② 轻度孤独症谱系障碍儿童参与社会交往机会有限,会导致他们体验社会问题解决的机会降低,自传体记忆受损会导致他们很难回忆先前的社会反应。③ 另外,在建构反应 7 个具体类型上,正常发展儿童只在主动果断反应上不存在显著领域内差异;而轻度孤独症谱系障碍儿童则只在主动果断反应上存在显著的领域差异。正常发展儿童的主动果断反应是跨领域的;孤独症谱系障碍儿童的主动果断反应却更偏向个人规则场景,其次是道德规则场景,最后才是习俗规则场景。这可能是由于轻度孤独症谱系障碍儿童能够意识到自己在个人领域事件上是可以自己做主的,所以他们在个人规则场景下的主动反应最多。由于心理理论能力和道德判断能力有关,后天训练和社会化与习俗规则有关,轻度孤独症谱系障

---

① S. Steele, R. M. Joseph, H. Tager-Flusberg, "Brief report: Developmental change in theory of mind abilities in children with autism", *Journal of Autism and Developmental Disorders*, Vol. 33, No. 4, 2003, pp. 461–467.

② A. M. Flood, D. Julian Hare, P. Wallis, "An investigation into social information processing in young people with Asperger syndrome", *Autism*, Vol. 15, No. 5, 2011, pp. 601–624.

③ D. M. Bowler, J. M. Gardiner, N. Berthollier, "Source memory in adolescents and adults with Asperger's syndrome", *Journal of Autism and Developmental Disorders*, Vol. 34, No. 5, 2004, pp. 533–542.

儿童更重视习俗规则场景，所以他们在习俗规则场景中会有更少的主动果断反应，更怕犯错。

在反应质量的评估上，轻度孤独症谱系障碍儿童对主动果断反应质量的评估更为消极，对攻击反应质量的评估显著积极，支持了 Meyer 等人的先前研究结果。[①] 由于轻度孤独症谱系障碍儿童在社交情境中存在肯定自己的困难，且经常将模糊刺激理解为消极刺激；所以，他们在模糊的社会规则场景下对主动果断反应质量的评估会更不积极，对自己真实执行这种反应的能力更不自信，自我效能感偏低。但是，受先前个人经验的影响，轻度孤独症谱系障碍儿童可能认为攻击行为更有效，这也提示了轻度孤独症谱系障碍儿童意图归因能力和对自己真实执行反应能力之间存在较为复杂的关系，需要进一步探明。轻度孤独症谱系障碍儿童在反应质量上表现出了跨领域的模式，其原因可能是在进行执行反应时，他们仅凭后果估计反应质量，不会根据社会规则不同场景灵活地进行评估；另外，他们能够认识到社会规则的不同，却在实际执行时无法灵活使用并加以区分。

在反应的积极后果的评估上，轻度孤独症谱系障碍儿童更倾向于对主动果断反应的积极后果给出较低的分数，对攻击反应和退缩反应的积极后果给出较高的分数，与反应质量的评估结果大致相同。由于存在肯定自己的困难，自我效能感较低，所以他们认为自己的主动果断反应不会带来积极的结果，可能会犯错误或给自己带来麻烦。在他人对自己反应的积极后果的评估上，轻度孤独症谱系障碍儿童在主动果断反应、攻击反应和退缩反应上均没有出现社会规则领域内差异。在自己对自己反应的积极后果的评估上，轻度孤独症谱系障碍儿童在主动果断反应上出现了社会规则领域内的差异，他们认为在习俗规则上的主动果断反应后果最积极，其次是个人规则，最后是道德规则。由于训练和社会化的影响与习俗规则有关，心理理论与道德判断有

---

① J. A. Meyer, P. C. Mundy, A. V. Van Hecke, et al., "Social attribution processes and co-morbid psychiatric symptoms in children with Asperger syndrome", *Autism*, Vol. 10, No. 4, 2006, pp. 383 – 402.

关，轻度孤独症谱系障碍儿童可能更看重习俗规则，认为在习俗规则场景下的主动果断反应会得到积极的效果。他们在学龄阶段很可能将个人规则与习俗规则混淆，所以个人规则场景下的主动果断反应的积极效果稍低。另外，由于他们的心理理论能力较低，所以对道德规则下的主动果断反应积极后果的评估最消极。

  本研究结果表明，轻度孤独症谱系障碍儿童的心理理论能力较差，与教师评估孤独症谱系障碍儿童的社交情绪能力和同伴提名存在显著相关。先前研究多采用父母评估孤独症谱系障碍儿童的社交情绪能力，而本研究采用教师评估孤独症谱系障碍儿童的社交情绪能力。轻度孤独症谱系障碍儿童长期在学校就读或参与训练，父母与他们在一起的时间相对较少；且这类儿童的父母大多数会高估儿童的能力，教师评估可能会更加准确。另外，本研究发现：轻度孤独症谱系障碍儿童的社交情绪能力、同伴提名和心理理论能力与社会信息加工 SIP 的总分相关均不显著，这说明社会信息加工能力与心理理论和轻度孤独症谱系障碍儿童的社交功能的相关有限，支持了 Flood 等人的研究结果。[①] 社会信息加工 SIP 模型是一个内隐的社会认知模型，整合了执行功能、心理理论和共同注意等孤独症谱系障碍儿童存在缺陷的认知能力。在轻度孤独症谱系障碍儿童中，社会信息加工 SIP 模型的各阶段中只有编码和主动反应评估阶段的能力与心理理论及同伴关系和社交能力有关，该结果不能支持 Li 等人的观点，即应该将所有 SIP 步骤全部纳入干预研究，采取综合方式提高儿童的社交能力。

  综合来讲，在社会信息加工 SIP 模型各阶段上，与正常发展儿童相比，轻度孤独症谱系障碍儿童的内隐社会认知存在或多或少的差异，这些差异有些存在于组间，有些存在于社会规则领域内，研究结果进一步解释了其与正常发展儿童认知缺陷的具体类型。本研究中，社会信息加工 SIP 模型与心理理论和孤独症谱系障碍儿童的社交功能之间的相关有限，基本支持了先前研究结果，也进一步表明了孤独症

[①] A. M. Flood, D. Julian Hare, P. Wallis, "An investigation into social information processing in young people with Asperger syndrome", *Autism*, Vol. 15, No. 5, 2011, pp. 601–624.

谱系障碍儿童的内隐社会认知、心理理论及其社交功能的复杂关系。

第四节 孤独症谱系障碍儿童社会规则认知的干预

到目前为止，还没有出现明确以社会信息加工 SIP 模型为基础、针对孤独症谱系障碍儿童社交能力提升的干预研究。但是，轻度孤独症谱系障碍儿童社交能力干预研究领域中已经进行了很多基于认知行为疗法的研究，涉及社会信息加工 SIP 模型的不同阶段，且已经证明了干预的效果。因为描述了社会信息加工的具体步骤，社会信息加工 SIP 理论成分可以很容易拆分并转变成训练计划，适合基于班级开展的干预课程，且对儿童整体的社会性发展有非常大的影响。[①]社会信息加工 SIP 模型可以预测正常发展儿童的社交行为，也适用于有其他障碍儿童的社交能力提升，对孤独症谱系障碍儿童的社交能力及社会认知发展也可能有促进效果。[②]

本研究参考先前基于认知行为疗法和社会信息加工 SIP 模型的先前研究，自编 SIP 社会认知团体干预课程对 7—11 岁的轻度孤独症谱系障碍儿童进行干预，目的在于提高其社交功能和社会认知能力，验证干预方案的有效性。结果表明：尽管样本量较小，但本研究自编的干预课程可以显著提高轻度孤独症谱系障碍儿童的社交和情绪能力，缓解其孤独症谱系障碍相关症状，改善其同伴关系。并且，其干预效果可以维持到干预 6 周—3 个月后。另外，在 SIP 模型各阶段的社会

---

① Y. Ziv, B. S. Hadad, Y. Khateeb, "Social information processing in preschool children diagnosed with autism spectrum disorder", *Journal of Autism and Developmental Disorders*, Vol. 44, No. 4, 2014, pp. 846–859.

② K. A. Dodge, J. P. Newman, "Biased decision-making processes in aggressive boys", *Journal of Abnormal Psychology*, Vol. 90, No. 4, 1981, pp. 375–379; Y. Ziv, "Social information processing patterns, social skills, and school readiness in preschool children", *Journal of Experimental Child Psychology*, Vol. 114, No. 2, 2013, pp. 306–320; K. A. Loveland, D. A. Pearson, B. Tunali-Kotoski, et al. "Judgments of social appropriateness by children and adolescents with autism", *Journal of Autism and Developmental Disorders*, Vol. 31, No. 4, 2001, pp. 367–376.

认知能力上，本研究发现：在意图归因和非社会退缩反应上，干预组儿童表现出了延迟的干预效果。在干预 6 周后，他们在模糊情境下的敌意归因倾向才显著低于控制组，非社会退缩反应显著低于控制组儿童；其原因并不清楚，可能受家庭、班级氛围、教师引导等其他因素影响。另外，在主动果断反应质量和他人对自己的主动果断反应积极后果的评估上，干预组的即时后测效果显著，且效果也可以维持到 3 个月后。

本研究中大部分社会信息加工 SIP 阶段的社会认知能力在干预前后都没有出现显著的变化，被试的整体社会认知能力并没有发生显著的变化，其原因可能是因为干预方案在设计和执行时更偏重提高孤独症谱系障碍儿童的社交行为和社交能力，儿童自己认知、体验的过程较短，时间较少；再有，本研究的实际干预时间只有 7 周，虽然一周有 3 次活动，但是每次活动只能持续 35 分钟，整体活动时间太短；另外，本研究的样本量过少，也可能会影响统计结果。

综合来说，本研究中的干预方案可以提高儿童的社交和情绪能力，缓解其孤独症谱系障碍症状和同伴关系，且具有社会效度。Koning 等人在 2013 年强调了干预研究中的效果验证需要社会效度，且同伴提名的结果可以表明社会效度的结果。但是本研究的干预内容在设计和执行过程中可能并没有完全符合社会信息加工 SIP 模型各阶段的内容，未来研究需要进一步延长干预时间，基于社会信息加工 SIP 模型各阶段设计更精细的干预活动，使用大样本来进一步验证社会信息加工 SIP 模型作为轻度孤独症谱系障碍儿童社交能力和社会认知能力干预方案理论基础的有效性。

第五节　本研究的创新点

本研究以轻度孤独症谱系障碍儿童为研究对象，首先对 6—11 岁儿童进行了大样本的筛查；然后，从他们异常的社会规则认知能力入手，系统探索轻度孤独症谱系障碍儿童社会规则的认知特点及其内隐社会认知机制；并在前三个研究的基础上，参考现存 SIP 模型相关干预研究自编干预方案，对轻度孤独症谱系障碍儿童的社会认知能力进行了系统的干预训练，从而提高其社交能力。

本研究的创新之处主要有四方面：

首先，研究对象创新，将普通人群中的轻度孤独症谱系障碍儿童作为研究对象。由于国内对孤独症谱系障碍的概念界定过于狭窄，先前孤独症谱系障碍相关研究主要关注的是程度较重的幼儿，忽视了普通人群中可能存在的轻度孤独症谱系障碍儿童这一群体；而在普通人群中的孤独症谱系障碍儿童才是最需要帮助和支持的。

其次，研究内容创新，描述了轻度孤独症谱系障碍儿童社会规则的认知特点。本研究首次从社会领域理论整体出发、将个人规则加入，探讨了轻度孤独症谱系障碍儿童在道德规则、习俗规则和个人规则上的认知特点和3个社会规则内部的发展模式，加深了现有研究对轻度孤独症谱系障碍儿童社会规则的认知的理解。

再次，理论应用创新，以社会信息加工SIP模型为基础，较为系统地探索了轻度孤独症谱系障碍儿童异常的社会规则认知背后的内隐社会认知机制及其与心理理论和儿童社交能力的关系，进一步明确了轻度孤独症谱系障碍儿童在内隐社会认知上与正常发展儿童的差异，为后续的干预研究奠定了基础。

最后，干预方案创新，为了验证社会信息加工SIP模型作为提高轻度孤独症谱系障碍儿童社交能力的干预理论的合理性，本研究根据先前相关干预研究和研究3结果自编干预方案，对轻度孤独症谱系障碍儿童进行了长达7周的社会认知能力团体干预课程。虽然干预的维持效果有限，但是结果表明，该干预研究还是有价值的，可以为未来的干预研究提供参考。

第六节　研究不足及展望

本研究在以下四个方面存在不足，未来研究有必要进行更深入的探讨：

第一，在筛查研究中，本研究只考虑到了达到《儿童孤独症谱系测验》高分组（≥15）的儿童和在教师提名问卷上达到3个行为标准及以上的儿童，忽视了其他儿童，在这些被忽视的儿童中也可能存在程度较轻的孤独症谱系障碍儿童。由于筛查过程中不可避免的错漏以及一部分父母和教师在填写问卷时不够配合等因素，本研究中得到的孤独症谱系障碍的患病率结果极有可能要低于真实的患病率。另外，由于筛查历时较长，专家组人员并没有在前期诊断和后续补漏中全部参与，所以无法获得专家在诊断方面的评分一致性数据。最后筛查出的样本量相对较小，影响因素的分组又过多，导致有些组内的人数过少，可能会影响统计学效力。如想得到孤独症谱系障碍患病率和影响因素更为精确的信息，未来研究需要进一步扩大样本量，严格进行筛查研究的质量控制，不仅需要进行入户调查，还要将普通小学、特殊教育学校、特教机构和社区未入公立学校的特殊儿童全部纳入，建立完善的孤独症谱系障碍儿童患病率监测系统。

第二，研究2控制了儿童的生理年龄、言语水平（言语智商）及一般认知能力（整体智商），但是儿童的操作智商却存在显著的组间差异，这种差异极有可能会影响研究结果；另外，由于目标儿童数量相对较小，本研究并没有控制其家庭经济水平、父母职业、父母文化程度等变量，也有可能会对研究结果造成影响。由于成本过高、获取途径有限等原因，张厚粲等人在2009年修订的《韦氏儿童智力测验》（第四版　中文版）并没有得到普及，大多数医院、学校在临床中仍然使用的是1986年林传鼎等人修订的版本，所以本研究仍然采用该版本，尽管该测验在某些内容上较为陈旧。未来研究中需要采用更精确、更符合时代发展的认知能力测验，来进一步确保结果的精确性。

第三，由于本研究中轻度孤独症谱系障碍儿童样本量较小，在研究2和研究3中的样本量有限，很多变量都不符合参数检验的使用条件，只能用非参数检验的方法，而非参数检验无法解释交互作用；另外，本研究采用了多个统计分析方法分析小样本数据，可能会提高二类错误的可能性。研究3使用了Crick和Dodge的SIP模型，识别了孤独症谱系障碍儿童在社会信息加工模型的编码、反应建构和反应评估阶段存在社会规则的认知异常，虽然其研究结果与先前国外研究基本一致，但是小样本极有可能对研究结果造成影响。未来研究需要扩大轻度孤独症谱系障碍儿童的样本量，进一步验证研究 2 和研究 3 的结果。

第四，研究 4 是干预研究，虽然其结果已经表明了干预具有积极效果，但是干预只进行了 7 周，每周 3 次，每次 35 分钟，共 12.25 小时，干预时间过短。尽管干预效果可以维持到 6 周—3 个月后，但都属于短期追踪，并没有长期追踪干预效果，不确定维持效果多长时间会消失。在干预过程中的不可控因素，例如班主任在场，上团体活动课的时候目标儿童却因为生病或其他事宜缺席等因素也会干扰研究结果。另外，本研究的干预活动方案为参考先前 SIP 相关干预研究自编的团体干预课程，以认知训练和团体游戏为主，干预材料（表情图片、人物图片、团体游戏辅助材料）为辅助。干预结束后，个别之前拒绝参与干预的班级和家长主动要求参加，由于时间等原因，只进行了干预课程的一半就放寒假了，第二轮干预没有做完。另外干预研究中的被试数量相对较小，各年龄组被试更少。因此，无法进一步验证干预的效果并报告干预材料的适合性。未来研究需要更精细地设计干预方案和干预过程，控制好额外因素，延长干预时间和追踪时长，进一步验证干预研究的效果。

第八章 总结论

本研究主要得到以下结论：

第一，我国孤独症谱系障碍儿童在普通人群中的患病率为27.9/10000（95% CI 14.6/10000—41.1/10000），在高比例人群中为65.9%（95% CI 56.2%—75.7%），总体患病率为124.5/10000（95% CI 96.8/10000—152.1/10000），与国外筛查研究结果相似。儿童性别为男性、家庭月收入≤1999元、怀孕时长为34—36周、父亲没有精神病史为孤独症谱系障碍儿童患病的相关影响因素。

第二，轻度孤独症谱系障碍儿童可以在允许性、普遍性和权威依赖性这3个判断标准上区分道德规则、习俗规则和个人规则。他们认为习俗规则和个人规则的违规行为更严重，习俗规则更不依赖权威；在合理性上，轻度孤独症谱系障碍儿童在习俗违规事件中倾向于给出更少习俗和社会规范的理由，给出更多简单重复的理由。轻度孤独症谱系障碍儿童具有一定的心理理论能力，但是这种心理理论能力仅在道德规则领域内起作用。

第三，在社会信息加工理论SIP模型各阶段，轻度孤独症谱系障碍儿童有效的编码社会信息的能力较差；在道德规则下的意图归因能力最低；且他们的攻击反应、非社会退缩反应、亲社会退缩反应显著较多，主动反应显著较少，且只在主动反应上存在显著的领域内差异；轻度孤独症谱系障碍儿童倾向于低估主动果断反应的质量和积极后果，高估攻击的质量和积极后果，且他们在所有反应类型的反应质量上都表现出了跨领域的模式。

第四，轻度孤独症谱系障碍儿童的心理理论能力显著较差，心理理论能力与教师评估社交和情绪能力、同伴提名存在显著积极相关；轻度孤独症谱系障碍儿童的社交和情绪能力、同伴提名与社会信息加工 SIP 模型内部的编码、反应积极后果评估积极相关。

第五，基于社会信息加工 SIP 模型自编的社会认知团体干预课程对轻度孤独症谱系障碍儿童具有积极的效果。干预组儿童的社交和情绪能力显著提高，其孤独症谱系障碍相关症状和同伴提名情况也得到了改善，干预效果可以维持到 6 周—3 个月之后；干预组儿童在社会信息加工 SIP 模型中的主动果断反应质量和他人对自己的主动果断反应积极后果的评估上得到显著改善，且干预效果也可以维持到 3 个月以后。

第九章　教育建议与对策

一　引进并修订孤独症谱系障碍儿童的评估与诊断工具

孤独症谱系障碍儿童的诊断和评估问题一直是该领域研究者讨论的热点，其诊断标准一直在发展变化，评估工具也在不断完善。但是，因为缺少生物学诊断标志，大部分孤独症谱系障碍的诊断和评估依赖于行为描述。以孤独症谱系障碍为例，到目前为止，只有《孤独症谱系测验》是明确针对轻度孤独症谱系障碍儿童进行诊断的评估工具。因此，需要进一步修订、引进或编制符合我国孤独症谱系障碍儿童发展需要的评估与诊断工具，做到早发现、早评估、早诊断、早干预，促进孤独症谱系障碍儿童的最优发展。

二　建立孤独症谱系障碍儿童成长信息的系统监测体系

孤独症谱系障碍儿童的数量一直在上升，诊断标准的相对频繁变化是其患病率增加的关键因素。因为无法控制诊断标准的同质性，目前发现的高患病率研究结果不能与先前发现的低患病率结果相比较。不同的诊断标准、研究方法、社会文化和环境因素在孤独症谱系障碍儿童人数的增加中占有重要位置；另外，社会大众对孤独症谱系障碍儿童的了解和关注的提升也会影响该领域的研究结果。需要建立孤独症谱系障碍儿童成长信息的系统监测体系，在入园、入学前对所有适龄儿童进行评估、筛查或追踪，深入了解孤独症谱系障碍儿童的身心发展特点和规律，掌握其横向和纵向发展趋势及发展机制，从而深入推动融合教育的发展。

三　探索孤独症谱系障碍的环境影响因素

长久以来，孤独症谱系障碍儿童的病因问题一直是很多人关注的焦点，虽然该领域研究者已经进行了大量的探索，但还没有得出具有因果关系的结论。目前，该领域研究者普遍认为其症状是遗传和环境等因素交互作用的结果。概括起来，其相关影响因素大概可以具体分为遗传和环境两个方面。在遗传方面，该领域研究者已经取得了很多具有深远影响的成果。但是，到目前为止，学者们对孤独症谱系障碍儿童的形成轨迹和症状严重性的社会文化环境因素关注过少。进一步，从跨文化视角对比不同国家和不同结构经济特征中的孤独症谱系障碍儿童或者检验这类儿童的心理和社会文化因素的相关研究也很重要，可以给研究者提供更多关于基因与社会文化等环境因素相互作用并确定其发展轨迹信息。

四　加强普通教育和特殊教育的协作

建构适应孤独症谱系障碍儿童和正常发展儿童共同成长的融合教育模式，推动普通学校和特殊教育学校的协作，包括：选派优秀教师定期在普通教育和特殊教育之间轮换，普校和特效之间互通有无，学习最新的相关知识和方法，开办家长学校定期与普校和特教教师交流、学习……创设融合教育环境，推动特殊需要儿童和普通儿童融合。积极探索科学适宜的孤独症谱系障碍儿童的融合教育模式，研究并制定不同程度的孤独症谱系障碍儿童的教育和干预指南，完善其入学及转衔制度标准，为孤独症儿童更好地融入普通学校、接受融合教育提供支持。

五　促进高校、医疗康复、信息技术与特殊教育的融合

政府的教育、卫生健康、民政及残联等部门要与高校科学研究工作协同推进，加强高校科研部门、医疗机构、妇幼保健机构、儿童福利机构、特殊儿童康复机构与特殊学校和普通学校的合作，提高孤独症谱系障碍儿童的评估鉴定、入学安置、教育教学、干预训练的针对

性和有效性。将高校科研成果有效转化，及时投放在基础教育一线。充分应用互联网、大数据、虚拟现实和人工智能等新技术，推进线上监测及智慧课堂建设。推动孤独症谱系障碍儿童和青少年相关数据的互通和共享，扩大优质资源的覆盖面。

附 录

附录1　儿童人口学和发育史调查问卷

部分项目：

第一部分　儿童基本信息调查

所在学校：_____

年级：_____　　班级：_____

性别：_____　　年龄：_____

学号：_____

作答说明：请仔细阅读每个题目，并选择您认为最合适的答案。

1. 填表人和孩子的关系： ①父亲　②母亲　③其他	2. 孩子民族： ①汉族　②少数民族
3. 孩子现在的体重：_____kg	4. 孩子现在的身高：_____cm
5. 孩子每周的运动时间：_____小时	6. 孩子的出生地为现住地：①是　②否
7. 孩子是：①第一胎　②第二胎　③第三胎 ④其他情况（例如：双胞胎），请说明：_____	
8. 母亲在孩子出生时的年龄： ①≤24　②25—30　③31—34　④≥35	13. 父亲在孩子出生时的年龄： ①≤24　②25—30　③31—34　④≥35
9. 母亲学历 ①初中及以下　②高中　③大学 ④研究生	14. 父亲学历 ①初中及以下　②高中　③大学　④研究生
10. 母亲职业： ①公务员　②公司职员　③事业单位 ④个体户　⑤工人　⑥学生　⑦农民 ⑧待业	15. 父亲职业： ①公务员　②公司职员　③事业单位 ④个体户　⑤工人　⑥学生　⑦农民 ⑧待业

11. 母亲是否出现过社交困难： ①无　②有	16. 父亲是否出现过社交困难： ①无　②有
12. 母亲的家族成员是否出现过社交困难： ①无　②有	17. 父亲的家族成员是否出现过社交困难： ①无　②有

18. 家庭月平均收入（元）：①≤1999　②2000—3999　③4000—5999　④6000—7999　⑤≥8000

19. 母亲孕期是否饮酒：①否　②少量　③经常

20. 母亲孕期每日吸烟量（根/香烟）：①无　②1—9根　③10—19根　④≥20根

21. 妊娠和分娩时的情况：
①先兆流产　②胎膜早破　③分娩前严重出血　④前置胎盘　⑤阴道感染或出血　⑥正常

22. 孩子出生时的症状：①胎儿窘迫　②脐带绕颈　③缺氧性脑病　④高热惊厥
⑤新生儿缺氧　⑥颅内出血　⑦正常

23. 母亲有无孕期心情抑郁：①无　②有

24. 母亲怀孕时长（周）：①≤30　②31—33　③34—36　④37—39　⑤40—42
⑥≥43

25. 孩子出生时体重（g/克）：①≤1500　②1501—2000　③2001—2500　④2501—3000
⑤3001—3500　⑥3501—4000　⑦4001—4500　⑧≥4501

26. 孩子开口说话的年龄：①≤1周岁　②1—2周岁　③3—4周岁　④≥5周岁

附录2　中文版《儿童孤独症谱系障碍测验》

部分项目：

儿童社会交往能力调查表

请您仔细阅读以下的问题，并用"√"标出您认为符合您孩子情况的合适答案。

1	他/她容易加入和其他孩子一起玩游戏吗？	①是	②否
2	他/她会不会主动找你聊天？	①是	②否
3	他/她在两岁以前就开始说话吗？（比如他/她会主动叫妈妈，会说"我要……"）	①是	②否
4	他/她喜欢运动吗？	①是	②否
5	他/她喜欢（或想要）和同龄的小孩混在一起吗？	①是	②否
6	他/她会注意到别人忽略的不寻常的细节吗？	①是	②否
7	他/她倾向于按照字面意思来理解事情吗？（例如：大人为了制止孩子再说，就说"你再说话试试看"，而孩子理解为"再说一次"）	①是	②否

8	他/她三岁时，他/她是否会用很多时间来玩角色扮演游戏？（比如假装自己是孙悟空，或过家家等）	①是	②否
9	他/她喜欢一再重复使用相同的方式做一件事吗？（比如他/她每天必须用同样的方式穿衣服，或者走固定的路线，吃固定的食物）	①是	②否
10	他/她和别的孩子互动容易吗？（比如他/她能够很开心和轻松地和其他孩子一起玩而不是更喜欢自己玩吗？）	①是	②否
11	他/她可以和别人维持一来一往的对话吗？	①是	②否
12	他/她的阅读能力和他/她的年龄相当吗？	①是	②否
13	他/她大多数的兴趣爱好和同伴们（例如同学，邻居小孩）相同吗？	①是	②否
14	他/她是否花了很多时间专注在某种兴趣上，以至于没有时间做其他事情？（比如说他/她可能专注于某种事物或玩具，如果不加阻拦，每天可能有半天甚至一天的时间都花在这件事上）	①是	②否
15	他/她是否有要好的朋友，而不仅仅是认识他们？（比如他们曾经在课余的时间自己组织一起出去玩，看电影或者其他的活动）	①是	②否
16	他/她是否经常将他/她感兴趣的东西拿给你看？	①是	②否
17	他/她喜欢开玩笑吗？	①是	②否
18	他/她不太能了解什么是"有礼貌的行为"吗？（"有礼貌的行为"是指常识性的合乎礼仪和社交场合的表示尊敬的态度或行为。比如见到长辈主动打招呼，在公共场合知道不应该大声喧哗等）	①是	②否
19	他/她是否对于事件的细节记得异常清楚？	①是	②否
20	他/她说话的声调是不是有点特别？（例如太像大人讲话，或过于平坦，单调而缺乏抑扬顿挫）	①是	②否
21	别人对于他/她来讲重要吗？（别人与他/她的交流对他/她来说重要吗？父母或朋友情绪的变化，他/她是否能主动觉察到呢？）	①是	②否
22	他/她能自己穿衣服吗？	①是	②否
23	他/她在与别人谈话时，是否能把握轮流对答的时机？	①是	②否
24	他/她是不是会和其他孩子一起玩有想象力的游戏（例如过家家），并且能够融入到角色扮演之中？	①是	②否
25	他/她是否会经常没有技巧地说话或做事，或是经常说些社交中不太恰当的话，或做些社交上不合适的行为？	①是	②否
26	他/她可不可以从1数到50，并且中间不遗漏数字？	①是	②否

附录3　教师提名问卷

教师提名问卷

学校：　　　　　班级：　　　　　提名儿童姓名：

请根据该儿童在日常生活及学习中的表现进行提名，并在以下5条行为标准中勾选符合提名儿童行为表现的条目，如有其他问题，请写在备注中。

（1）不合群，难以加入集体活动，喜欢自己玩；

（2）我行我素，不听指令，不遵守规则；

（3）语言发育落后或缺乏交流性；

（4）有特殊而固执的习惯和偏好；

（5）模仿能力差或不愿参加模仿学习。

备注：_____

附录4　社会规则任务

部分内容及图片：

M1：小明今天数学测验没及格，他偷偷把分数改成了98分，然后才把成绩单交给了爸妈。

1. 小明偷偷改分数的做法好吗？
　　①好　　②不好
2. 小明这种偷偷改分数的做法有多不好？_____（7点计分）
3. 为什么小明这样做不好？_____（简单记录）
4. 如果小明这种偷偷改分数的做法发生在美国或其他地方，你认为对不对？
　　①完全对　②有点对　③不确定　④有点错　⑤完全错
5. 如果老师说，任何数学测验不及格的同学都可以改分数，你认为小明可以这样做吗？
　　①可以　　②不确定　　③不可以

C1：其他同学都在听老师讲课，李梅和小磊想到了高老师上节课讲的笑话，突然笑了出来。

1. 李梅和小磊上课时这样的做法好吗？
　　①好　　②不好
2. 李梅和小磊这样的做法有多不好？_____（7点计分）
3. 为什么李梅和小磊上课这样做不好？_____（简单记录）
4. 如果李梅和小磊这种做法发生在美国或其他地方，你认为对不对？
　　①完全对　②有点对　③不确定　④有点错　⑤完全错
5. 如果老师说，任何上课想笑的同学都可以笑，你认为李梅和小磊可以这样做吗？
　　①可以　　②不确定　　③不可以

附 录

M1

C1

附录5 失言识别任务

部分内容及图片:

故事一

丽丽买了一个玻璃杯送给好朋友飞飞作为生日礼物,飞飞过生日时收到了许多礼物。过了很长时间,丽丽去飞飞家玩。她不小心把桌子上的玻璃杯打碎了。 丽丽说:"对不起,我把玻璃杯打碎了。"飞飞说:"没关系,我根本不喜欢那个杯子,那是别人给我的生日礼物。"

在呈现完故事后,主试提问被试:
(1)是否有人说了不该说的话?(有)
(2)谁说了不该说的话?(飞飞)
(3)为什么他不该说?(丽丽会伤心)
(4)飞飞为什么会这么说?(想安慰丽丽)
(5)飞飞记得那个玻璃杯是丽丽送的吗?(不记得)
(6)你认为丽丽会有怎样的感受?(有点伤心)

控制问题:此外,为了帮助儿童加深对故事的理解,主试可适当提问被试一些关于故事细节的问题,如丽丽送了飞飞什么作为生日礼物?

附录6　情绪调节和社交能力问卷

部分项目：

说明：

本问卷目的是评估儿童显示某种能力和行为的次数。阅读每个问题，并从儿童的当下行为回答，考虑儿童显示出这样的行为的频率，请在相应选项下打"√"。

这里没有正确的或错误的答案，在填写问卷时请不要遗漏任何项目

儿童姓名：_____儿童出生日期：_____填写时间：_____

你和儿童是什么关系？（在合适的项目后画"√"）：

母亲　　父亲　　祖父母　　教师　　其他

能力/行为	发生频率				
	从未	很少	有时	经常	总是
1. 可以意识到或理解他人的想法和感觉					
2. 可以正确地从面部表情、声音语调或身体姿势理解或识别他人的感觉					
3. 可以意识到他或她自己的想法和感觉					
4. 在学校能有效地控制他或她自己不要生气					
5. 在家里有效地控制他或她自己不生气					

附录 7 同伴提名问卷

同伴提名

请你参考班级同学的名单,根据自己的实际情况,按照喜欢和不喜欢的程度,将你在班级中最喜欢一起玩的3个朋友和最不喜欢一起玩的3个朋友的名字或学号写在下面的横线上,每个名字或学号之间用","隔开(如果没有可以不写),文本框空白处记录喜欢或不喜欢的原因。

喜欢一起玩的朋友: 1 _____
2 _____
3 _____

不喜欢一起玩的朋友: 1 _____
2 _____
3 _____

附录 8 社会信息加工 SIP 访谈任务

部分内容:

插队喝水	CC1
故事场景	3年级2班的同学在排队拿杯子喝水。欣欣也在排队,马上就轮到她了。这时,欣欣发现,自己的同学乐乐站错了位置,插到了自己的前面。
描述 解释 反应建构	E1 告诉我故事中发生了什么,从开始到最后? 0=呈现了故事信息,提到挑衅 1=提到故事信息或挑衅 2=没有反应或丢了不能回忆故事内容 E2 乐乐站错了位置,还插了欣欣的队,你认为她是故意的吗? 0=不是 1=有点 2=很多 3=非常多 E3 假如你是欣欣,乐乐插了你的队,你会做什么? 如果儿童没有反应,说:如果发生在你身上,你会怎么做? 最多5个提示:攻击、主动、非社会退缩、亲社会退缩、情感、成人干预、其他 现在让我告诉你,欣欣做了一些不一样的事情

续表

插队喝水	CC1
反应评估 capable	如果欣欣很有礼貌地说：乐乐，你站错地方了哦，你的位置在我后面。 E4 欣欣这样做好不好？ 非常不好1　有点不好2　很好3　非常好4 E5 如果你也这样做，你认为乐乐或其他孩子还会喜欢你吗？ 　　肯定不会1　　可能不会2　　可能会3　　肯定会4 E6 如果这样做了，你认为自己会回到原来的位置吗？ 　　肯定不会1　　可能不会2　　可能会3　　肯定会4
4 aggressive	如果欣欣很生气地推了乐乐一下：滚开，你站错地方了。 E4 欣欣这样做好不好？ 非常不好1　有点不好2　很好3　非常好4 E5 如果你那样做了，你认为乐乐或其他孩子还会喜欢你吗？ 　　肯定不会1　　可能不会2　　可能会3　　肯定会4 E6 如果你这样做了，你认为自己会回到原来的位置吗？ 　　肯定不会1　　可能不会2　　可能会3　　肯定会4
5 avoidance	如果欣欣边哭边说："这不公平！" E4 欣欣这样做好不好？ 非常不好1　有点不好2　很好3　非常好4 E5 如果你也这样做，你认为乐乐和其他孩子会喜欢你吗？ 　　肯定不会1　　可能不会2　　可能会3　　肯定会4 E6 如果你也这样做，你认为自己会回到原来的位置吗？ 　　肯定不会1　　可能不会2　　可能会3　　肯定会4

CC1

附录9　团体干预活动方案

第1单元：课程介绍——建立活动规则

单元目标：了解课程内容，建立团体活动规则

单元内容：了解"少年侦探计划"的内容，自行制定团体活动规则

单元活动：记者招待会

活动材料：《光头强》片段，《巧虎》片段，《高年级同学自我介绍》片段

活动过程：

1. 师：你们是怎么理解"侦探"的？咱们班有没有同学想成为侦探的？为什么？

2. 师：请同学们自己制定活动规则。你觉得我们的活动课应该遵守哪些规则呢？

3. 师："少年侦探"首先就要勇敢地表达自己。现在老师想更了解同学们，想请大家做一下自我介绍。

4. 师：老师这里有几位好朋友，我们先来看看他们是怎么做自我介绍的。

游戏"记者招待会"

活动注意事项：教师要在活动中关注目标儿童的表现，根据对目标儿童的前期观察有针对性地提出问题，但要注意保护其敏感性和自尊心——例如：接下来老师想请比较内向、有点害羞的同学来介绍自己？谁比较害羞呢？

活动总结：对于那些比较害羞、不敢主动认识身边人的小朋友，我们就应该主动进行自我介绍，主动跟他交朋友；在跟他一起玩时也要注意遵守游戏规则，如果你这样做了，别人对你就更了解了，也会更喜欢你，见到你就会特别高兴。

第 2 单元：认识并理解情绪

单元目标：认识并理解基本情绪和高级情绪

单元内容：认知并理解基本情绪——6 种基本情绪（高兴、悲伤、生气、愤怒、惊讶、害怕）和 4 种高级情绪（自豪、内疚、尴尬、害羞）

单元活动：画出你的情绪脸谱

活动材料：情绪书签视频，各种情绪图片

活动过程：

1. 师：哪位同学能告诉老师这段视频讲了什么？

2. 师：什么是情绪？视频里的情绪包括哪几种？

3. 师：情绪是我们自己对事物的一种态度，同学们可以使用各种各样的情绪跟他人沟通，表达自己的感受。

4. 师：请同学们观察这组图片，猜猜看这组图片描述了哪种情绪？

5. 师：请大家再看看这组图片有哪些共同点呢？你最近遇到了哪些高兴的事情？（依次展示：高兴、悲伤、生气、愤怒、惊讶、害怕的图片）

6. 师：其实生活中还有这 6 种基本情绪混合在一起的高级情绪，接下来我们看看高级情绪有哪些？（依次展示：自豪、内疚、尴尬、害羞的图片）

7. 师：请同学们在老师发的白纸上画出你最近的情绪脸谱，想怎么画就怎么画。

活动注意事项：教师要在活动中关注目标儿童的情绪识别和情绪理解的表现，适当给目标儿童提供机会与其他同学互动。

活动总结：每个人都会遇到不同的事情，会有不同的情绪感受，要学会主动表达情绪并理解别人的情绪，这样你会交到更多好朋友。

第 3 单元：怎样表达情绪

单元目标：理解并学会表达情绪的方法

单元内容：认识表达情绪的具体方式（面部表情、肢体动作、音乐等），学会恰当地表达情绪。

单元活动：表达你的情绪

活动材料：《情绪书签》片段，用手和身体语言表达情绪的图片，欢快和悲伤的音乐片段，表达你的情绪的游戏箱和各种情绪小纸条

活动过程：

1. 师：请大家再看一遍"情绪书签"，请同学们观察在视频里的人物表现出情绪的时候，她们还会做出哪些动作（例如，悲伤的时候会用手捂住眼睛）

2. 师：我们在表达情绪的时候，还有其他小伙伴跟面部表情一起出现，这样表达的情绪会更清楚。接下来我们就看看还有哪些伴随面部表情一起出现的小伙伴。

3. 师：引出两组图片，分别观察这组图片描述了不同的情绪，有没有一样的地方？

4. 师：除了手和身体姿势这两个小伙伴之外，在表达情绪的时候还有另外一个小伙伴。请大家听听，这个小伙伴是什么？

5. 师：还有哪些表达情绪的方法呢？

游戏"表达你的情绪"

活动注意事项：游戏及以上活动尽量控制在 30 分钟之内，如果时间还有剩余，可以放"情绪测试器"视频，引导观察情绪表达，尽量不放，延长游戏时间。

活动总结：每个人表达情绪的方式都不一样，要学会用恰当的方式表达自己的情绪，增加手和身体语言，让你的表达更清楚。增加了解他人，也让他人了解自己的机会。

第 4 单元：寻找情绪和社交线索

单元目标：认识并理解情绪线索和社交线索

单元内容：认识并理解情绪和社交线索，选择恰当的反馈方式

单元活动：观看并分析《龙猫》片段

活动材料：《龙猫》片段

活动过程：

1. 师：请同学们在看视频片段的时候仔细观察，你发现了什么？

（1）师：这段讲了什么内容？他们是怎么介绍自己的？

（2）师：出现了什么情绪？发生了什么？他们是怎么表现的？

（3）师：发生了什么？为什么叹气？出现了什么情绪？

（4）师：小男孩做了什么？应该怎么做？（交朋友要主动，要有礼貌）

（5）师：一直到最后——又发生了什么？小美找到龙猫了吗？这里的龙猫是什么呢？

2. 师：请同学们回忆一下，都有哪些线索出现了？你是怎么发现的？

活动注意事项：教师要引导学生一边观看视频，一边观察和思考；在关键的情绪和社交线索处要暂停，并引发学生讨论。尽量减少提问以节省时间，如一两个同学回答到点子上教师即可以开始引导，引导后放下一段视频。

活动总结：对其他人的行为和表现要仔细观察，寻找情绪和社交线索，并做出恰当的反馈；理解、友爱和互助才能交到更多好朋友。

第5单元：认识相同与不同

单元目标：认识并理解个体差异

单元内容：认识、理解相同与不同

单元活动：猜猜这是谁

活动材料：音频（小动物、婴儿、儿童），自制模仿箱（内有小动物、婴儿、儿童、班级同学图片）

活动过程：

1. 师：给大家介绍一些新朋友，请大家看看它们是谁？

2. 师：引入三组图片，它们是谁？它们有哪些特别的地方呢？它们是怎么叫的？（引入每个动物的独特之处：外表、本领、生活环境）

3. 师：接下来老师请大家听一听、猜一猜这是谁的声音。（进一步了解每个人或小动物的特别之处）

游戏"猜猜这是谁"

活动注意事项：游戏时间控制在 15 分钟左右，注意强调团体活动规则；尽量让目标儿童参与游戏活动，需要教师自备"模仿箱"。

活动总结：我们每个人跟其他人既有相同的地方，也有不同的地方，每个人都是特别的。

第 6 单元：认识你自己

单元目标：接纳个体差异

单元内容：接纳不一样

单元活动：猜猜我是谁

活动材料：相同和不同的图片及视频片段

活动过程：

1. 师：首先请大家看这组图片，请仔细观察，这组图片有哪些相同的地方，还有哪些不同的地方？（每一组图片分别引导学生观察，根据学生反应灵活给予反馈）

2. 师：我们从这几组图中找到了这么多的相同点和不同点，你们知道为什么有相同的地方，为什么有不同的地方吗？

3. 师：接下来老师给同学们看几段小视频，仔细观察你发现了什么？

视频：各国人说中文

视频：各国人物头像

视频：各国打招呼方式

游戏"猜猜我是谁"

请描述班级一位同学的特点（包括与其他同学的相同点和不同点），让大家猜，看谁能先猜到。例如：一个小男孩，戴着小眼镜，脸圆圆的，皮肤很白，不太喜欢说话，等等。

活动注意事项：游戏时间尽量保持 15—20 分钟，注意强调团体活动规则；尽量让目标儿童参与游戏活动，借机引导同学们理解相同，接纳、包容不同。例如：他只是比较害羞，请同学们都要主动跟他做朋友，好不好？

活动总结：要多和与自己不一样的人做朋友，尊重与自己不同的人，多看别人的优点，互相帮助。

第7单元：想法不同怎么办？

单元目标：认识并理解想法和感受的差异

单元内容：体验人与人之间想法和感受的不同

单元活动：分析社交片段

活动材料：视频《同样的夏令营，不同的感受》，《想法不同怎么办》

活动过程：

1. 师：每个人既有相同点，又有不同点，那每个人对一件事情的看法会是一样的吗？

2. 师：我们接下来看看这些人是怎么看待"夏令营"的？

3. 师：引入视频片段《劳拉与查理》

（1）师：如果你和同伴想法不同，你会怎么办呢？有没有和视频里小朋友的回答不一样的？

（2）师：剪刀石头布是解决问题的好方法吗？如果大家意见不一样，你们还有哪些解决办法？

（3）师：你们认为决定玩什么游戏时应该听谁的？

（4）师：你认为劳拉是个怎样的小朋友呢？你喜欢她吗？

（5）师：发生分歧或不同的建议时应该找谁解决？找最有权力的人就能解决问题吗？（教师根据学生回答灵活反馈，引导意见不一样时要尊重每个人的感受，每个人的建议，一起商量才能解决问题）

活动注意事项：在分析社交片段时，要注意引导同学们接纳人与人之间想法的不同，寻找恰当的方式解决社交问题。

活动总结：意见不一样时要尊重每个人的感受，听取每个人的建议，大家一起商量才能更好地解决问题。

第8单元：我的目标

单元目标：认识并理解目标

单元内容：认识并理解大目标和小目标的异同

单元活动：我的大目标和小目标

活动材料：各种职业的图片、《红场阅兵》片段、《广州特警》、《我的目标》片段

活动过程：

1. 师：老师想问大家一个问题：什么是目标？（目标是一个人希望实现或者希望成功的事情，可以分为大目标和小目标）

2. 师：请同学们思考：什么是大目标？什么是小目标？（大目标就是梦想、理想；小目标就是最近想要做好的事情）

3. 师：好，接下来老师请大家看一组图。

（1）这是什么工作？

（2）你身边有人做这个工作吗？

（3）要成为××需要会哪些知识/掌握哪些能力？

（4）以后想成为××的同学请举手，说说理由。

4. 师：老师要给大家看两个小视频，请大家认真观察。

（1）师：看到视频大家感觉怎么样？

（2）师：谁能告诉老师视频里讲了什么？

5. 师：刚才我们说的是大目标，那我们看看这些同学的小目标是什么？

6. 这些哥哥姐姐的小目标是好好学习，考个好成绩，那你们的小目标是什么啊？

7. 师：引出活动"我的大目标和小目标"，为了实现目标我要做什么。

活动注意事项：根据学生课堂表现情况灵活提出问题、对学生的回答灵活反馈，对图片和视频片段的提问要控制好时间。例如，放一部分让同学知道意思即可，不用全部放完，时间不够。

活动总结：只有一步一步实现小目标，掌握很多很多知识和能力，主动认识很多新朋友，这样你们的理想（大目标）才可能实现。

第9单元：我的计划

单元目标：认识并了解自己的社交目标

单元内容：制订实现"社交目标"的计划

单元活动：我的社交计划

活动材料：交朋友、学习、阅读、体育锻炼、游戏的图片，《计划》片段

活动过程：

1. 视频导入——计划

（1）师：谁能告诉老师这段视频讲了什么内容？

（2）师：视频里反复出现了哪两个字？

2. 师：什么是计划？（引入"计划"是实现目标的方法）

3. 师：你们觉得哪些事情需要做计划呢？（引入学习计划、工作计划、游戏计划、交朋友计划等）

4. 你觉得应该怎样做计划？（引入做计划应该有具体的小目标，一定要自己可以独立完成，有明确的时间限制等）

5. 老师这里有3个小朋友制订的计划，我们来看看他们是怎么制订的。（分析各个计划的目标、是否可以独立完成、时间限制是什么）

6. 活动——我的社交计划：说说你想制订什么计划，你打算怎么制订？（重点在于社交计划）。

活动注意事项：在活动中要注意引导学生明确自己的社交目标，如有同学提到目标儿童，要适时鼓励。

活动总结：要实现你的社交目标，就要先分析自己的特点，社交目标要恰当、明确具体。

第10单元：汇报自己计划制订的情况（后延，可看课程情况灵活调整时间）

单元目标：感受不同的社交目标

单元内容：认识到自控能力和灵活处理社交事件的重要性

单元活动：小组合作游戏

活动材料：学生制订的各种"社交计划"

活动过程：

1. 师：根据每个同学的社交计划目标具体情况随机提问，灵活处

理如下问题。

（1）师：计划很紧张，时间安排很满的同学——如果当天临时有其他事情，例如生病了，有同学来家里找你玩，或者爸爸妈妈带你出去吃饭等情况，如不能按时完成跟好朋友的约定怎么办？

（2）师：你觉得会遇到哪些困难呢？

（3）师：如果遇到困难了你想怎么解决呢？

2. 师：泡泡糖游戏——小组共同完成小组合作游戏，看哪组能坚持到最后，引导认识合作和伙伴的重要性。

活动注意事项：如果有同学只做了其他计划，例如：学习计划、运动计划、亲子计划等，也要根据情况适当给予反馈。

活动总结：社交并不难，让我们从好好打招呼、互相问候开始。

第11单元：解决问题的方式——沟通

单元目标：认识并理解沟通的重要性

单元内容：体验沟通的功能

单元活动：悄悄话，你看到的是什么

活动材料：悄悄话和职业扮演的游戏材料

活动过程：

1. 师：团体游戏——出了什么问题

师：游戏"悄悄话"

第一轮游戏——每一个竖排小组为一个小团队，每组第一个同学到前面在箱子里抽纸条，纸条上写有不同的一个"成语"，请第一个同学以"悄悄话"形式传给后面同学，依次传给本组最后一个同学（例如：唇亡齿寒）。

第二轮游戏——可以两组并一组或其他灵活形式，抽纸条接着传（一句话），看组员人数和传话内容多少是否会影响传话质量（例如：××是个特别害羞的小朋友，我们要好好帮助他）。

2. 师：你看到的是什么？

（1）教师挑选 4 名或更多同学上台进行角色模仿：先让第一位同

学抽签；然后，第一位同学表演抽到的职业给第二位同学看；第一位同学根据自己的理解，把看到的动作表演给第二位同学看；第三位同学再表演给第四位看……依次排列。

（2）师：先问最后一名同学：你看到的是什么？你觉得他表达的是什么意思？再依次问前几位同学（可以根据情况每次灵活增加参加游戏的同学人数）；第二轮再挑选几名同学上台，选第一位同学抽取纸条，依次重复进行。

活动的注意事项：每轮游戏揭晓答案过后，要问所有同学这组的问题出在哪里，对模仿能力突出、能说出答案的同学要及时鼓励，对表现不足的同学也要鼓励，让他要注意观察身边的人和事物。

活动总结：出问题时要好好沟通，找到原因，才能更好地解决。

第12单元：什么是好朋友

单元目标：认识并理解好朋友的含义

单元内容：理解好朋友的含义并思考如何交到好朋友

单元活动：我和我的好朋友

活动材料：视频《真正的朋友》片段

活动过程：

1. 师：这节课我们要学的内容是朋友，谁能告诉老师朋友是什么？

2. 师：什么是真正的朋友呢？

3. 师：我们班级里，你的好朋友是谁呢，你们经常在一起玩什么？

4. 师：今天老师给大家带来了3只小兔子，它们是好朋友，我们看看这3个好朋友之间发生了什么事情？

5. 师：这段视频讲了什么？这三个好朋友之间发生了什么事情？

6. 师：接下来，请同学们思考一下：你和你的好朋友之间有没有吵过架，你们是怎么合好的呢？

活动的注意事项：小组讨论形式，每个人都要说出自己与好朋友之间发生的故事，最后每个小组内选出一名同学代表小组分享故事和感受。

活动总结：每个人都要跟其他人一起玩，要交很多朋友才不会孤单，遇到困难了才会有人帮助。所以大家要互相关心，互相帮助，要一起玩，一起做游戏才会更高兴。

第13单元：怎样才能交到更多朋友

单元目标：认识不同交朋友的方式

单元内容：体验不同的社交方式

单元活动：记者发布会

活动材料：小动物头饰

活动过程：

1. 师：你平时都跟谁在一起玩？

2. 师：请大家想一想你们当时是怎么认识的呢？都在一起玩过什么？

3. 师：你觉得自己的注意力可以打几分，请给出原因（教师灵活反馈）。

4. 师：如果我们班新转来一个同学，你打算怎么认识他？

游戏——记者发布会

活动的注意事项：要注意引导儿童用恰当的方式交朋友，并给予反馈，引导目标儿童参与。

活动总结：要注意观察新朋友的行为举止和爱好，主动沟通，否则可能会误解其他人的意思，就不会交到更多好朋友。

第14单元：我是这样解决矛盾的

单元目标：认识不同社交问题解决方法

单元内容：练习并恰当感受不同社交解决方法的效果

单元活动：发生矛盾怎么办

活动材料：社交矛盾相关片段和图片

活动过程：

1. 师：注意观察视频中讲的是什么？

2. 师：他们是如何解决矛盾的？

3. 师：出示其他矛盾场景，引导学生观察、思考。

4. 师：如果是你，你怎么解决？

5. 师：你自己遇到过什么样的矛盾，是怎么解决的？

6. 师：小组讨论——发生矛盾怎么办？

活动的注意事项：要注意引导儿童用恰当方式解决矛盾，引导目标儿童关注到自己遇到的矛盾点，并思考解决办法。

活动总结：每个人都是不同的，只要有不同就会发生矛盾，发生矛盾时要分析其原因，协商并找到恰当解决方法。

第15单元：行为反应的不同后果

单元目标：认识不同行为反应会带来不同的后果

单元内容：感受不同行为反应带来的后果

单元活动：分析不同的社交片段场景

活动材料：社交片段

活动过程：

1. 师：分别呈现三个场景（插队、打架、让座）。

2. 师：请大家认真观察图片中的场景，发生了什么？

3. 师：如果你是他，你会怎么做？这样的行为可能带来什么结果？

4. 师：其他同学有没有不同的处理方式？

5 师：小组讨论，拿出最优的行为反应方式。

活动的注意事项：要引导学生认识并理解主动果断、被动退缩和攻击反应的不同后果。

活动总结：解决社交问题或矛盾的步骤，首先要真心地沟通，弄清楚原因；认真地换位思考，站在对方的立场想问题；然后再使用恰当的方式解决问题。

第16单元：合作的乐趣

单元目标：认识并理解合作的内涵和功能

单元内容：在活动中理解合作的魅力

单元活动：小组造句、泡泡糖

活动过程：

1. 师：谁能告诉老师，你是怎样理解"合作"的，合作是什么意思？

2. 师：什么时候需要进行"合作"呢？

3. 师：你喜欢"合作"吗？请说出理由。

4. 师：你之前曾经跟哪些同学一起合作过呢？做了什么事情，结果怎样？

5. 师：下面我们做两个跟"合作"有关的小游戏。

（1）小组造句

（2）泡泡糖

6. 师：刚才做了两个与"合作"有关的游戏，大家做完游戏之后有什么想法吗？你对"合作"有了哪些新的体验？

活动的注意事项：在游戏中，当主持人喊出身体部位时，一定要考虑学生的可操作性。

活动总结：生活中要对他人友善，关心他人，多多交朋友；这样你在需要合作的时候，就会有很多好朋友来帮助你，跟你一起做游戏，一起解决问题，共同面对困难了。

第17单元：后果认知

单元目标：认识出现不同后果的原因

单元内容：理解社交事件的因果关系

单元活动：分析中产生不同社交后果的原因

活动材料：3个社交故事

活动过程：

例如：

1. 师：故事1——小刚故意把同学乐乐绊倒了，乐乐的腿流出了血，疼得直哭。小刚哈哈大笑，而小红却上前把乐乐扶了起来，送到医务室去了。

（1）师："乐乐跌破了腿，多痛呀！如果你是乐乐，你会有什么感觉？"

（2）师："你觉得小刚（故意绊倒）和小红（扶起）谁做得对？"

（3）师："如果换成你，你会怎样做？为什么？请给出理由。"

（让全体同学体验到乐乐的情感，在讨论过程中教师要指出儿童的不同反应对他人的积极或消极影响，并对儿童的积极行为反馈进行评价和鼓励）

2. 师：老师相信大家都是诚实的好孩子，你们之前有过类似的行为吗？故意欺负别人的和曾经被别人欺负的同学都可以说一说。

（让受欺负儿童讲述自己受欺负时的感受，引起经常欺负别人的儿童在情感上的共鸣，让他们意识到自己行为的消极后果）

活动的注意事项：仔细观察学生表现并及时反馈。

活动总结：在生活中我们经常会误解别人的意图，认为别人的行为是故意的。如果他是故意的，我们首先要跟他讲道理；如果他不听，可以告诉老师；如果他不是故意的，就要原谅他的不小心，大家继续做好朋友，互相帮助。

第18单元：如何恰当解决不同社交问题

单元目标：认识解决不同社交问题的方法

单元内容：在不同违规场景下了解不同的社交方式的效果

单元活动：违规场景片段分析

活动材料：社会规则故事

活动过程：

故事（例）	文字（教师可以自己拟定故事中儿童的名字）
1	在本故事中，这些儿童在玩积木。 指向与目标儿童接近的儿童。这个孩子说："积木真好玩！" 指向与目标儿童最远的儿童。这个孩子说："是的，你知道吗，××也想跟我在积木区玩呢。" 指向目标儿童。××在观察其他玩积木的孩子。

2	指向目标儿童。××走向其他儿童，询问："我可以跟你们一起玩吗？" 指向距离××最远的儿童。该儿童说："对不起，老师说只有两个人可以在这里玩。" 问题1：谁能告诉我故事中发生了什么，从开始到最后？ （教师根据学生回答灵活反馈，引导要注意力集中，否则会错过细节） 问题2：教师指向其他儿童说：你认为其他儿童不让××一起玩，他们是故意的还是不是故意的？（教师根据学生回答灵活反馈，引导联系该儿童的日常表现） 问题3：假如你问你的朋友是否可以跟他们一起玩，他们说只有两个人可以在积木区玩，你会做什么？ 如果儿童没有反应，说：如果发生在你身上，你会怎么做？ （教师根据学生回答灵活反馈，引导儿童自由回答） 现在老师告诉你××做了一些不一样的事情。
3	教师指向××。××说："那么我下次可以玩吗？" 问题4：××这样说好不好？ （教师根据学生回答灵活反馈，引导儿童判断行为是否恰当） 问题5：如果你也那样说，你认为其他孩子会喜欢你吗？ （教师根据学生回答灵活反馈，引导儿童考虑其他同学感受） 问题6：如果这样做了，你认为其他儿童会让你一起玩吗？ （教师根据学生回答灵活反馈，引导儿童考虑其他同学感受） 现在，我给你看一些××可以做的其他的事情。
4	教师指向××，××弄坏了搭好的积木，对其他儿童说："如果我不能玩，你们也别想玩了。" 问题4：××这样说好不好？ （教师根据学生回答灵活反馈，引导儿童判断行为是否恰当） 问题5：如果你那样做了，你认为其他孩子会喜欢你吗？ （教师根据学生回答灵活反馈，引导儿童考虑其他同学感受） 问题6：如果这样做了，你认为其他孩子会让你一起玩吗？ （教师根据学生回答灵活反馈，引导儿童考虑其他同学感受） 现在，我要给你看看××还可以做的事情。
5	教师指向××，××可以哭着说："这不公平。" 问题4：××这样说好不好？ （教师根据学生回答灵活反馈，引导儿童判断行为是否恰当） 问题5：如果你也这样做，你认为其他孩子会喜欢你吗？ （教师根据学生回答灵活反馈，引导儿童考虑其他同学感受） 问题6：如果你也这样做，你认为其他儿童会让你一起玩吗？（同上）

故事解析

（1）师：这个故事是我们在学校经常会遇到的一件事情，有些同学想要参与一个游戏，但是其他同学会因为这样或者那样的原因不带他玩，谁能跟大家分享一下，你有没有类似的经历呢？你觉得是什么原因？后来你是怎么解决的？（每个故事依次询问）

（2）教师总结——这些发生在同学们之间的交往问题就是典型的社交问题，除了咱们刚才讲到的"其他同学不带自己玩"之外；误解同学或者好朋友的意图；无意间碰到其他同学，其他同学以为碰到自己的同学是故意的，于是两个人开始出现争吵甚至打架……这些都是社交问题。

（3）那么，我们在遇到这些问题的时候，该怎样解决呢？有哪些同学有好一点的解决办法？

活动的注意事项：要根据学生的反馈灵活调整问题的顺序。

活动总结：请大家仔细观察生活中的社交问题，并想一想怎样解决。

第19单元：社交问题解决的一般模式

单元目标：认识并理解社交问题解决的一般模式

单元内容：体验"如何恰当解决社交问题"

单元活动：分析社交违规片段

活动材料：违规场景片段

活动过程：

1. 师：老师这里有一个社交问题解决的一般模式，我们来看一看。

（1）有问题吗？——如果跟其他同学玩游戏、说话（沟通）的时候，发现别人误解了你的意思或者你自己心里不舒服了，这个时候就是有问题了。

（2）停下来思考——出现问题了就要自己静下心好好想一想，到底是什么问题？为什么自己心里不舒服？

（3）为什么有冲突——寻找原因，为什么会出现问题呢？是因为别人误会了自己的意思，还是因为自己对其他同学的社交方式不恰当

(不礼貌，不尊重人，说脏话，经常打人、骂人，不考虑其他同学的感受)？

（4）我想要什么——问问自己想要的是好的同学关系，要很多好朋友，还是不想改变自己不好的说话方式，想自己一个人玩。

（5）思考解决办法——如果想要改变自己不好的说话方式，该怎样改变呢？从哪里开始做起？

（6）想想结果——在行动之前，先想一想自己做出这个行为之后，其他同学会有什么样的反应，反应是好的还是不好的。

（7）选择想要的去做——想要其他人怎样对你，其他同学对你的行为有什么样的反应，就选择自己的行为。

（8）评估结果——最后，想一想自己的行为会得到一个什么样的结果，是有了更多的好朋友，误会减少了；还是失去了朋友，有了更多的误解。

2. 师：依次将"社交问题解决的一般模式"带入"违规"场景，评估效果。

3. 师：你还有哪些更好的方法来解决社交问题？

活动的注意事项：在使用社交问题解决的一般模式来分析违规场景时，要考虑到学生的经验和年龄差异，注意低、中、高三个年龄段学生的理解、思维和语言表达差异，适当简化步骤。

活动总结：在与同学发生冲突、意见分歧或者发生不愉快时，大家可以尝试使用"社交问题解决的一般模式"来处理，看看这个"一般模式"是不是会让你交到更多朋友。

第20单元：毕业典礼

单元目标：体验成功和分享收获

单元内容："少年侦探计划"毕业典礼

单元活动：我毕业啦

活动材料：各种小奖品

活动过程：

邀请校长、班主任和家长参与"少年侦探课程"毕业典礼，根据班级中每个参与儿童的特点颁发奖励,引导目标儿童有参与感。

活动的注意事项:在活动中注意引导学生自己体验、总结并分享收获,提升学生的社交自我效能感。

活动总结:所有社交问题的发生都是有原因的,都可以解决,只要我们仔细观察、动脑子想办法,用心思考就会交到更多好朋友。

参考文献

一 中文文献

(一) 著作

曹纯琼：《自闭症儿童教育评估》，台湾：心理出版社2000年版。

曹荣桂、刘爱民：《医院管理学——病案管理分册》，人民卫生出版社2003年版。

陈友庆：《儿童心理理论》，安徽人民出版社2008年版。

杜亚松：《儿童心理卫生保健》，上海科学技术文献出版社1999年版。

林传鼎、张厚粲：《韦氏儿童智力量表中国修订本》（测验指导书），韦氏儿童智力量表全国协作组，北京师范大学心理测量中心1986年版。

雷秀雅：《自闭症儿童教育心理学的理论与技术》，清华大学出版社2012年版。

北京协和医院世界卫生组织疾病分类合作中心：《疾病和有关健康问题的国际统计分类（ICD-10）》第1卷，人民卫生出版社2000年版。

科尔伯格：《道德发展心理学：道德阶段的本质与确证》，郭本禹译，华东师范大学出版社2004年版。

L. John，J. Phillips：《皮亚杰式儿童心理学与应用》，王文科编译，台湾：心理出版社1996年版。

沈渔邨：《精神病学》第4版，人民卫生出版社2006年版。

(二) 学位论文

邓琪玮：《衡阳市学龄前儿童孤独症谱系障碍患病率及相关因素研究》，硕士学位论文，南华大学，2014年。

季钗：《威廉斯综合征儿童三维人脸识别和社会适应能力的研究》，博士学位论文，浙江大学，2017年。

刘建霞：《自闭症儿童综合干预个案研究》，硕士学位论文，南京师范大学，2007年。

柳杏娟：《高自闭特质儿童对不同强度的基本面部表情的识别》，硕士学位论文，天津师范大学，2019年。

任婷婷：《自闭症儿童共同注意的干预研究：关键反应训练和人际发展介入的比较》，硕士学位论文，淮北师范大学，2021年。

汪贝妮：《4—7岁孤独症儿童的心理旋转能力研究》，硕士学位论文，安徽医科大学，2012年。

王素霞：《小学生执行功能的发展特点——来自眼动测量的证据》，博士学位论文，辽宁师范大学，2017年。

吴锦荣：《宁夏儿童孤独症患病率调查及影响因素研究》，硕士学位论文，宁夏医科大学，2013年。

吴虹艳：《伦敦塔任务的结构分析及其与执行功能的关系研究》，硕士学位论文，华东师范大学，2011年。

肖丽华：《8—17岁儿童道德、习俗和个人领域认知的发展研究》，硕士学位论文，南京师范大学，2013年。

周杰：《4—5岁幼儿社会规则认知与同伴关系的相关研究》，硕士学位论文，辽宁师范大学，2013年。

李琳：《不同情绪刺激下自闭症儿童视觉注意特点研究》，硕士学位论文，华中师范大学，2020年。

沈屹东：《孕产期危险因素及PGR基因多态性与退化型孤独症关系的研究》，硕士学位论文，中南大学，2014年。

（三）期刊论文

片成男、山本登志哉：《儿童自闭症的历史、现状及其相关研究》，《心理发展与教育》1999年第1期。

白学军、贾丽萍、王敬欣：《特质焦虑个体在高难度Stroop任务下的情绪启动效应》，《心理科学》2016年第1期。

曹漱芹：《孤独症群体的孤岛能力》，《心理科学进展》2013年第8期。

曹漱芹、曹颜颜：《孤独症：大脑极端男性化的表现形态?》，《心理科学进展》2015 年第 10 期。

曹晓军、陈旭、常明：《自闭症儿童心理理论缺损成因研究述评》，《内蒙古师范大学学报》（教育科学版）2010 年第 4 期。

陈方方、孙耀挺、张龙等：《大学生自闭特质与情绪感知的关系》，《中国学校卫生》2016 年第 10 期。

陈墨、韦小满：《自闭症弱中央统合理论综述》，《中国特殊教育》2008 年第 10 期。

陈强、黄丽霞、徐文娟等：《珠海市 1.5—3 岁孤独症谱系障碍患病率及危险因素研究》，《中国儿童保健杂志》2014 年第 6 期。

陈璐、张婷、李泉、冯廷勇：《孤独症儿童共同注意的神经基础及早期干预》，《心理科学进展》2015 年第 7 期。

陈顺森、白学军、张日昇：《自闭症谱系障碍的症状，诊断与干预》，《心理科学进展》2011 年第 1 期。

冯天签、刘国雄、龚少英：《3—5 岁幼儿对社会规则的认知发展研究》，《教育研究与实验》2010 年第 1 期。

冯源、苏彦捷：《孤独症儿童对道德和习俗规则的判断》，《中国特殊教育》2005 年第 6 期。

谷传华、周宗奎、种明慧：《小学儿童社会创造性与其同伴关系、学业成绩的关系》，《心理发展与教育》2009 年第 3 期。

关荐、赵旭东：《基于正常人群的阈下自闭特质：概念、结构和影响因素》，《心理科学进展》2015 年第 9 期。

贺荟中、范晓壮、王露等：《自闭症谱系障碍个体共同注意干预成效的元分析——来自单一被试研究的证据》，《中国特殊教育》2021 年第 11 期。

侯婷婷、杨福义：《学龄前自闭症儿童的执行功能研究综述》，《中国特殊教育》2016 年第 3 期。

李洪华、杜琳、单玲、冯俊燕、贾飞勇：《孤独症谱系障碍流行病学研究现状》，《中华临床医师杂志》2014 年第 24 期。

李雪、刘靖、杨文等：《高功能孤独症儿童执行功能和心理推理能力特点及临床症状》,《中国心理卫生杂志》2012 年第 8 期。

李正华:《社会规则论》,《政治与法律》2002 年第 3 期。

李咏梅、邹小兵、李建英等:《高功能孤独症和 Asperger 综合症儿童的执行功能》,《中国心理卫生杂志》2005 年第 3 期。

林力孜、张喆庆、戴美霞等:《高孤独症特质学龄儿童的智力结构及其特征的测试分析》,《中国儿童保健杂志》2008 年第 4 期。

刘国雄、李红:《儿童对社会规则的认知发展研究述评》,《华东师范大学学报》(教育科学版) 2013 年第 9 期。

刘靖、杨晓玲、贾美香等:《2004 年北京市 2—6 岁儿童广泛性发育障碍的现况调查》,《中国心理卫生杂志》2007 年第 21 期。

刘慧瀛、王婉:《自闭特质对自杀意念的影响: 有调节的中介模型》,《中国临床心理学》2020 年第 6 期。

刘文文、杨曹骅、张林娜等:《父母生育年龄及围生期因素与孤独症的关系》,《临床精神医学杂志》2013 年第 5 期。

刘希平、安晓娟:《研究心理理论的新方法——失言识别任务》,《心理科学进展》2010 年第 3 期。

罗维武、林力、陈榕等:《福建省儿童孤独症流行病学调查》,《上海精神医学》2000 年第 1 期。

卢建平、杨志伟、舒明耀、苏林雁:《儿童孤独症量表评定的信度、效度分析》,《中国现代医学杂志》2004 年第 13 期。

卢天玲、李红:《国外自闭症儿童心理理论与规则使用研究》,《首都师范大学学报》(社会科学版) 2004 年第 1 期。

马居飞、匡桂芳、衡中玉、赵永生、马爱国、韩秀霞:《孤独症谱系障碍病因影响因素分析》,《中国儿童保健杂志》2015 年第 6 期。

桑标、任真、邓赐平:《自闭症儿童的中心信息整合及其与心理理论的关系》,《心理科学》2006 年第 1 期。

谭金凤、伍姗姗、徐雷、王丽君、陈安涛:《前额叶皮层与双任务加工执行功能》,《心理科学进展》2013 年第 12 期。

汤宜朗、郭延庆、Catherine E. Rice,等人:《孤独症诊断的金标准之一: 孤独症诊断观察量表介绍》,《国际精神病学杂志》2010 年第 1 期。

陶国泰：《婴儿孤独症的诊断与归属问题》，《中华神经精神科杂志》1982年第2期。

王辉：《国内孤独症儿童评估工具的研究现状》，《中国特殊教育》2009年第7期。

王沛、胡林成：《儿童社会信息加工的情绪——认知整合模型》，《心理科学进展》2003年第4期。

王晓琴：《1例童年瓦解性障碍的护理干预》，《中国民康医学》2014年第4期。

王馨、杨文翰、金宇等：《广州市幼儿园儿童孤独症谱系障碍患病率和相关因素》，《中国心理卫生杂志》2011年第6期。

魏春艳、周艳、李月华：《儿童孤独症临床高危因素相关研究与进展》，《中国妇幼保健》2012年第7期。

维莱阿努尔·S.拉马、钱德兰林赛·M.奥伯曼著：《自闭症碎镜之困》，杜珍辉译，《环球科学》（科学美国人中译版）2006年第12期。

冼丹霞、金宇、谢笑英等：《儿童孤独症发病危险因素的病例对照研究》，《中国儿童保健杂志》2014年第1期。

熊超、金迪、刘娜等：《孕产期及新生儿期危险因素与儿童孤独症关系的meta分析》，《中国妇幼卫生杂志》2011年第5期。

肖瑾、徐光兴：《自闭症及有关儿童发展障碍》，《健康心理学杂志》2000年第5期。

肖凌燕：《儿童孤独症的类型以及家庭干预》，《社会心理科学》2011年第1期。

肖晓、杨娜、钱乐琼等：《自闭症儿童父母人格与共情及泛自闭症表型的关系》，《中国临床心理学杂志》2014年第1期。

徐翠青、张建端、张静：《儿童孤独症危险因素分析》，《中国妇幼保健》2005年第8期。

杨汉麟、李贤志：《近代特殊教育的开路先锋——依塔德驯化野孩子教育实验的历史回顾》，《华中师范大学学报》（人文社会科学版）2007年第4期。

杨娟、周世杰、张拉艳等:《自闭症儿童执行功能研究》,《中国临床心理学》2006年第5期。

殷青云、陈劲梅、罗学荣等:《孤独症常用量表的信度和效度检验》,《国际医药卫生导报》2011年第12期。

张海丛、许家成、方平等:《韦氏儿童智力测验与认知评估系统对轻度智力障碍儿童测试的比较分析》,《中国特殊教育》2010年第2期。

张静、陈巍、丁峻:《自闭症谱系障碍的"碎镜假说"述评》,《中国特殊教育》2008年第11期。

张娟、江瑞芬、刘文龙:《高功能孤独症儿童综合训练效果分析》,《中国特殊教育》2008年第6期。

张龙、汪凯:《中文版自闭谱系商数问卷的信度和效度研究》,《第七届全国心理卫生学术大会》2014年。

赵夏薇、毛萌:《孤独症临床危险因素相关研究与进展》,《中国儿童保健杂志》2008年第1期。

钟于玲、谢立春、陈火星:《孤独症儿童家长社会支持需求与现状研究》,《中国计划生育学杂志》2016年第1期。

周楠、方晓义:《自闭症儿童非言语错误信念任务的实验研究》,《心理科学》2011年第3期。

周双珠、陈英和:《规则的不同特点对儿童判断的影响》,《心理发展与教育》2013年第5期。

邹瑾、王立新、项玉:《自闭症心理理论研究范式的新进展——"思想泡"技术的运用》,《中国特殊教育》2008年第2期。

二 外文文献

(一) 外文著作

American Psychiatric Association, *Diagnostic and statistical manual of mental disorders*, 4th ed., Washington, D.C.: American Psychiatric Publishing, 2000.

American Psychiatric Association, *Diagnostic and statistical manual of* mental disorders, 5th ed., Washington, D. C.: American Psychiatric Publishing.

B. Rimland, *Infantile autism*, New York: Appleton-Century-Crofts, 1964.

B. A. Alford, A. T. Beck, J. V. Jones Jr., *The integrative power of cognitive therapy*, New York: Guilford Publication, 1997.

D. Bowler, *Autism spectrum disorders: Psychological theory and research*, New York: John Wiley & Sons, 2006.

E. Turiel, *The development of social knowledge: Morality and convention*, Cambridge: Cambridge University Press, 1983.

J. G. Smetana, *Social-cognitive domain theory: Consistencies and variations in children's moral and social judgments*, In M. Killen & J. G. Smetana (Eds.), *Handbook of moral development*, New Jersey: Lawrence Erlbaum Associates Publishers, 2006.

J. L. Matson, N. F. Minshawi, Early intervention for autism spectrum disorders: A critical analysis, Oxford: Elsevier, 2006.

K. Bartsch, H. M. Wellman, *Children talk about the mind*, New York: Oxford University Press, 1995.

K. E. Towbin, Pervasive Developmental Disorder Not Otherwise Specified. In F. R. Volkmar, R. Paul, A. Klin, & D. Cohen (Eds.), *Handbook of autism and pervasive developmental disorders: Diagnosis, development, neurobiology, and behavior* (pp. 165 – 200), New York: John Wiley & Sons Inc, 2005.

L. P. Nucci, M. Gingo, *The development of moral reasoning. In U. Goswami (Ed.)*, The Wiley-Blackwell handbook of childhood cognitive development, New Jersey: Wiley-Blackwell, 2011.

L. R. Huesmann, *The role of social information processing and cognitive schema in the acquisition and maintenance of habitual aggressive behavior*, In Human aggression, New York: Academic Press, 1998.

M. Killen, J. G. Smetang, J. Smetana, *Social-Cognitive domain theory:*

Consistencies and variations in children's moral and social judgments, *Handbook of Moral Development*, London: Psychology Press, 2006.

P. D. Zelazo, S. M. Carlson, A. Kesek, *The development of executive function in childhood. In C. A. Nelson & M. Luciana (Eds.), Handbook of developmental cognitive neuroscience*, Cambridge: MIT Press, 2018.

P. M. Rodier, *Neuroteratology of Autism*, In W. Slikker, L. W. Chang (Eds.), *Handbook of Developmental Neurotoxicology*, San Diego, CA: Academic Press, 1998.

R. D. Friedberg, J. M. McClure, *Clinical practice of cognitive therapy with children and adolescents: The nuts and bolts*, New York: Guilford Publications, 2015.

R. M. Gargiulo, *Special education in contemporary society: an introduction to exceptionality*, Belmont, CA: Wadsworth/Thomson Learning, 2006.

R. R. Grinker, *Unstrange minds: Remapping the world of autism*, Philadelphia, PA: Basic Books, 2008.

S. Baron-Cohen, *Autism and Asperger syndrome*, Now York: Oxford University Press, 2008.

S. E. Brock, S. R. Jimerson, R. L. Hansen, *Identifying, assessing, and treating autism at school*, New York: Springer, 2006.

S. Baron-Cohen, *The essential difference: Male and female brains and the truth about autism*, New York: Basic Books, 2004.

S. Cohmer, Early infantile autism and the refrigerator mother theory (1943 – 1970), Arizona: Embryo Project Encyclopedia, 2014.

S. Goldstein, J. A. Naglieri, *Handbook of executive functioning*, Berlin: Springer Science & Business Media, 2014.

S. E. Brock, S. R. Jimerson, R. L. Hansen, *Identifying, assessing, and treating autism at school*, New York: Springer, 2006.

U. Frith, *Autism: A very short introduction*, New York: Oxford University Press, 2008.

(二) 外文论文

A. Bailey, P. Luthert P., A. Dean, et al., "A clinicopathological study of autism", *Brain: A journal of Neurology*, 1998, Vol. 121, No. 5.

A. Downs, T. Smith, "Emotional understanding, cooperation, and social behavior in high-functioning children with autism", *Journal of Autism and Developmental Disorders*, Vol. 34, No. 6, 2004.

A. Ghanizadeh, "A preliminary study on screening prevalence of pervasive developmental disorder in schoolchildren in Iran", *Journal of Autism and Developmental Disorders*, Vol. 38, No. 4, 2008.

A. Rett, "On a unusual brain atrophy syndrome in hyperammonemia in childhood", *Wien Med Wochenschr*, Vol. 116, No. 37, 1966.

A. Shah, U. Frith, "An islet of ability in autistic children: A research note", *Journal of Child Psychology and Psychiatry*, Vol. 24, No. 4, 1983.

A. C. Jerome, M. Fujiki, B. Brinton, et al., "Self-esteem in children with specific language impairment", *Journal of Speech, Language, and Hearing Research*, Vol. 45, No. 4, 2002.

A. F. Hamilton, "The mirror neuron system contributes to social responding", *Cortex*, Vol. 4, No. 10, 2013.

A. K. Percy, "Rett syndrome. Current status and new vistas", *Neurologic Clinics*, Vol. 20, No. 4.

A. M. Flood, D. Julian Hare, P. Wallis, "An investigation into social information processing in young people with Asperger syndrome", *Autism*, Vol. 15, No. 5, 2011.

A. M. Leslie, R. Mallon, J. A. DiCorcia, "Transgressors, victims, and cry babies: Is basic moral judgment spared in autism?", *Social Neuroscience*, Vol. 1, No. 3-4, 2006.

A. M. Persico, T. Bourgeron, "Searching for ways out of the autism maze: genetic, epigenetic and environmental clues", *Trends in Neurosciences*, Vol. 29, No. 7, 2006.

A. R. Damasio, R. G. Maurer, "A neurological model for childhood autism", *Archives of Neurology*, Vol. 35, No. 12, 1978.

A. S. Dickerson, D. A. Pearson, K. A. Loveland, et al., "Role of parental occupation in autism spectrum disorder diagnosis and severity", *Research in autism spectrum disorders*, Vol. 8, No. 9, 2014.

A. S. Weitlauf, K. O. Gotham, A. C. Vehorn, Z. E. Warren, "Brief report: DSM-5 levels of support: A comment on discrepant conceptualizations of severity in ASD", *Journal of autism and developmental disorders*, Vol. 44, No. 2, 2014.

B. A. Alford, A. T. Beck, J. V. Jones Jr, "The integrative power of cognitive therapy", *Journal of Cognitive Psychotherapy*, Vol. 11, No. 4, 1997.

B. Auyeung, S. Baron-Cohen, E. Ashwin, et al., "Fetal testosterone and autistic traits", *British Journal of Psychology*, Vol. 100, No. 1, 2009.

B. Auyeung, S. Baron-Cohen, S. Wheelwright, C. Allison, "The autism spectrum quotient: Children's version (AQ-Child)", *Journal of autism and developmental disorders*, Vol. 38, No. 7, 2008.

B. Callenmark, L. Kjellin, L. Rönnqvist, S. Bölte, "Explicit versus implicit social cognition testing in autism spectrum disorder", *Autism*, Vol. 18, No. 6, 2014.

B. Chakrabarti, "Commentary: Critical considerations for studying low-functioning autism", *Journal of Child Psychology and Psychiatry*, Vol. 58, No. 4, 2017.

B. Wicker, C. Keysers, J. Plailly, et al., "Both of us disgusted in My insula: the common neural basis of seeing and feeling disgust", *Neuron*, Vol. 40, No. 3, 2003.

B. J. Avolio, M. Rotundo, F. O. Walumbwa, "RETRACTED: Early life experiences as determinants of leadership role occupancy: The importance of parental influence and rule breaking behavior", *The Leadership Quarterly*, Vol. 20, No. 3, 2009.

B. K. Lee, J. J. McGrath, "Advancing parental age and autism: multifactorial pathways", *Trends in Molecular Medicine*, Vol. 21, No. 2, 2015.

Centers for Disease Control and Prevention (CDC), "Prevalence of autism spectrum disorders-Autism and developmental disabilities monitoring network, United States, 2006", *Morbidity and mortality weekly report. Surveillance summaries* (Washington, D. C. : 2002), Vol. 58, No. 10, 2009.

C. Hughes, M. Leboyer, M. Bouvard, "Executive function in parents of children with autism", *Psychological medicine*, Vol. 27, No. 1, 1997.

C. Jarrold, J. Russell, "Counting abilities in autism: Possible implications for central coherence theory", *Journal of autism and developmental disorders*, Vol. 27, No. 1, 1997.

C. Khaiman, K. Onnuam, S. Photchanakaew, et al., "Risk factors for autism spectrum disorder in the Thai population", *European journal of pediatrics*, Vol. 174, No. 10, 2015.

C. Koning, J. Magill-Evans, "Social and language skills in adolescent boys with Asperger syndrome", *Autism*, Vol. 5, No. 1, 2001.

C. Koning, J. Magill-Evans, J. Volden, et al., "Efficacy of cognitive behavior therapy-based social skills intervention for school-aged boys with autism spectrum disorders", *Research in Autism Spectrum Disorders*, Vol. 7, No. 10, 2013.

C. Lopata, M. L. Thomeer, M. A. Volker, et al., "Effectiveness of a cognitive-behavioral treatment on the social behaviors of children with Asperger disorder", *Focus on Autism and Other Developmental Disabilities*, Vol. 21, No. 4, 2006.

C. Lord, M. Rutter, A. Le Couteur, "Autism Diagnostic Interview-Revised: a revised version of a diagnostic interview for caregivers of individuals with possible pervasive developmental disorders", *Journal of autism and developmental disorders*, Vol. 24, No. 5, 1994.

C. Lord, S. Risi, L. Lambrecht, et al., "The Autism Diagnostic Observation Schedule-Generic: A standard measure of social and communication deficits associated with the spectrum of autism", *Journal of autism and developmental disorders*, Vol. 30, No. 3, 2000.

C. Rougeulle, M. Lalande, "Angelman syndrome: how many genes to remain silent", *Neurogenetics*, Vol. 1, No. 4, 1998.

C. Shulman, A. Guberman, N. Shiling, N. Bauminger, "Moral and social reasoning in autism spectrum disorders", *Journal of autism and developmental disorders*, Vol. 42, No. 7, 2012.

C. C. Peterson, H. M. Wellman, "Longitudinal theory of mind (ToM) development from preschool to adolescence with and without ToM delay", *Child Development*, Vol. 90, No. 6, 2019.

C. C. Peterson, H. M. Wellman, V. Slaughter, "The mind behind the message: Advancing theory-of-mind scales for typically developing children, and those with deafness, autism, or Asperger syndrome", *Child development*, Vol. 83, No. 2, 2012.

C. M. Freitag, "The genetics of autistic disorders and its clinical relevance: a review of the literature", *Molecular psychiatry*, Vol. 12, No. 1, 2007.

C. M. Grant, J. Boucher, K. J. Riggs, A. Grayson, "Moral understanding in children with autism", *Autism*, Vol. 9, No. 3, 2005.

D. Mullins, M. S. Tisak, "Moral, conventional, and personal rules: The perspective of foster youth", *Journal of Applied Developmental Psychology*, Vol. 27, No. 4, 2006.

D. Premack, G. Woodruff, "Does the chimpanzee have a theory of mind?", *Behavioral and brain sciences*, Vol. 1, No. 4, 1978.

D. Rai, G. Lewis, M. Lundberg, et al., "Parental socioeconomic status and risk of offspring autism spectrum disorders in a Swedish population-based study", *Journal of the American Academy of Child & Adolescent Psychiatry*, Vol. 51, No. 5, 2012.

D. Schultz, C. E. Izard, B. P. Ackerman, "Children's anger attribution bias: Relations to family environment and social adjustment", *Social Development, Vol. 9, No. 3, 2000.

D. A. Krug, J. Arick, P. Almond, "Behavior checklist for identifying severely handicapped individuals with high levels of autistic behavior", *Journal of Child Psychology and Psychiatry*, Vol. 21, No. 3, 1980.

D. C. Giles, "DSM-V is taking away our identity: The reaction of the online community to the proposed changes in the diagnosis of Asperger's disorder", *Health*, Vol. 18, No. 2, 2014.

D. K. Anderson, R. S. Oti, C. Lord, K. Welch, "Patterns of growth in adaptive social abilities among children with autism spectrum disorders", *Journal of abnormal child psychology*, Vol. 37, No. 7, 2009.

D. L. Robins, D. Fein, M. L. Barton, J. A. Green, "The Modified Checklist for Autism in Toddlers: an initial study investigating the early detection of autism and pervasive developmental disorders", *Journal of autism and developmental disorders*, Vol. 31, No. 2.

D. M. Bowler, "Theory of Mind", in Asperger's Syndrome Dermot M. Bowler, *Journal of Child Psychology and Psychiatry*, Vol. 33, No. 5, 1992.

D. M. Bowler, J. M. Gardiner, N. Berthollier, "Source memory in adolescents and adults with Asperger's syndrome", *Journal of autism and developmental disorders*, Vol. 34, No. 5, 2004.

D. R. Weston, E. Turiel, "Act-rule relations: Children's concepts of social rules", *Developmental Psychology*, Vol. 16, No. 5, 1980.

D. W. Beebe, S. U. S. A. N. Risi, "Treatment of adolescents and young adults with high-functioning autism or Asperger syndrome", *Cognitive therapy with children and adolescents: A casebook for clinical practice*, Vol. 7, No. 1, 2003.

E. Fombonne, "Epidemiological surveys of autism and other pervasive developmental disorders: an update", *Journal of autism and developmental disorders*, Vol. 33, No. 4, 2003.

E. Fombonne, C. Du Mazaubrun, C. Cans, H. Grandjean, "Autism and associated medical disorders in a French epidemiological survey", *Journal of the American Academy of Child & Adolescent Psychiatry*, Vol. 36, No. 11, 1997.

E. Kohler, C. Keysers, M. A. Umilta, et al., "Hearing sounds, understanding actions: action representation in mirror neurons", *Science*, Vol. 297, No. 582, 2002.

E. Schopler, R. J. Reichler, R. F. DeVellis, K. Daly, "Toward objective classification of childhood autism: Childhood Autism Rating Scale (CARS)", *Journal of autism and developmental disorders*, Vol. 10, No. 1, 1980.

E. Sucksmith, I. Roth, R. A. Hoekstra, "Autistic traits below the clinical threshold: re-examining the broader autism phenotype in the 21st century", *Neuropsychology review*, Vol. 21, No. 4, 2011.

E. Webb, J. Morey, W. Thompsen, et al., "Prevalence of autistic spectrum disorder in children attending mainstream schools in a Welsh education authority", *Developmental medicine and child neurology*, Vol. 45, No. 6, 2003.

E. Werner, G. Dawson, J. Munson, J. Osterling, "Variation in early developmental course in autism and its relation with behavioral outcome at 3–4 years of age", *Journal of autism and developmental disorders*, Vol. 35, No. 3, 2005.

E. A. Jones, E. C. Carr, K. M. Feeley, "Multiple effects of joint attention intervention for children with autism", *Behavior modification*, Vol. 30, No. 6, 2006.

E. B. Robinson, P. Lichtenstein, H. Anckarsäter, et al., "Examining and interpreting the female protective effect against autistic behavior", *Proceedings of the National Academy of Sciences*, Vol. 110, No. 13, 2013.

E. E. Smith, J. Jonides, "Storage and executive processes in the frontal lobes", *Science*, Vol. 283, No. 5408, 1999.

F. G. Happé, "The role of age and verbal ability in the theory of mind task performance of subjects with autism", *Child development*, Vol. 66, No. 3, 1995.

F. G. Happé, "Central coherence and theory of mind in autism: Reading homographs in context", *British journal of developmental psychology*, Vol. 15, No. 1, 1997.

F. G. Happé, "Autism: cognitive deficit or cognitive style?", *Trends in cognitive sciences*, Vol. 3, No. 6, 1999.

F. J. Scott, S. Baron-Cohen, P. Bolton, C. Brayne, "Brief report prevalence of autism spectrum conditions in children aged 5 – 11 years in Cambridge shire, UK", *Autism*, Vol. 6, No. 3, 2002.

F. R. Volkmar, C. Lord, A. Bailey, R. T. Schultz, A. Klin, "Autism and pervasive developmental disorders", *Journal of child psychology and psychiatry*, Vol. 45, No. 1, 2004.

G. Baird, E. Simonoff, A. Pickles, et al., "Prevalence of disorders of the autism spectrum in a population cohort of children in South Thames: the Special Needs and Autism Project (SNAP)", *The lancet*, Vol. 368, No. 9531, 2006.

G. Dawson, S. B. Ashman, L. J. Carver, "The role of early experience in shaping behavioral and brain development and its implications for social policy", *Development and psychopathology*, Vol. 12, No. 4, 2000.

G. Nobes, C. Pawson, "Children's understanding of social rules and social status", *Merrill-Palmer Quarterly*, Vol. 49, No. 1, 2003.

H. Asperger, "Die Autistischen psychopathen im kindesalter", *Archiv für psychiatrie und nervenkrankheiten*, Vol. 117, No. 1, 1944.

H. Clancy, A. Dugdalei, J. Rendle-Shortt, "The diagnosis of infantile autism", *Developmental Medicine & Child Neurology*, Vol. 11, No. 4, 1969.

H. Honda, Y. Shimizu, M. Imai, Y. Nitto, "Cumulative incidence of childhood autism: a total population study of better accuracy and precision", *Developmental medicine and child neurology*, Vol. 47, No. 1, 2005.

H. N. Shimoni, A. Weizman, R. H. Yoran, A. Raviv, "Theory of mind, severity of autistic symptoms and parental correlates in children and adolescents with Asperger syndrome", *Psychiatry Research*, Vol. 197, No. 1 – 2, 2012.

I. Hertz-Picciotto, L. Delwiche, "The rise in autism and the role of age at diagnosis", *Epidemiology (Cambridge, Mass.)*, Vol. 20, No. 1, 2009.

I. Sotgiu, D. Galati, M. Manzano, et al., "Parental Attitudes, Attachment Styles, Social Networks, and Psychological Processes in Autism Spectrum Disorders: A Cross-Cultural Perspective", *The Journal of Genetic Psychology*, Vol. 172, No. 4, 2011.

J. Boucher, S. Bigham, A. Mayes, T. Muskett, "Recognition and language in low functioning autism", *Journal of Autism and Developmental Disorders*, Vol. 38, No. 7, 2008.

J. Isaksen, P. Holth, "An operant approach to teaching joint attention skills to children with autism", *Behavioral Interventions: Theory & Practice in Residential & Community-Based Clinical Programs*, Vol. 24, No. 4, 2009.

J. Li, M. W. Fraser, T. L. Wike, "Promoting social competence and preventing childhood aggression: A framework for applying social information processing theory in intervention research", *Aggression and Violent Behavior*, Vol. 18, No. 3, 2013.

J. Locke, C. Kasari, J. J. Wood, "Assessing social skills in early elementary-aged children with autism spectrum disorders: The Social Skills Q-Sort", *Journal of Psychoeducational Assessment*, Vol. 32, No. 1, 2014.

J. Perner, U. Frith, A. M. Leslie, S. R. Leekam, "Exploration of the autistic child's theory of mind: Knowledge, belief, and communication", *Child development*, Vol. 60, No. 3, 1989.

J. Piven, P. Palmer, D. Jacobi, et al., "Broader autism phenotype: evidence from a family history study of multiple-incidence autism families",

American Journal of Psychiatry, Vol. 154, No. 2, 1997.

J. Williams, F. Scott, C. Stott, et al., "The CAST (childhood asperger syndrome test) test accuracy", *Autism*, Vol. 9, No. 1, 2005.

J. Yau, J. G. Smetana, "Conceptions of moral, social-conventional, and personal events among Chinese preschoolers in Hong Kong", *Child development*, Vol. 74, No. 3, 2003.

J. A. Meyer, P. C. Mundy, A. V. Van Hecke, et al., "Social attribution processes and comorbid psychiatric symptoms in children with Asperger syndrome", *Autism*, Vol. 10, No. 4, 2006.

J. A. Osterling, G. Dawson, J. A. Munson, "Early recognition of 1-year-old infants with autism spectrum disorder versus mental retardation", *Development and psychopathology*, Vol. 14, No. 2, 2002.

J. C. Flack, L. A. Jeannotte, F. de Waal, "Play signaling and the perception of social rules by juvenile chimpanzees (Pan troglodytes)", *Journal of Comparative Psychology*, Vol. 118, No. 2, 2004.

J. E. Lansford, P. S. Malone, K. A. Dodge, et al., "A 12-year prospective study of patterns of social information processing problems and externalizing behaviors", *Journal of abnormal child psychology*, Vol. 34, No. 5, 2006.

J. G. Smetana, "Preschool children's conceptions of moral and social rules", *Child development*, Vol. 52, No. 4, 1981.

J. G. Smetana, J. L. Braeges, "The development of toddlers' moral and conventional judgments", Merrill-Palmer Quarterly, Vol. 36, No. 3, 1990.

J. G. Smetana, N. Schlagman, P. W. Adams, "Preschool children's judgments about hypothetical and actual transgressions", *Child development*, Vol. 64, No. 1, 1993.

J. H. Williams, A. Whiten, T. Suddendorf, D. I. Perrett, "Imitation, mirror neurons and autism", *Neuroscience & Biobehavioral Reviews*, Vol. 25, No. 4, 2001.

J. L. Bean, I. M. Eigsti, "Assessment of joint attention in school-age children and adolescents", *Research in Autism Spectrum Disorders*, Vol. 6, No. 4, 2012.

J. L. Matson, E. A. Mayville, J. D. Lott, J. Bielecki, R. Logan, "A comparison of social and adaptive functioning in persons with psychosis, autism, and severe or profound mental retardation", *Journal of Developmental and Physical Disabilities*, Vol. 15, No. 1, 2003.

J. L. Matson, S. Mahan, J. A. Hess, et al., "Progression of challenging behaviors in children and adolescents with autism spectrum disorders as measured by the Autism Spectrum Disorders-Problem Behaviors for Children (ASD-PBC)", *Research in Autism Spectrum Disorders*, Vol. 4, No. 3, 2010.

J. L. Neul, H. Y. Zoghbi, "Rett syndrome: a prototypical neurodevelopmental disorder", *The Neuroscientist*, Vol. 10, No. 2, 2004.

J. L. Sanders, "Qualitative or quantitative differences between Asperger's disorder and autism? Historical considerations", *Journal of autism and developmental disorders*, Vol. 39, No. 11, 2009.

J. M. Moran, L. L. Young, R. Saxe, et al., "Impaired theory of mind for moral judgment in high-functioning autism", *Proceedings of the National Academy of Sciences*, Vol. 108, No. 7, 2011.

J. S. Nicholas, J. M. Charles, L. A. Carpenter, et al., "Prevalence and characteristics of children with autism-spectrum disorders", *Annals of epidemiology*, Vol. 18, No. 2, 2008.

K. Lyall, J. N. Constantino, M. G. Weisskopf, et al., "Parental social responsiveness and risk of autism spectrum disorder in offspring", *JAMA Psychiatry*, Vol. 71, No. 8, 2014.

K. Williams, C. Mellis, J. K. Peat, "Incidence and prevalence of autism", *Advances in Speech Language Pathology*, Vol. 7, No. 1, 2005.

K. Williams, S. MacDermott, G. Ridley, et al., "The prevalence of autism in Australia. Can it be established from existing data?", *Journal of paedi-*

atrics and child health, Vol. 44, No. 9, 2008.

K. A. Dodge, "Social-cognitive mechanisms in the development of conduct disorder and depression", *Annual review of psychology*, Vol. 44, No. 1, 1993.

K. A. Dodge, D. R. Somberg, "Hostile attributional biases among aggressive boys are exacerbated under conditions of threats to the self", *Child development*, Vol. 58, No. 1, 1987.

K. A. Dodge, J. P. Newman, "Biased decision-making processes in aggressive boys", *Journal of abnormal psychology*, Vol. 90, No. 4, 1981.

K. A. Loveland, D. A. Pearson, B. Tunali-Kotoski, et al., "Judgments of social appropriateness by children and adolescents with autism", *Journal of Autism and Developmental Disorders*, Vol. 31, No. 4, 2001.

K. B. Burgess, J. C. Wojslawowicz, K. H. Rubin, et al., "Social information processing and coping strategies of shy/withdrawn and aggressive children: Does friendship matter?", *Child development*, Vol. 77, No. 2, 2006.

K. B. Kortte, M. D. Horner, & W. K. Windham, "The trail making test, part B: cognitive flexibility or ability to maintain set"? *Applied neuropsychology*, Vol. 9, No. 2, 2002.

K. B. Lynch, S. R. Geller, M. G. Schmidt, "Multi-year evaluation of the effectiveness of a resilience-based prevention program for young children", *Journal of Primary Prevention*, Vol. 24, No. 3, 2004.

K. J. Riggs, D. M. Peterson, "Counterfactual thinking in pre-school children: Mental state and causal inferences", *Children's reasoning and the mind*, 2000.

L. Cragg, & K. Nation, "Go or no-go? Developmental improvements in the efficiency of response inhibition in mid-childhood", *Developmental Science*, Vol. 11, No. 6, 2008.

L. Kanner, "Autistic disturbances of affective contact", *Nervous child*, Vol. 2, No. 43, 1943.

L. Mayeux, A. H. Cillessen, "Development of social problem solving in early childhood: Stability, change, and associations with social competence", *The Journal of Genetic Psychology*, Vol. 164, No. 2, 2003.

L. Nucci, "Conceptions of personal issues: A domain distinct from moral or societal concepts", *Child development*, Vol. 52, No. 1, 1981.

L. Nucci, E. Turiel, "Capturing the complexity of moral development and education", *Mind, brain, and education*, Vol. 3, No. 3, 2009.

L. Wing, "Asperger's syndrome: a clinical account", *Psychological medicine*, Vol. 11, No. 1, 1981.

L. Wing, & J. Gould, "Severe impairments of social interaction and associated abnormalities in children: Epidemiology and classification", Journal of autism and developmental disorders, Vol. 9, No. 1, 1979.

L. A. Maramara, W. He, X. Ming, "Pre-and perinatal risk factors for autism spectrum disorder in a New Jersey cohort", *Journal of child neurology*, Vol. 29, No. 12, 2014.

L. D. Shriberg, R. Paul, L. M. Black, J. P. Van Santen, "The hypothesis of apraxia of speech in children with autism spectrum disorder", *Journal of autism and developmental disorders*, Vol. 41, No. 4, 2011.

L. J. Moses, "Executive accounts of theory-of-mind development", *Child development*, Vol. 72, No. 3, 2001.

L. P. Nucci, E. Turiel, "Social interactions and the development of social concepts in preschool children", *Child development*, Vol. 49, No. 2, 1978.

M. Andreou, V. Skrimpa, "Theory of mind deficits and neurophysiological operations in autism spectrum disorders: a review", *Brain Sciences*, Vol. 10, No. 6, 2020.

M. Berger, "A model of preverbal social development and its application to social dysfunction s in autism", *Journal of Child Psychology and Psychiatry*, Vol. 47, No. 3-4, 2006.

M. Hauser, F. Cushman, L. Young, et al., "A dissociation between moral judgments and justifications", *Mind & language*, Vol. 22, No. 1, 2007.

M. Killen, J. G. Smetana, "Social interactions in preschool classrooms and the development of young children's conceptions of the personal", *Child development*, Vol. 70, No. 2, 1999.

M. Killen, K. L. Mulvey, C. Richardson, et al., "The accidental transgressor: Morally-relevant theory of mind", *Cognition*, Vol. 119, No. 2, 2011.

M. King, P. Bearman, "Diagnostic change and the increased prevalence of autism", *International journal of epidemiology*, Vol. 38, No. 5, 2009.

M. Kielinen, S. L. Linna, I. Moilanen, "Autism in northern Finland", *European Child & Adolescent Psychiatry*, Vol. 9, No. 3, 2000.

M. Solomon, B. L. Goodlin-Jones, T. F. Anders, "A social adjustment enhancement intervention for high functioning autism, Asperger's syndrome, and pervasive developmental disorder NOS", *Journal of autism and developmental disorders*, Vol. 34, No. 6, 2004.

M. Yeargin-Allsopp, C. Rice, T. Karapurkar, et al., "Prevalence of autism in a US metropolitan area", *Jama*, Vol. 289, No. 1, 2003.

M. C. Lai, M. V. Lombardo, B. Chakrabarti, S. Baron-Cohen, "Subgrouping the Autism 'Spectrum': Reflections on DSM-5", *PLoS biology*, Vol. 11, No. 4, 2013.

M. D. Kogan, C. J. Vladutiu, L. A. Schieve, et al., "The prevalence of parent-reported autism spectrum disorder among US children", *Pediatrics*, Vol. 142, No. 6, 2018.

M. D. Kogan, S. J. Blumberg, L. A. Schieve, et al., "Prevalence of parent-reported diagnosis of autism spectrum disorder among children in the US", *Pediatrics*, Vol. 124, No. 5, 2007.

M. E. Dunn, T. Burbine, C. A. Bowers, et al., "Moderators of stress in parents of children with autism", *Community mental health journal*, Vol. 37, No. 1, 2001.

M. H. Davis, "A multidimensional approach to individual differences in empathy", *JSAS Catalog of Selected Documents in Psychology*, Vol. 10, 1980.

M. M. Seltzer, P. Shattuck, L. Abbeduto, J. S. Greenberg, "Trajectory of development in adolescents and adults with autism", *Mental retardation and developmental disabilities research reviews*, Vol. 10, No. 4, 2004.

M. P. Mamidala, A. Polinedi, P. K. PTV, et al., "Prenatal, perinatal and neonatal risk factors of Autism Spectrum Disorder: a comprehensive epidemiological assessment from India", *Research in developmental disabilities*, Vol. 34, No. 9, 2013.

M. R. Woodbury-Smith, F. R. Volkmar, "Asperger syndrome", *European Child & Adolescent Psychiatry*, Vol. 18, No. 1, 2009.

M. S. Tisak, E. Turiel, "Variation in seriousness of transgressions and children's moral and conventional concepts", *Developmental Psychology*, Vol. 24, No. 3, 1988.

M. S. Tisak, L. P. Nucci, A. M. Jankowski, "Preschool children's social interactions involving moral and prudential transgressions: An observational study", *Early Education and Development*, Vol. 7, No. 2, 1996.

M. W. Berkowitz, J. P. Kahn, G. Mulry, J. Piette, "Psychological and philosophical considerations of prudence and morality", *Morality in everyday life: Developmental perspectives*, 1995.

N. Bauminger, "Brief report: Group social-multimodal intervention for HFASD", *Journal of autism and developmental disorders*, Vol. 37, No. 8, 2007.

N. Bauminger, "Brief report: Individual social-multi-modal intervention for HFASD", *Journal of autism and developmental disorders*, Vol. 37, No. 8, 2007.

N. Bauminger, "The facilitation of social-emotional understanding and social interaction in high-functioning children with autism: Intervention outcomes", *Journal of autism and developmental disorders*, Vol. 32,

No. 4, 2002.

N. Chertkoff Walz, K. Owen Yeates, H. Gerry Taylor, et al., "Theory of mind skills 1 year after traumatic brain injury in 6-to 8-year-old children", *Journal of neuropsychology*, Vol. 4, No. 2, 2010.

N. Goldenfeld, S. Baron-Cohen, S. Wheelwright, "Empathizing and systemizing in males, females and autism", *Clinical Neuropsychiatry*, Vol. 2, No. 6, 2005.

N. J. Minshew, G. Goldstein, "Autism as a disorder of complex information processing", *Mental Retardation and Developmental Disabilities Research Reviews*, Vol. 4, No. 2, 1998.

N. L. Bushwick, "Social learning and the etiology of autism", *New Ideas in Psychology*, Vol. 19, No. 1, 2001.

N. L. Kreiser, S. W. White, "ASD in females: are we overstating the gender difference in diagnosis?", *Clinical child and family psychology review*, Vol. 17, No. 1, 2014.

N. L. Quiggle, J. Garber, W. F. Panak, et al., "Social information processing in aggressive and depressed children", *Child development*, Vol. 63, No. 6, 1992.

N. P. Rosman, B. M. Bergia, "Childhood Disintegrative Disorder: Distinction From Autistic Disorder and Predictors of Outcome", *Journal of Child Neurology*, Vol. 28, No. 12, 2013.

N. R. Crick, K. A. Dodge, "A review and reformulation of social information-processing mechanisms in children's social adjustment", *Psychological bulletin*, Vol. 115, No. 1, 1994.

N. V. Ekas, D. M. Lickenbrock, T. L. Whitman, "Optimism, social support, and well-being in mothers of children with autism spectrum disorder", *Journal of autism and developmental disorders*, Vol. 40, No. 10, 2010.

P. Bloom, T. P. German, "Two reasons to abandon the false belief task as a test of theory of mind", *Cognition*, Vol. 77, No. 1, 2000.

P. Bolton, H. Macdonald, A. Pickles, et al., "A case-control family history study of autism", *Journal of child Psychology and Psychiatry*, Vol. 135, No. 5, 1994.

P. Brambilla, A. Hardan, S. U. Di Nemi, et al., "Brain anatomy and development in autism: review of structural MRI studies", *Brain research bulletin*, Vol. 61, No. 6, 2003.

P. Strømme, P. G. Bjømstad, K. Ramstad, "Prevalence estimation of Williams syndrome", *Journal of child neurology*, Vol. 17, No. 4, 2002.

P. D. Zelazo, "The Dimensional Change Card Sort (DCCS): A method of assessing executive function in children", *Nature protocols*, Vol. 1, No. 1, 2006.

P. J. C. M. Embregts, M. Van Nieuwenhuijzen, "Social information processing in boys with autistic spectrum disorder and mild to borderline intellectual disabilities", *Journal of Intellectual Disability Research*, 2009.

P. L. Pearl, E. J. Carrazana, G. L. Holmes, "The landau-kleffner syndrome", *Epilepsy currents*, Vol. 1, No. 2, 2001.

R. Banerjee, M. Bennett, N. Luke, "Children's reasoning about the self-presentational consequences of apologies and excuses following rule violations", *British Journal of Developmental Psychology*, Vol. 28, No. 4, 2010.

R. Beaumont, K. Sofronoff, "A multi-component social skills intervention for children with Asperger syndrome: The Junior Detective Training Program", *Journal of Child Psychology and Psychiatry*, Vol. 49, No. 7, 2008.

R. Hassall, J. Rose, J. McDonald, "Parenting stress in mothers of children with an intellectual disability: The effects of parental cognitions in relation to child characteristics and family support", *Journal of intellectual disability research*, Vol. 49, No. 6, 2003.

R. McConkey, "The rise in the numbers of pupils identified by schools with autism spectrum disorder (ASD): a comparison of the four countries in the United Kingdom", *Support for learning*, Vol. 35, No. 2, 2020.

R. Tuchman, I. Rapin, "Epilepsy in autism", *The Lancet Neurology*,

Vol. 1, No. 6, 2002.

R. J. R. Blair, "Brief report: morality in the autistic child", *Journal of autism and developmental disorders*, Vol. 26, No. 5, 1996.

R. M. Noland, R. L. Gabriels, "Screening and identifying children with autism spectrum disorders in the public school system: The development of a model process", *Journal of autism and developmental disorders*, Vol. 34, No. 3, 2004.

S. Baron-Cohen, "The autistic child's theory of mind: A case of specific developmental delay", *Journal of child Psychology and Psychiatry*, Vol. 30, No. 2, 1989.

S. Baron-Cohen, "Is Asperger syndrome/high-functioning autism necessarily a disability?", *Development and psychopathology*, Vol. 12, No. 3, 2000.

S. Baron-Cohen, "The extreme male brain theory of autism", *Trends in cognitive sciences*, Vol. 6, No. 6, 2002.

S. Baron-Cohen, "Empathizing, systemizing, and the extreme male brain theory of autism", *Progress in Brain Research*, Vol. 186, 2010.

S. Baron-Cohen, A. M. Leslie, U. Frith, "Mechanical, behavioural and intentional understanding of picture stories in autistic children", *British Journal of developmental psychology*, Vol. 4, No. 2, 1986.

S. Baron-Cohen, A. M. Leslie, U. Frith, "Does the autistic child have a theory of mind", *Cognition*, Vol. 21, No. 1, 1985.

S. Baron-Cohen, A. M. Leslie, U. Frith, "Mechanical, behavioural and intentional understanding of picture stories in autistic children", *British Journal of developmental psychology*, Vol. 4, No. 2, 1986.

S. Baron-Cohen, F. J. Scott, C. Allison, et al., "Prevalence of autism-spectrum conditions: UK school-based population study", *The British journal of psychiatry*, Vol. 194, No. 6, 2009.

S. Baron-Cohen, J. Allen, C. Gillberg, "Can autism be detected at 18 months: The needle, the haystack, and the CHAT", *The British Journal of Psychiatry*, Vol. 161, No. 6, 1992.

S. Baron-Cohen, R. C. Knickmeyer, M. K. Belmonte, "Sex differences in the brain: implications for explaining autism", *Science*, Vol. 310, No. 5749, 2005.

S. Baron-Cohen, S. Cassidy, B. Auyeung, et al., "Attenuation of typical sex differences in 800 adults with autism vs. 3,900 controls", *PLoS ONE*, Vol. 109, No. 7, 2014.

S. Baron-Cohen, S. Wheelwright, "The empathy quotient: an investigation of adults with Asperger syndrome or high functioning autism, and normal sex differences", *Journal of autism and developmental disorders*, Vol. 34, No. 2, 2004.

S. Baron-Cohen, S. Wheelwright, R. Skinner, et al., "The autism-spectrum quotient (AQ): Evidence from asperger syndrome/high-functioning autism, malesand females, scientists and mathematicians", *Journal of autism and developmental disorders*, Vol. 31, No. 1, 2001.

S. Ehlers, C. Gillberg, "The epidemiology of Asperger syndrome: A total population study", *Journal of child psychology and psychiatry*, Vol. 34, No. 8, 1993.

S. Folstein, M. Rutter, "Genetic influences and infantile autism", *Nature*, Vol. 265, No. 5596, 1977.

S. Folstein, M. Rutter, "Infantile autism: a genetic study of 21 twin pairs", *Journal of Child psychology and Psychiatry*, Vol. 18, No. 4, 1977.

S. Kuusikko, H. Haapsamo, E. Jansson-Verkasalo, et al., "Emotion recognition in children and adolescents with autism spectrum disorders", *Journal of autism and developmental disorders*, Vol. 39, No. 6, 2009.

S. Steele, R. M. Joseph, H. Tager-Flusberg, "Brief report: Developmental change in theory of mind abilities in children with autism", *Journal of autism and developmental disorders*, Vol. 33, No. 4, 2003.

S. Steffenburg, "Neuropsychiatric Assessment of Children with Autism: A Population-Based Study", *Developmental Medicine & Child Neurology*, Vol. 33, No. 6, 1991.

S. H. Spence, "Social skills training with children and young people: Theory, evidence and practice", *Child and adolescent mental health*, Vol. 8, No. 2, 2003.

S. H. Willemsen-Swinkels, J. K. Buitelaar, "The autistic spectrum: subgroups, boundaries, and treatment", *Psychiatric Clinics*, Vol. 25, No. 4, 2002.

S. L. Bishop, J. Richler, C. Lord, "Association between restricted and repetitive behaviors and nonverbal IQ in children with autism spectrum disorders", *Child neuropsychology*, Vol. 12, No. 4 – 5, 2006.

S. L. Hepburn, C. Di Guiseppi, S. Rosenberg, et al., "Use of a teacher nomination strategy to screen for autism spectrum disorders in general education classrooms: a pilot study", *Journal of autism and developmental disorders*, Vol. 38, No. 2, 2008.

S. V. LoVullo, J. L. Matson, "Comorbid psychopathology in adults with autism spectrum disorders and intellectual disabilities", *Research in Developmental Disabilities*, Vol. 30, No. 6, 2009.

T. Charman, G. Baird, "Practitioner review: Diagnosis of autism spectrum disorder in 2-and 3-year-old children", *Journal of Child Psychology and Psychiatry*, Vol. 43, No. 3, 2002.

T., Jolliffe, S. Baron-Cohen, "Are people with autism and Asperger syndrome faster than normal on the Embedded Figures Test", *Journal of Child Psychology and Psychiatry*, Vol. 38, No. 5, 1997.

T. Hashimoto, M. Tayama, K. Murakawa, et al., "Development of the brainstem and cerebellum in autistic patients", *Journal of Autism and Developmental Disorders*, Vol. 25, No. 1, 1995.

T. May, E. Sciberras, A. Brignell, K. Williams, "Autism spectrum disorder: updated prevalence and comparison of two birth cohorts in a nationally representative Australian sample", *BMJ Open*, Vol. 7, No. 5, 2017.

T. M. New Man, D. Macorber, A. J. Naples, et al., "Hyrerlexia in Children With Autism and spedrum disorders", *Journal of Antism and Devel-*

phental Disorders, Vol. 37, No. 4, 2007.

T. Zalla, A. M. Sav, A. Stopin, et al., "Faux pas detection and intentional action in Asperger Syndrome. A replication on a French sample", *Journal of autism and developmental disorders*, Vol. 39, No. 2, 2009.

T. Zalla, L. Barlassina, M. Buon, M. Leboyer, "Moral judgment in adults with autism spectrum disorders", *Cognition*, Vol. 121, No. 1, 2011.

T, A. Adesman, "Autism spectrum disorders: a pediatric overview and update", *Current opinion in pediatrics*, Vol. 25, No. 1, 2013.

T. C. Daley, "The need for cross-cultural research on the pervasive developmental disorders", *Transcultural Psychiatry*, Vol. 39, No. 4, 2002.

U. Frith, "Autism and theory of mind in everyday life", *Social development*, Vol. 3, No. 2, 1994.

U. Frith, "Emanuel Miller lecture: Confusions and controversies about Asperger syndrome", *Journal of child psychology and psychiatry*, Vol. 45, No. 4, 2004.

U. Frith, "Autism and theory of mind in everyday life", *Social development*, Vol. 3, No. 2, 1994.

U. Frith, F. Happé, "Theory of mind and self-consciousness: What is it like to be autistic?", *Mind & language*, Vol. 14, No. 1, 1999.

V. Eapen, A. A. Mabrouk, T. Zoubeidi, F. Yunis, "Prevalence of pervasive developmental disorders in preschool children in the UAE", *Journal of Tropical Pediatrics*, Vol. 53, No. 3, 2007.

V. Lotter, "Report of a survey of the prevalence of autistic conditions in childhood in the County of Middlesex", *Unpublished report to the Greater London Council*, 1966.

X. Sun, C. Allison, "A review of the prevalence of autism spectrum disorder in Asia", *Research in Autism Spectrum Disorders*, Vol. 4, No. 2, 2010.

X. Sun, C. Allison, B. Auyeung, et al., "Psychometric properties of the Mandarin version of the Childhood Autism Spectrum Test (CAST): an exploratory study", *Journal of autism and developmental disorders*,

Vol. 44, No. 7, 2014.

X. Sun, C. Allison, B. Auyeung, et al., "The Mandarin Chinese version of the childhood autism spectrum test (CAST): Test-retest reliability", *Research in Developmental Disabilities*, Vol. 34, No. 10, 2013.

X. Sun, C. Allison, F. E. Matthews, et al., "Exploring the Underdiagnosis and Prevalence of Autism Spectrum Conditions in Beijing", *Autism Research*, Vol. 8, No. 3, 2015.

X. Zhang, C. C. Lv, J. Tian, et al., "Prenatal and perinatal risk factors for autism in China", *Journal of autism and developmental disorders*, Vol. 40, No. 11, 2010.

Y. Bruinsma, R. L. Koegel, L. K. Koegel, "Joint attention and children with autism: A review of the literature", *Mental retardation and developmental disabilities research reviews*, Vol. 10, No. 3, 2004.

Y. Wan, Q. Hu, T. Li, et al., "Prevalence of autism spectrum disorders among children in China: a systematic review", *Shanghai Archives of Psychiatry*, Vol. 25, No. 2, 2013.

Y. Ziv, "Social information processing patterns, social skills, and school readiness in preschool children", *Journal of experimental child psychology*, Vol. 114, No. 2, 2013.

Y. Ziv, B. S. Hadad, Y. Khateeb, "Social information processing in preschool children diagnosed with autism spectrum disorder", *Journal of autism and developmental disorders*, Vol. 44, No. 4, 2014.

Y. H. Nah, K. K. Poon, "The perception of social situations by children with autism spectrum disorders", *Autism*, Vol. 15, No. 2, 2011.

Y. S. Kim, B. L. Leventhal, Y. J. Koh, et al., "Prevalence of autism spectrum disorders in a total population sample", *American Journal of Psychiatry*, Vol. 168, No. 9, 2011.

（三）网络文献

R. Karen, Testosterone may bump autism rates in males, http://www.mental health on NBC news.com, 2011-2-18.

后　　记

时光荏苒，转眼间投身到孤独症谱系障碍这个研究领域已经有10余年。在这段跟孩子们接触的时光里，有刚开始对概念的困惑，有不知是否该继续走下去的纠结，有沉浸在国内外文献海洋里的迷茫，有教师和家长的不配合及误解，也有得到数据分析结果后的喜悦，更多的则是看到了这些孩子的变化……无论是他们学会了交一个或两个朋友，还是其刻板行为得到了一点点缓解，甚至他们从心底里流露出的点滴信任和喜欢，都是我在这条艰难道路上前进下去的动力。

还记得在博士入学后不久需要明确研究方向的时候，导师张向葵教授鼓励我在孤独症这个领域继续扎根下去，从"儿童发展"角度寻找研究的切入点……当时觉得困难重重，一方面特殊儿童样本量相对较小，且现存研究多关注"筛查"和"干预"，很难找到合适的研究切入点；另一方面又真的想为这些孩子做点事情，觉得自己不能轻易放弃……于是，带着困惑、忐忑和一种莫名的"使命感"，我开始接近这群特殊的孩子，感受他们的喜悦、愤怒、难过；了解他们无法恰当表达自我的无奈；体验重要他人和环境对他们的影响……

孤独症谱系障碍儿童的严重性程度不同，其中，轻度孤独症谱系障碍儿童的症状较轻，其认知能力一般没有受到严重损伤。这些儿童能够在普通小学就读，智力处于或高于平均水平，学习成绩各有不同……但是，这些儿童的"互惠性社交能力"存在质的缺陷。他们的同伴关系一般糟糕至极，经常被排斥到班级边缘，没有朋友；而

"他不遵守课堂纪律和游戏规则""他听不懂别人说的话""他经常做出奇怪的动作""他就喜欢一个人玩"……甚至"老师让我们别跟他玩""我妈妈说他是傻子"……则成了其他同学不喜欢这些孩子的理由。在"典型孤独症"已经成为"孤独症谱系障碍",有些学者甚至将其界定为一种新的人格特质的今天,这些特殊的孩子只是在某些方面与其他群体不同的一类人,却被环境和不明就里的大众过早地恶意"标签化"了。

社交沟通缺陷是孤独症谱系障碍儿童的核心特征,社会规则的认知异常极有可能会影响孤独症谱系障碍儿童的社交沟通能力。然而,由于被试数量有限、现存研究关注这一主题时间较短、相关研究较少等原因,先前研究并没有完整、系统地探索这一主题。于是,带着疑问和忐忑,我开启了自己在这一旅程中的探险之旅,不可避免地遇到了很多荆棘与困难。例如,涉及学校较多,前期筛查研究的样本量较大;一些孤独症谱系障碍儿童的家长为保护隐私,不愿配合访谈和问卷调查;研究 1 整个筛查过程的质量控制极差,导致遗漏项目甚至最后丢失了一部分数据;需要多次跟家长和教师沟通进行后续补充,整个筛查过程耗时较长。接下来,确定目标儿童之后,进行研究 2、研究 3 的实验部分和研究 4 的干预部分,为防止对儿童出现消极心理暗示,保护儿童的隐私,每次以整个自然班为单位发放问卷,以整个自然班为单位抽取参与访谈的儿童(将目标儿童和匹配组儿童纳入),以整个自然班为单位进行团体干预活动。尽管整个过程得到了班主任和大部分家长的支持和鼓励,还是有一小部分家长认为调查、访谈或干预活动是对这些儿童的"区别对待,有歧视之嫌"或者"耽误休息或学习时间",拒绝让孩子参加……

虽然整个研究过程困难重重,但是收获的却是对这些特殊儿童更深入的了解、对身边人更加珍惜、包容和对发展心理学更深沉的爱。发展是教育的基础,不管是正常发展儿童,还是孤独症谱系障碍儿童,抑或其他发展障碍儿童,所有儿童都有自己独特的发展轨迹。为了探明这些儿童的发展轨迹,了解其行为表现的影响因素及内在发生机制，帮助他们更好地融入社会生活……我会继续在这个领域中扎根，向阳生长。

2022年，愿疫情早日退散，山河无恙；愿阳光普照，儿童快乐成长。

田金来

2022年3月20日